Lições sobre
TEORIAS DO PROCESSO
— CIVIL E CONSTITUCIONAL —

Conselho Editorial
André Luís Callegari
Carlos Alberto Alvaro de Oliveira
Carlos Alberto Molinaro
Daniel Francisco Mitidiero
Darci Guimarães Ribeiro
Draiton Gonzaga de Souza
Elaine Harzheim Macedo
Eugênio Facchini Neto
Giovani Agostini Saavedra
Ingo Wolfgang Sarlet
Jose Luis Bolzan de Morais
José Maria Rosa Tesheiner
Leandro Paulsen
Lenio Luiz Streck
Paulo Antônio Caliendo Velloso da Silveira

P8531   Porto, Sérgio Gilberto.
   Lições sobre teorias do processo: civil e constitucional / Sérgio Gilberto Porto, Guilherme Athayde Porto. – Porto Alegre: Livraria do Advogado Editora, 2013.
   212 p.; 23 cm.
   Inclui bibliografia.
   ISBN 978-85-7348-863-0

   1. Direito processual. 2. Direito material. 3. Jurisdição voluntária. 4. Jurisdição contenciosa. 5. Atos processuais. 6. Sentenças (Direito processual). 7. Coisa julgada. 8. Brasil. Ministério Público. I. Porto. Guilherme Athayde. II. Título.

CDU 347.9
CDD 347.05

Índice para catálogo sistemático:
1. Direito processual   347.9

(Bibliotecária responsável: Sabrina Leal Araujo – CRB 10/1507)

Sérgio Gilberto Porto
Guilherme Athayde Porto

Lições sobre TEORIAS DO PROCESSO
— CIVIL E CONSTITUCIONAL —

livraria
DO ADVOGADO
editora

Porto Alegre, 2013

©
Sérgio Gilberto Porto
Guilherme Athayde Porto
2013

Capa, projeto gráfico e diagramação
Livraria do Advogado Editora

Revisão
Rosane Marques Borba

Direitos desta edição reservados por
Livraria do Advogado Editora Ltda.
Rua Riachuelo, 1300
90010-273 Porto Alegre RS
Fone/fax: 0800-51-7522
editora@livrariadoadvogado.com.br
www.doadvogado.com.br

Impresso no Brasil / Printed in Brazil

Desvendar os mistérios da erudição e ensinar com clareza é a tarefa do professor.

Dedico a Antonio Janyr Dall'Agnol Júnior, Araken de Assis, Fábio Luiz Gomes, Gerson Fischmann, Jorge Luís Dall'Agnol, Maria Berenice Dias e *in memoriam* de Ovídio Araújo Baptista da Silva.

Sérgio Gilberto Porto

Dedico aos professores do curso de mestrado da PUCRS, modo especial à Professora Elaine Harzheim Macedo, minha orientadora, e aos professores José Maria Rosa Tesheiner e Ingo Wolfang Sarlet.

Agradeço ao Desembargador Ricardo Moreira Lins Pastl, pelas oportunidades oferecidas ao início de minha vida profissional, e a meus colegas de escritório Antonio Janyr Dall'Agnol Júnior, Daniel Ustárroz, Éderson Garin Porto, Rafael Sirangelo Belmonte de Abreu e, evidentemente, a meu pai, Sérgio Gilberto Porto, pela profícua convivência no dia a dia da advocacia.

Guilherme Athayde Porto

Sumário

1. Nota inicial...15
2. Fases evolutivo-metodológicas do Processo Civil, como pressuposto histórico para a compreensão da estrutura contemporânea...................17
    2.1. Praxismo...17
    2.2. Processualismo...18
    2.3. Instrumentalidade..19
    2.4. Instrumentalidade constitucional........................20
3. Processo e Direito Material...23
    3.1. Sobre a distinção entre relação jurídica de Direito Material e relação jurídica de Direito Processual..23
    3.2. Ainda sobre a Ação de Direito Material, direito subjetivo e pretensão...........24
        3.2.1. Ação de direito material.................................24
        3.2.2. Direito subjetivo...25
        3.2.3. Pretensão e exercício de pretensão material........26
4. Jurisdição civil...29
    4.1. Conceito e compreensão......................................29
    4.2. Espécies clássicas de jurisdição: contenciosa e voluntária................33
    4.3. Jurisdição voluntária..33
5. "Ação" (demanda)..39
    5.1 Conceito e compreensão.......................................39
    5.2. Teoria civilista (clássica ou imanentista)..............40
    5.3. A conhecida polêmica entre Windscheid e Muther................42
    5.4. Teoria concreta (ou potestativa)..........................44
    5.5. Teoria abstrata...47
    5.6. Teoria eclética..49
6. Pressupostos processuais..52
    6.1. Compreensão inicial..52
    6.2. Espécies...53
        6.2.1. Pressuposto de existência..............................53
        6.2.2. Pressupostos de validade...............................54
        6.2.3. Pressupostos negativos...................................54

7. Princípios endoprocessuais 56
   7.1. A ideia de princípio 56
   7.2. Princípio dispositivo 57
   7.3. Princípio da demanda 59
   7.4. Princípio da oralidade 60
   7.5. Princípio da imediatidade 61
   7.6. Princípio da identidade física 62
   7.7. Princípio da concentração dos atos 63
   7.8. Princípio do livre convencimento motivado 63
   7.9. Princípio da bilateralidade da audiência 64
   7.10. Princípio da economia processual 65

8. Competência 67
   8.1. Competência internacional 67
   8.2. Competência interna 68
      8.2.1. Compreensão inicial 68
      8.2.2. Critério objetivo 69
          8.2.2.1. Competência em razão da matéria (*ratione materiae*) .. 69
          8.2.2.2. Competência em razão do valor 70
      8.2.3. Critério territorial 71
          8.2.3.1. Competência em razão do território (*ratione loci*) 71
      8.2.4. Critério funcional 72
          8.2.4.1. Competência em razão da função do julgador 72
   8.3. Incompetência absoluta e relativa 73
   8.4. Modificação da competência 75
      8.4.1. Conexão 75
      8.4.2. Continência 76
      8.4.3. Foro de eleição 77
      8.4.4. Prevenção 78

9. Atos processuais 79
   9.1. Atos das partes 80
      9.1.1. Atos postulatórios 80
      9.1.2. Atos instrutórios 80
      9.1.3. Atos dispositivos 81
   9.2. Atos do Ministério Público 81
   9.3. Atos do juiz 81
      9.3.1. Sentença 81
      9.3.2. Decisão interlocutória 84
      9.3.3. Despacho 85
   9.4. Atos dos auxiliares do juízo 85
      9.4.1. Atos de movimentação 85
      9.4.2. Atos de documentação 85

9.4.3. Atos de comunicação..86
9.4.4. Atos de execução..86
10. Do tempo e prazos dos atos processuais..87
   10.1. Espécies de prazos processuais..89
      10.1.1. Quanto à origem 89
         10.1.1.1. Legais 89
         10.1.1.2. Judiciais 89
      10.1.2. Quanto à alterabilidade 89
         10.1.2.1. Dilatórios..89
         10.1.2.2. Peremptórios 90
   10.2. Curso e contagem dos prazos..90
      10.2.1. Quebra da continuidade...90
         10.2.2.1. Interrupção 90
         10.2.2.2. Suspensão..90
   10.3. Início e fim de prazo 91
   10.4. Feriado 91
   10.5. Publicação eletrônica 91
   10.6. Prazos beneficiados..92
11. O Ministério Público...94
   11.1. Antecedentes necessários à compreensão da atividade do Ministério Público na sociedade contemporânea.....................................94
   11.2. Ministério Público em sentido estrito...96
   11.3. Instituição permanente...97
   11.4. Essencial à função jurisdicional do Estado.................................97
   11.5. Defesa da ordem jurídica..99
   11.6. Defesa do regime democrático..100
   11.7. Defesa dos interesses sociais e individuais indisponíveis.........102
   11.8. Atuação e intervenção do Ministério Público no processo não criminal......104
      11.8.1. Considerações gerais..104
      11.8.2. Órgão agente..105
      11.8.3. Parte *pro populo*..107
      11.8.4. Substituto processual..107
      11.8.5. Órgão interveniente..109
      11.8.6. Ministério Público, interesse público, natureza da lide e qualidade da parte..........111
12. Invalidades processuais..114
   12.1. Observação preliminar..114
   12.2. Princípios...115
      12.2.1. Princípio da relevância das formas.....................................115
      12.2.2. Princípio da causalidade...116
      12.2.3. Princípio da finalidade (ou do prejuízo).............................116
   12.3. Espécies de invalidades processuais..117

  12.3.1. Inexistência 118
  12.3.2. Nulidade absoluta 119
  12.3.3. Nulidade relativa 120
  12.3.5. Irregularidade 120
13. Processo e procedimento 122
 13.1. Tipos de processos 122
  13.1.1. Processo de Conhecimento (Livro I, CPC) 122
  13.1.2. Processo de Execução (Livro II, CPC) 123
  13.1.3. Processo Cautelar (Livro III, CPC) 123
 13.2. Procedimentos 124
 13.3. Procedimentos especiais 125
14. Elementos identificadores das demandas individuais 127
 14.1. Partes 128
 14.2. Pedido 130
 14.3. Causa de pedir 132
15. Sobre os requisitos e eficácias das sentenças 135
 15.1. Os requisitos essenciais das sentenças 135
 15.2. Preponderância e multiplicidade das cargas de eficácias das sentenças 137
 15.3. A efetividade do processo como decorrência do adequado domínio e uso da classificação das sentenças quanto às cargas de eficácias 138
16. Coisa julgada 141
 16.1. Fundamento jurídico (justificativa e compreensão) 141
 16.2. Definição 143
 16.3. Como autoridade 145
 16.4. Como eficácia 147
 16.5. Coisa julgada formal 148
 16.6. Coisa julgada material 151
 16.7. A dupla função da coisa julgada 153
17. A cognição no Processo Civil 156
 17.1. Espécies de cognição 157
 17.2. A técnica de sumarização da cognição 158
18. Temas contemporâneos do Direito Processual 161
 18.1. A superação da ideia de teoria-geral no processo judicial 161
 18.2. Teoria e conteúdo do Devido Processo Constitucional 165
  18.2.1. O conteúdo processual da Constituição Federal 166
  18.2.2. As garantias constitucional-processuais como direito-fim 168
   18.2.2.1. As garantias constitucional-processuais e sua posição na ordem jurídica 168
   18.2.2.2. Exegese das garantias constitucional-processuais 170
    18.2.2.2.1. Publicidade dos atos processuais (arts. 5º, LX, e 93, IX, CF) 170

18.2.2.2.2. Isonomia processual (art. 5º, *caput*, CF)..........................172
18.2.2.2.3. Motivação das decisões judiciais (art. 93, IX, CF)...............174
18.2.2.2.4. Contraditório (art. 5º, LV, CF)...176
18.2.2.2.5. Inafastabilidade da apreciação do Poder Judiciário de lesão ou ameaça de direito (art. 5º, XXXV, CF).................178
18.2.2.2.6. Acesso à Justiça (art. 5º, XXXV, CF)................................179
18.2.2.2.7. Proibição da obtenção de prova por meio ilícito (art. 5º, LVI, CF)...181
18.2.2.2.8. Coisa julgada (art. 5º, XXXVI, CF)..................................185
18.2.2.2.9. Juiz e promotor natural (art. 5º, LIII, CF).........................186
18.2.2.2.10. Duração razoável do Processo (art. 5º, LXXVIII, CF).......188
18.2.2.2.11. Devido processo constitucional (art. 5º, LIV, CF)............190
18.3. Identificação de algumas garantias constitucional-processuais implícitas...193
18.4. A relativização de garantias constitucional-processuais........................197
18.5. Bosquejo sobre o processo constitucional como direito-meio.................205
18.6. Relações do macrossistema processual-constitucional com os microssistemas processuais..206

Bibliografia..208

1. Nota inicial

Na atualidade, muito se tem debatido em torno das novas concepções e projeções do processo civil contemporâneo. Há, inclusive, em plena gestação, um novo Código, o qual traz novas reflexões à comunidade jurídica, em face de novos institutos que propõe. Vivemos novos momentos que reclamam, por assim dizer, novas soluções. Estão aí os cada vez mais presentes conflitos coletivos a atestar esta realidade.

Entretanto, muito embora inegavelmente exista essa tendência e que os operadores e doutrinadores coetâneos havidamente voltem suas energias para reflexões em torno desta nova realidade, há ainda uma significativa massa de conflitos que aporta ao Poder Judiciário e que tem suporte o conflito individual presente na sociedade e, por decorrência, a disciplina processual desta tradicional espécie de conflito continua, pois, a reclamar atenção e constante adequação.

O conflito individual trás embutido em si um drama humano que merece atenção e, em especial, operação atenta e particular do processo judicial. A hiperinflação de demandas trouxe para o debate judicial um mal representado pela desumanização na gestão do litígio, onde as instituições abarrotadas mais expressam larga preocupação com a superação dos números e estatísticas do que com a solução efetiva do conflito no plano material.[1]

Consequência da sociedade de conflitos coletivizados é que há em curso uma tendência de enfrentar a massificação dos conflitos também com a massificação de decisões. Exemplo eloquente desta realidade encontra-se na proposta da instituição de um chamado incidente de resolução de demandas repetitivas, o qual afastará a atenção do juízo do conflito individual que reclama, por óbvio, atenção particular, vez que cada caso é um caso distinto e peculiar.

Muito embora a tendência, não há como massificar tudo, daí a razão pela qual o processo civil sob o enfoque de demandas individuais

---

[1] Sobre o tema, v. PORTO, Sérgio Gilberto. A humanização do processo civil contemporâneo, em face da mais valia constitucional no projeto de um novo CPC. *In: Revista Jurídica* 418/41-2011.

continua na ordem do dia, vez que a dinâmica social contemporânea exige soluções adequadas à realidade do cidadão coevo. Este, na plenitude da cidadania, quer e merece atenção do Estado.

Desse modo, é recomendável que se proceda, sempre (!) o debate dos institutos próprios e particulares do processo ainda pelo prisma individual, vez que permanecem válidas as ideias clássicas na concepção dos desdobramentos do processo civil hodierno, levando por base – mais do que nunca – a plenitude do Estado Democrático de Direito.

Assim, uma revisita a conhecidos institutos processuais, acrescido dos ingredientes processuais atuais, revela-se sempre oportuna. E isto é que se pretende apresentar com estes apontamentos: temas clássicos e ideias contemporâneas sobre o processo judiciário.

Igualmente merece atenção nessa quadra da história o Processo Constitucional, seu conteúdo e desdobramentos. E, finalmente, de modo especial, a necessária convivência entre o Processo Civil e Processo Constitucional, pois não há hoje como operar o processo judiciário sem considerar a regência da Constituição Federal.[2]

---

[2] Sobre o tema, v. PORTO, Sérgio Gilberto. A regência constitucional do Processo Civil. Publicado na *Revista IOB de Direito Civil e Processual Civil* nº 72/64-2011.

2. Fases evolutivo-metodológicas do Processo Civil, como pressuposto histórico para a compreensão da estrutura contemporânea

Os desdobramentos evolutivos do processo civil marcam claramente a existência de fases metodológicas distintas no seu desenvolvimento. Diante desta realidade, o exame de cada qual destas permitirá uma perfeita compreensão dos avanços da ciência processual, na medida em que a perspectiva histórica propicia, exatamente, uma visão ajustada do fenômeno evolutivo.

Nessa senda, identificar as fases e compreendê-las importa em fortalecer as bases teóricas para melhor entendimento da proposta processual abrigada pela ordem jurídica brasileira, daí a razão pela qual se justifica que qualquer estudo que vise a esclarecer temas do processo civil tenha seu início marcado através da identificação e esclarecimento de cada qual das fases vivenciadas.

2.1. Praxismo

Nessa fase, o processo era compreendido como um mero procedimento, sem maiores compromissos teleológicos. Era, portanto, absolutamente procedimentalista no sentido de que se preocupava exclusivamente com a ordem da sucessão dos atos praticados no processo, não dispondo de qualquer outro compromisso senão disciplinar a ordem do desdobramento dos atos processuais.

Nesse período, para os juristas de então, o processo e o direito material não se diferenciavam, pois aquele era compreendido como mera faceta deste, daí a ideia de sincretismo, pois condensava em um único segmento direito material e processo, confundindo os planos substancial e o de efetividade metodológica.

O processo nada mais era do que um exercício do direito material, ou seja, a ação consistia no próprio direito entrando em guerra para combater por sua existência. Seria, pois, o próprio direito visto de um ângulo diverso, o qual aparecia, somente, em face da resistência oposta à sua satisfação.

Nesta fase histórica, portanto, o processo era visto como mero desdobramento do direito subjetivo material, sendo, pois, por isso, simples procedimento embutido na realização do direito que compunha.

Ao processo, por conseguinte, caberia apenas a disciplina dos ritos. Era este visto como apêndice do próprio direito material ou, como preferem alguns, apenas outra face do próprio direito material reagindo à eventual ameaça ou violação.

O praxismo, pois, é sinônimo de sincretismo e consagra a fase meramente procedimentalista do processo, onde este não detinha teleologicamente função que não fosse disciplinar o rito dos debates judiciais. Não havendo, pois, ao tempo do praxismo absoluto, a admissão de ser o direito processual civil ciência autônoma.

2.2. Processualismo

Passado o praxismo, nasce o processualismo. Esta fase histórica é representada pelo ideal de afirmar a autonomia do direito processual frente ao direito material.

A doutrina, no exame deste então novo fenômeno, costuma atribuir o mérito de ter sido solidificada com clareza a autonomia processual a Oskar Von Bülow, em sua obra intitulada *Teoria das Exceções e dos Pressupostos Processuais* (1868),[3] a qual destacou elementos e argumentos fundamentais para aceitação desta compreensão em torno da autonomia da relação jurídica processual.

É marco antecedente a Oskar Von Bülow e representativo do nascimento deste momento os célebres debates patrocinados por Bernhard Windscheid e Theodor Muther, em obra traduzida para o espanhol intitulada *A Polêmica sobre la Actio*,[4] onde Windscheid,[5] ao analisar a *actio* do direito civil romano, a identifica com o conceito de pretensão, e não da ação como ao seu tempo concebida. Esta posição, entretanto, foi

---

[3] *La Teoría de las Excepciones Procesales y los Presupuestos Procesales*, tradução de Miguel Angel Rosas Lichtschein. Buenos Aires: Librería El Foro.

[4] Tradução de Tomás A. Banzhaf. Buenos Aires: EJEA, 1974.

[5] La "Actio" del derecho civil romano, desde el punto de vista del derecho actual, § 1°.

energicamente discutida por Muther quando colocou em foco a necessidade de uma releitura desta concepção e apontava para a autonomia processual.

Nessa fase, como decorrência das profundas e profícuas reflexões havidas, procurou-se demonstrar com ênfase que o processo é uma relação jurídica diversa do direito material e que se forma entre o Estado e as partes, e não entre autor da ação e obrigado. Autônoma, pois, em relação ao direito subjetivo material, na medida em que este se configura de modo linear entre as partes diretamente entre si, ao passo que àquela, como dito, entre as partes e o Estado. A ação não se dirige contra o adversário, e o objeto desta não seria o bem litigioso, mas a prestação jurisdicional devida pelo Estado.

Aqui, entretanto, como decorrência da efervescência intelectual do momento, encontra-se a gênese de alguns exageros decorrentes da afirmação da autonomia do direito processual, levando este, inclusive, aqui ou ali, a um verdadeiro afastamento do direito material. Esta circunstância patrocinou, inclusive, à afirmação do caráter abstrato do direito de ação, o que representa o mais elevado grau da proclamação da autonomia processual.

Nesse período, pois, o processo divorcia-se, como ciência, definitivamente do direito material e tem sua autonomia reconhecida.

2.3. Instrumentalidade

Superadas as fases dos chamados praxismo e processualismo, surge a ideia da instrumentalidade,[6] onde o processo, ainda que ciência autônoma passa a ser compreendido como instrumento de realização do direito material. Portanto, ciência com função diversa do direito material, mas com ele relacionado através da jurisdição exatamente para concretizá-lo.

O processo, por conseguinte, vale não pelo que é, mas pelos resultados que é capaz de produzir. E o resultado que é capaz de produzir é o direito concreto do caso posto a exame, com a resolução de eventual conflito ou com a validação de certa disciplina, pondo fim a incertezas jurídicas na sociedade. Evidencia-se sua preocupação social como instrumento de resolução de conflitos e incertezas, vez que a serviço do

---

[6] Sobre a instrumentalidade consultar, por todos, DINAMARCO, Cândido Rangel. *A instrumentalidade do processo*. São Paulo: Revista dos Tribunais, 1987.

direito material, cabendo à jurisdição realizar a vontade concreta do direito.

O processo busca, pois, (1) a paz social, (2) evidencia a natural necessidade de afirmação da soberania do Estado, como forma de manter a sociedade estável e organizada e (3) define situações jurídicas, tendo, portanto, triplo escopo: social, político e jurídico.

Há, na instrumentalidade, clara interface entre processo e direito material. Este formativo, aquele realizativo quando ocorrer resistência do obrigado ou quando se fizer obrigatória à intervenção do Estado para validação do direito, ou seja, o processo é o método pelo qual se dá, através da jurisdição, eficácia ao direito resistido ou indisponível.

Cabe à jurisdição efetivar a vontade concreta do direito. Assim, onde há conflito, o faz via jurisdição contenciosa; onde não há, via jurisdição voluntária.

2.4. Instrumentalidade constitucional

Há, em curso, ideia sobre o florescer de uma nova fase metodológica do processo, em que são atribuídos ao processo – em si e por si – valores constitucionais. Parcela da qualificada da doutrina denomina esta nova compreensão como formalismo-valorativo[7] e outro segmento não menos qualificado de neoprocessualismo.[8]

Segundo essa orientação à natureza e propósito do processo aparece centrada no ideal de justiça, através do domínio de valores constitucionais e esta compreensão do direito processual não vê o processo como mero instrumento de realização do direito material, mas identifica este como método de realizar justiça material, sob o enfoque constitucional.

E para que este ideal seja alcançado é necessário se leve em conta, na construção da justiça material através do processo, os valores da justiça, igualdade, participação, efetividade e segurança. Sendo, assim,

---

[7] Sobre o tema consultar ALVARO DE OLIVEIRA, Carlos Alberto. *Do Formalismo no Processo Civil*: proposta de um Formalismo-Valorativo. 4ª ed. São Paulo: Saraiva, 2010. Ainda, com amplo proveito, MITIDIERO, Daniel. *Colaboração no Processo Civil*. São Paulo: Revista dos Tribunais, 2009, p. 105 e ss. Utilizando expressamente a expressão, na indicação de uma quarta fase metodológica do direito processual civil, também RIZZO AMARAL, Guilherme. *Cumprimento e Execução da Sentença sob a Ótica do Formalismo-Valorativo*. Porto Alegre: Livraria do Advogado, 2008; FLACH, Daisson. *A verossimilhança no processo civil e sua aplicação prática*. São Paulo: Revista dos Tribunais, 2009 e CARPES, Artur. *Ônus dinâmico da prova*. Porto Alegre: Livraria do Advogado, 2010.

[8] Neste sentido, CAMBI, Eduardo. *Neoconstitucionalismo e Neoprocessualismo*. São Paulo: Revista dos Tribunais, 2009.

o processo é compreendido como método de realização da justiça material através da supremacia de valores com assento constitucional.

Máxima vênia, deste importante posicionamento que identifica esta situação como nova fase metodológica, entendemos que esta compreensão não possa ser definida verdadeiramente como fase autônoma do desenvolvimento do processo, mas releitura da atual instrumentalidade.

Com efeito, ainda que verdadeiros os escopos constitucionais na aplicação da jurisdição através do processo, a realidade é que, antes disso, o próprio sistema jurídico assim se posiciona e, por decorrência, não pode o processo buscar a realização de valores se não exatamente àqueles consagrados e propostos pela ordem jurídica constitucional e material.

Assim, não é o processo que estabelece a mais-valia constitucional, mas a ordem jurídica como um todo passou a ser desta maneira compreendida a partir do movimento de constitucionalização do direito, daí a razão pela qual, com o maior respeito e reconhecendo uma valiosa contribuição por parte desta corrente de pensamento, acreditamos que, em verdade, o processo civil continua a ser instrumento de realização do direito material. Contudo, agora, deve ser compreendido com a releitura recomendada pelo novo momento, deixando de ser meramente o método da busca da vontade concreta do direito, mas representando o método da busca da soberania dos valores constitucionais presentes na ordem jurídica, daí a razão que imaginamos esta não como nova fase evolutiva do processo, mas sim uma nova compreensão da própria instrumentalidade. Estamos, assim, frente ao instrumentalismo com escopo constitucional, portanto uma verdadeira instrumentalidade constitucional.

Cumpre ainda, nesse passo, registrar que a elaboração de um Código, muito embora sob a égide deste ou daquele momento ou como prefere a doutrina sob o manto desta ou daquela fase metodológica, necessariamente conterá reflexos de todos os momentos vivenciados e não há como considerá-los de modo isolado, pois naturalmente perpetuam suas peculiaridades.

Efetivamente, há reflexos de todas as fases e desdobramentos da compreensão da função do direito processual no sistema jurídico.

Assim, se na atualidade vivemos a fase do instrumentalismo constitucional, isto não quer dizer que a disciplina processual atual não tenha também conteúdo praxista e/ou processualista. Realmente, sempre quando o Código de Processo Civil disciplina meramente rito é, neste particular, claramente praxista, na medida em que está preocupado apenas com os desdobramentos internos do processo e, portanto, não há razão que determine que se o imagine como outro propósito se não este.

Quando permite que se deduza pretensão à tutela jurídica com o direito material apenas *in status assertionis* e possibilita que ainda assim se desenvolva a demanda em todas as instâncias, está a apresentar claros sintomas abstrativistas que configuram o mais puro processualismo, pois admite a ideia de que a ação não é promovida contra o adversário, mas contra o Estado que é devedor da prestação jurisdicional e, por decorrência, irrelevante para se concretizar o exercício do direito de ação a existência de relação jurídica de direito material entre as partes.

Desse modo, um código processual é uma verdadeira simbiose das fases já vividas e todas respondem presente em seu conteúdo.

Portanto, não se pode dizer que este ou aquele código é puramente abstrativista, praxista ou instrumental, na medida em que o sistema processual conta em sua gênese com os métodos já identificados, pois existem soluções que reclamam posições praxistas, outras posições abstrativistas e outras ainda instrumentais.

É possível, por conseguinte, apontar que o código é, hoje, preponderantemente instrumentalista-constitucional e isto não quer dizer que não disponha conteúdo das outras fases evolutivo-metodológicas conhecidas.

A consciência desse fenômeno é essencial para a compreensão do sistema jurídico processual e fundamental para sua melhor operação, pois não fora isto não seria possível identificar com clareza o que se busca com a prática dos atos. É necessário, pois, compreender com objetividade o que o ato representa, para saber o que dele esperar. Assim, quando se está frente à pura técnica organizacional do processo, como na hipótese dos atos dos auxiliares do juízo ou da disciplina interna da audiência ou ainda do preparo recursal, se está, em verdade, frente a conteúdo meramente praxista, vez que puro procedimento. Entretanto, se acaso a busca é para alcançar caráter declarativo de direito, traço teleológico do processo de conhecimento, resta claro que se está diante de seu perfil instrumental.

Dessa forma, correto afirmar que o processo – simultaneamente – dispõe de conteúdo procedimental e instrumental e, por esta razão, contém desdobramentos das fases evolutivo-metodológicas antes expressadas.

3. Processo e Direito Material

3.1. Sobre a distinção entre relação jurídica de Direito Material e relação jurídica de Direito Processual

Ocorrem fatos, no cotidiano da vida, que provocam consequências jurídicas; outros não. Exemplo destes últimos é o raio que atinge determinada residência e a destrói; como exemplo dos primeiros, poderíamos arrolar o acidente que envolve dois veículos. Note-se – na hipótese do raio – que, pela inexistência de sujeitos de direitos, não há consequência jurídica, pois um fato da natureza induziu ao prejuízo. Ao passo que, na conjectura do acidente de automóvel (com prejuízos materiais), nasce para os sujeitos de direito um vínculo que os une, pois, para um, existirá o direito de se ver reparado no prejuízo sofrido e para o outro, o dever de indenizar.

Esse fato cria um liame entre sujeitos de direito, ou seja, entre entes dotados de personalidade. Faz nascer, por igual, uma relação, chamada jurídica – porque produz efeitos no mundo jurídico. Tal relação passa a existir a partir da ocorrência do evento e vincula os sujeitos de direito envolvidos no fato.

Posta a questão nesses termos, é fundamental, a partir deste ponto, que se estabeleça distinção entre os planos de direito material e de direito processual. Com efeito, os exemplos até aqui trabalhados tratam de relação jurídica de direito material – tais como as relações que vinculam locador e locatário, credor e devedor e outras similares. Tudo se opera no mundo dos fatos que adquirem relevância jurídica e isso não se confunde com a relação jurídica de direito processual, pois aquela existe em um momento pré-processual, ao passo que esta existirá a partir da invocação da tutela jurisdicional para a satisfação de determinado interesse, quer exista relação material controvertida a dar suporte à pretensão deduzida, quer inexista a relação jurídica de direito material afirmada, visto que o direito de ação é – além de público e subjetivo – abstrato. Vale dizer: existirá ação de direito processual independentemente da existência de relação jurídica de direito material, o que justifica as ações de improcedência. Nestas, a conclusão do juízo, por exemplo, poderá ser no sentido de que o autor não era titular da relação jurídica de direito material afirmada e, embora tal circunstância, inegável a existência do exercício do direito de ação.

Isso demonstra, de forma irretorquível, a absoluta separação e desvinculação entre o direito processual e o direito material, pois possível a existência de "ação" processual sem que, em contrapartida, exista direito material, já que fenômenos ocorrentes em planos ou dimensões diversas.

Assim, possível afirmar que a relação jurídica de direito material é fenômeno próprio do campo pré-processual, do campo do direito objetivo, ao passo que a relação jurídica de direito processual somente existirá se provocado o exercício da jurisdição. Sem provocação de jurisdição não há relação processual, podendo, contudo dar-se relação de ordem material, na medida em que esta ocorre no mundo dos fatos juridicamente relevantes.

3.2. Ainda sobre a Ação de Direito Material, direito subjetivo e pretensão

3.2.1. Ação de direito material

De início, naquilo que interessa ao presente estudo, cumpre novamente destacar a existência de dois planos distintos no direito: processual e material. O primeiro regula o litígio judiciário, e o segundo, as relações entre sujeitos de direito.

É frequente, de outra ótica, que nos deparemos com a confusão dos conceitos de ação e demanda, sendo tais expressões, por vezes, usadas como se sinônimas fossem. Todavia, oportuno observar que nem sempre se equivalem, mormente porque poderemos, em determinada oportunidade, estar tratando de ação de natureza material (exercício direto de direito) e, em outra, de "ação" em sentido processual (exercício de direito *por via do Estado* e exercício de direito processual *contra o Estado*). Assim, em tese, dúplice o exercício de direito: material e processual.

A ação material que é objeto deste tópico não se vincula nem se identifica à ideia de provocação da jurisdição, pois ocorre antes que tal se operacionalize. Efetivamente, quando tratamos de ação em sentido material, estamos no campo das relações fáticas, na fase pré-processual. Falamos do agir do titular de um direito subjetivo. É exemplo clássico desta hipótese a circunstância contemplada no artigo 1.210, § 1º, do Código Civil, que reza: "O possuidor turbado, ou esbulhado, poderá manter-se, ou restituir-se por sua própria força, contanto que o faça logo (...)".

Aqui está situação clara da caracterização do agir por desforço próprio, a qual representa a chamada ação de direito material e que não se confunde com aquele agir que – em face da vedação da autotutela – leva o titular do direito material violado a invocar o Estado para que satisfaça seu interesse e que representa a "ação" de direito processual ou mais precisamente a demanda.

A ação material é, pois, diversamente da "ação" processual, a realização do direito por ato pessoal e sem a intervenção do Estado.[9]

Sempre houve, na linha aqui esposada, também por parte de Pontes de Miranda, a clara preocupação de distinguir a ação material da processual, tanto é verdade que ao se referir em suas obras à "ação" de direito processual a grafa entre aspas, exatamente para diferenciá-la da ação de direito material, a qual lança livre de aspas.[10]

Desse modo, pode ser afirmado que a melhor forma de evitar incompreensões é usar a expressão ação para o agir direto do titular de eventual direito e a expressão demanda para as hipóteses em que se está a referir a controvérsia judicial.[11]

3.2.2. Direito subjetivo

Não é possível falar de direito subjetivo sem, também, fazer referência ao direito objetivo. Caracteriza-se este, basicamente, no Brasil, pelo conjunto de regras e princípios jurídicos (expressos e implícitos)

---

[9] Necessário destacar que sobre o tema assim se expressou o saudoso Ovídio Baptista da Silva "a ação de direito material, tal como agora a estamos definido, é o exercício do próprio direito por ato de seu titular, independentemente de qualquer atividade voluntária do obrigado". Direito Subjetivo, Pretensão de Direito Material e Ação. In: *Polêmica sobre a Ação*: a tutela jurisdicional na perspectiva entre direito e processo. (Orgs.). Fábio Cardoso Machado e Guilherme Rizzo Amaral. Porto Alegre: Livraria do Advogado, 2006, p. 20. Esta observação deve ser lida no contexto proposto, ou seja, dentro da perspectiva de que a ação material e "ação" processual são exercidas simultaneamente.

[10] V., neste sentido, *Tratado das Ações*, Tomo I, São Paulo: Revista dos Tribunais, 1970, § 23, p. ex.

[11] Sobre o tema da efetiva existência da ideia científica de ação material houve recentemente fecundo debate alinhando, de um lado Ovídio Baptista da Silva e de outro Carlos Aalberto Alvaro de Oliveira. In: *Polêmica sobre a Ação*: a tutela jurisdicional na perspectiva entre direito e processo. (Org.) Fábio Cardoso Machado e Guilherme Rizzo Amaral. Porto Alegre: Livraria do Advogado, 2006.

que regulam a vida em sociedade, ou, como comumente se denomina, é sinônimo de ordenamento jurídico. Aquele, de sua parte, representa a faculdade que possui o indivíduo de fazer valer o próprio interesse, ocasionalmente em conflito com o interesse de outrem, em face da asseguração que lhe dá o direito objetivo. Mais diretamente: a correspondência de um bem a determinada pessoa, a qual dispõe do poder de exercer o direito que lhe assegura a ordem jurídica, haja vista que esta lhe outorga um *status* jurídico plausível de imposição ou, ainda, com a clareza invulgar de Araken de Assis "a locução ter direito se afeiçoa à definição científica de direito subjetivo".[12]

O direito subjetivo, portanto, representa o gozo individual de certa situação jurídica reconhecida pela ordem vigente.

Desse modo, reconhecer o direito subjetivo de alguém é – simultaneamente – reconhecer a faculdade do titular exercer as decorrências que dessa posição jurídica lhe resulta ou na palavra sempre abalizada de Ovídio Baptista da Silva[13] é uma categoria jurídica na qual o proprietário aparece como titular do domínio, o credor como titular do direito de crédito e outras hipóteses que tais.

3.2.3. Pretensão e exercício de pretensão material

A ideia de pretensão representa, em última análise, a possibilidade de alguém exigir de outrem uma prestação negativa ou positiva, e o ato de exigir a prestação é compreendido como exercício de pretensão.[14] Esta concepção, todavia, não se confunde com o direito subjetivo, vez que se constitui, isto sim, em uma nova virtualidade de que se reveste este; também não se identifica com a noção de "ação" (demanda), haja vista que representa apenas o poder potencial de agir, o direito de exigir, a possibilidade da exigência de subordinação de um interesse alheio ao próprio, ainda na fase pré-processual.[15] É, enfim, apenas um

---

[12] *Cumulação de ações*. 2ª ed. São Paulo: Revista dos Tribunais, 1995, p. 63.

[13] Direito Subjetivo, Pretensão de Direito Material e Ação. In: *Polêmica sobre a Ação*: a tutela jurisdicional na perspectiva entre direito e processo. (Orgs). Fábio Cardoso Machado e Guilherme Rizzo Amaral. Porto Alegre: Livraria do Advogado, 2006, p. 16.

[14] Ainda que óbvio, cumpre registrar que aqui não se está a tratar da ideia de pretensão à tutela jurídica, a qual é própria do plano processual e dirigida contra o Estado.

[15] Como já destacado no curso desta obra na clássica polêmica sobre a "Actio", travada entre Bernhard Windscheid (Die Actio des römischen civilrechts vom Standpunkte dês heutingen Rechts, Düsseldorf, Verlagshandlung Von Julius Buddeus, 1856 e "Die Actio des römischen Civilrechts, vom Standpunkte des heutigen Rechts" Von Theodor Muther, 1857) com Theodor Muther (Zur Lehre von der Römischen Actio, dem heutigen Klagrecht der Litiscontestation und der Singularsuccession in Obligationen. Eine Kritik des Windscheid'schen Buchs: "Die Actio dês Römis Civilrechts, von Standpunkte des heutigen Rechts". Erlangen: Verlang Von Andreas Deichert, 1857),

ato, uma manifestação (e não poder absoluto), ou, nas palavras de Eduardo J. Couture: "La pretensión (*Anspruch, pretesa*) es la afirmación de um sujeto de derecho de merecer la tutela jurídica y, por supuesto, la aspiración concreta de que ésta se haga efectiva. En otras palabras: la autoatribuición de un derecho por parte de un sujeto que invocándolo pide concretamente que se haja efectiva a su respecto la tutela jurídica".[16]

Toda pretensão é meio que visa a um fim; tem por fito a satisfação de certo interesse afirmado. É o direito de exigir;[17] a exigência em si é o exercício de pretensão, onde se espera o cumprimento voluntário do obrigado, face à iniciativa direta adotada.

Na temática, por repetitivo que pareça, não há como deixar de buscar socorro ainda e sempre em Pontes de Miranda, especialmente no prólogo de seus Comentários ao Código de Processo Civil de 1939, no qual esclarece precisamente a ideia de ação de direito material, pretensão de direito material e "ação" de direito processual.

A ação de direito material, como destacado, se constitui na atuação privada contra alguém, quer diretamente, quer através de outros particulares. Resulta claro que a conduta privada para um fim, sem que haja invocação da tutela jurisdicional, se constitui na chamada ação de direito material, ao passo que a simples posição potencial de exigir essa mesma satisfação caracteriza a pretensão de direito material, na medida em que esta pode ser compreendida como a faculdade jurídica de poder exigir ou, ainda, a potencialidade de atuar. A pretensão é, pois, a possibilidade jurídica de poder exigir de outrem alguma prestação positiva ou negativa. Já a "ação" de direito processual, diferentemente da ação de direito material, é filha dileta da vedação da autotutela, pois representa a invocação do Estado-Juiz para satisfação de um interesse, na medida em que – salvo expressas exceções – não pode o cidadão se valer do desforço pessoal para proveito próprio (ação de direito material). Assim, pois, invoca a tutela jurídica e, portanto, exerce "ação" de direito processual ou, mais precisamente, passa a demandar.

Em poucas palavras, resta concluir dizendo que o direito subjetivo se caracteriza pelo gozo de certo *status* jurídico, *verbi gratia*, a condição de credor; a pretensão, de sua parte, se define como uma nova capaci-

---

embora as divergências, o primeiro ilumina a ideia da *actio* romana ao equipará-la a pretensão (*actio = anspruch / anspruch = pretensão/ logo actio = pretensão*) e o segundo destaca a ideia de "ação" processual contra o Estado e não contra o obrigado. *Polemica sobre La "Actio"*. Buenos Aires: EJEA, 1974, tradução de Tomás A. Bahzhaf.

[16] *Fundamentos de Derecho Procesal Civil*. Buenos Aires: Depalma, 1977, p. 72.

[17] PONTES DE MIRANDA, Francisco Cavalcanti. *Tratado das Ações*. Tomo I. São Paulo: Revista dos Tribunais, 1979, p. 52 e 53.

dade do direito subjetivo que o torna latentemente exigível, como, por exemplo, quando do vencimento de determinado débito; o exercício da pretensão é representado pela exigência de cumprimento da obrigação, tal como a interpelação privada para pagamento; a ação de direito material pelo agir privado para satisfação do direito material, o qual, por regra, em face da vedação da autotutela, se torna inviável, salvo hipóteses admitidas pela ordem jurídica e a "ação" de direito processual (demanda), que se define pela busca da proteção jurisdicional, de modo que o direito se realize através do Estado-juiz, cumprindo este a mesma atividade que poderia ter sido realizada privadamente, não fosse vedação à autotutela.[18]

---

[18] Sobre a natureza da jurisdição, considerando que o Estado age por provocação do particular, Chiovenda consagrou na processualística a ideia de que esta é uma atividade substitutiva. *Em vista de esto, podemos decir que:* "La jurisdición consiste em La actuacón de la ley mediante la substitución de la actividad de órganos públicos a la actividad ajena(...)". *Principios de Derecho Procesal Civil*. Tradução de Jose Casais y Santaló com notas de Alfredo Salvador Madrid: Reus, 1977, p. 377. Entretanto, hoje, há orientação esclarecendo que nem sempre a jurisdição configura uma atividade substitutiva, na medida em que, p. ex., na jurisdição constitucional esta característica não estaria presente.

4. Jurisdição civil

4.1. Conceito e compreensão

O Estado contemporâneo, embora decorridos mais de dois séculos da edição da clássica obra *O Espírito das Leis*, de Montesquieu,[19] na qual, pode-se afirmar, foi sistematizada a organização política da sociedade, possui ainda, em sua estrutura formal, os clássicos três Poderes lá apontados e com funções determinadas e distintas entre si. Executivo, Legislativo e Judiciário, embora também conste da organização atual a existência de funções definidas pela Constituição Federal como essenciais.

Nessa estrutura, em linha mestra, ao Poder Executivo cabe a administração do Estado, pela gestão no exercício do governo. Ao Poder Legislativo, por sua vez, foi conferida função de editar leis, ou seja, definir em tese condutas que deverão ser observadas pela sociedade e seus membros. Ao Poder Judiciário foi reservada a responsabilidade de aplicar a ordem jurídica no caso concreto.

Essa ordem jurídica, no mais das vezes, é respeitada. Entretanto, em certas ocasiões, é violada. Nesta perspectiva, depende que lhe seja conferida efetividade para que gere os efeitos pretendidos.

Assim, em caso de conflito de interesses, caberá ao Poder Judiciário realizar a ordem jurídica no caso concreto (e o faz através da chamada jurisdição contenciosa), bem como, em outras hipóteses e independentemente da existência de conflito, também cabe ao Judiciário chancelar situações jurídicas com o fito de lhes outorgar eficácia, (tarefa que cumpre através da jurisdição voluntária).

Nas hipóteses de atuação do Poder Judiciário, com o propósito de concretizar a ordem jurídica, isto é feito por meio da função estatal de aplicar o direito para o caso posto. Esta função estatal de dar eficácia

---

[19] MONTESQUIEU, Charles Louis de Secondat. *O espírito das leis*. Tradução de Fernando Henrique Cardoso e Leoncio Martins Rodrigues, Brasília: UNB, 1982.

à ordem jurídica é definida como jurisdição (originalmente *juris+dictio* = dizer+direito), a qual representa, como registrado, o dever-poder do Estado, exercido através do Judiciário, de ditar e dar eficácia ao direito no caso concreto posto à apreciação.[20]

O exercício da jurisdição é, pois, um dever-poder, porque no momento em que o Estado reservou para si o monopólio da jurisdição e impede a utilização da autotutela como meio de resolução de conflitos (salvo raríssimas exceções, como, por exemplo, a legítima defesa na área criminal e o desforço imediato para reintegração ou manutenção de posse na área cível), não pode sonegar o oferecimento de solução, nem deixar desamparados aqueles que são seus destinatários, daí sua obrigação natural de resolver os conflitos e ratificar interesses.

Como observou Liebman, feitas as leis, não se considera ainda plenamente realizada a função do direito. Elas ditam, realmente, as regras de conduta a serem observadas pelos membros da sociedade, mas como essas regras ordinariamente têm conteúdo abstrato e geral, é preciso assegurar, na medida do possível, a sua estrita observância, em nome da liberdade e dos direitos de cada um na ordem objetiva da convivência social; em outras palavras, é necessário, sempre que falte a observância espontânea, identificar, declarar e dar atenção a essas regras, caso por caso, nas vicissitudes concretas da vida e eventualmente até mediante meios coercitivos.[21]

Assim, a função de distribuição e administração da justiça, com a realização da ordem jurídica, fica a cargo do Poder Judiciário, que cumpre sua missão institucional através da chamada jurisdição, a qual é o dever-poder de dizer e realizar o direito no caso concreto.

Portanto, embora a plena consciência de que estabelecer conceitos fechados a respeito de determinados institutos do direito possa ser perigoso, por versar sobre figura tão importante para o direito, parece inevitável que se confira, mesmo que de forma objetiva, um conceito atual à jurisdição.

Desse modo, entende-se por jurisdição o dever-poder do Estado, no exercício de sua soberania e através da função judiciária,[22] utilizan-

---

[20] Sobre a evolução do conceito de Jurisdição, consultar valioso estudo apresentado por MACEDO, Elaine Harzheim. *Jurisdição e Processo*: crítica histórica e perspectivas para o terceiro milênio. Porto Alegre: Livraria do Advogado, 2005. Nesse estudo, a autora faz uma profícua incursão na compreensão da ideia de jurisdição no direito romano, na idade média, no Estado moderno e inclusive com desdobramentos nos sistemas do *civil law* e *common law*.

[21] LIEBMAN, Enrico Tullio. *Manual de Direito Processual Civil*, v. I, 2ª ed. Trad. Cândido Rangel Dinamarco. Rio de Janeiro: Forense, 1985, p. 3.

[22] Hoje há quem entenda que a atividade do juízo arbitral equivale a uma espécie de jurisdição privada e portanto considere superada a ideia de que o monopólio da jurisdição seja do Estado,

do-se das leis e na ausência ou insuficiência destas, dos costumes e princípios gerais do direito (da ordem jurídica, portanto!) e pelos legitimados para tanto, de ditar e realizar o direito para o caso concreto.[23] [24]

Cumpre, ainda, fazer referência a ponto de relevância para o tema. Costuma-se dizer que a atividade jurisdicional é uma atividade secundária,[25] pois exercida pelo Estado, quando, na verdade, deveria ter sido espontaneamente realizada pelos sujeitos da relação jurídica.

Quer isto dizer que a atividade jurisdicional só atua frente à impossibilidade de resolução da questão de forma espontânea. Quando do desrespeito ao ordenamento, nasce a intervenção jurisdicional e por isso se trata de atividade secundária.[26]

Essa ordem de pensamento está em linha de princípio em sintonia com a ideia de Chiovenda, que concebia a jurisdição como atividade substitutiva. Isso porque o Estado, como detentor do dever-poder jurisdicional, face à vedação da autotutela, ao ser acionado pelo jurisdicionado, assume a obrigação de restabelecer o direito eventualmente violado. Trata-se, como dito, de ideia originalmente esposada por Chiovenda e que possui fácil aceitação na doutrina.

A fim de enriquecer o debate, vale recordar a lição do próprio mestre peninsular sobre o tema: "Nos parece que la característica de la función jurisdiccional em la sustitución de uma actividad pública

---

reconhecendo a existência de jurisdição pública e paraestatal. Nessa linha, FIGUEIRA JÚNIOR, Joel Dias. *Arbitragem Legislação Nacional e Estrangeira e o Monopólio Jurisdicional*. São Paulo: LTr, 1999.

[23] Neste sentido, embora os anos decorridos, vale destacar a compreensão apresentada pelo mestre Galeno Lacerda: "Hoje, jurisdição é o poder de declarar o direito e aplicá-lo ao caso concreto resolvendo de forma definitiva a lide ou qualquer questão de direito. É também poder de coerção com a finalidade de executar a sentença, depois de transitada em julgado. É poder, além disso, de novo que o juiz tem de investigar a matéria de fato, "poder de documentação". Todos esses poderes estão ínsitos na jurisdição". LARCERDA, Galeno. *Teoria Geral do Processo*. Rio de Janeiro: Forense, 2006, p. 76/77.

[24] Também parece mais do que justo prestigiar um dos clássicos mestres do processo, o professor Gabriel Rezende Filho, que, com a clareza que lhe é peculiar, aduz: 'Jurisdição é uma função da soberania do Estado. É o poder de declarar o direito aplicável aos fatos. No regime da legalidade, é missão precípua do Estado manter o prestígio e a autoridade da lei. Pelos seus juízes e tribunais, o Estado se confirma a si mesmo, fazendo com que a sua autoridade, do império das leis abstratas, desça ao nível das vicissitudes humanas e regule eficazmente a conduta dos indivíduos: *O Estado defende com a jurisdição a sua autoridade de legislar*". RESENDE FILHO, Gabriel, *Direito Processual Civil*, v. I, 3ª ed. São Paulo: Saraiva, 1952, p. 98.

[25] José Maria Rosa Tesheiner discorda desta orientação e aponta ser a jurisdição atividade primária do Estado. In: *Jurisdição Voluntária*. Rio de Janeiro: Aide, 1992.

[26] Neste mesmo sentido está a lição do Professor Humberto Theodoro Júnior: "Diz-se que é atividade secundária porque através dela, o Estado realiza coativamente uma atividade que deveria ter sido *primariamente* exercida, de maneira pacífica e espontânea, pelos próprios sujeitos da relação jurídica submetida à decisão". THEODORO JÚNIOR, Humberto. *Curso de Direito Processual Civil*, v. I, 40ª ed. Rio de Janeiro: Forense, 2003, p. 32.

a uma actividad ajena. Esta sustitución tiene lugar de dos maneras, correpondientes a los dos estadios del proceso, conocimiento e ejecución: a) En el conocimiento la jurisdición consiste en la substitución definitiva y obligatoria de la actividad intelectiva del juez a la actividad intelectiva, no sólo de lãs partes, sino de todos los ciudadanos, al afirmar existente o no existente uma voluntad concreta de ley concerniente a las partes (...)". E continua a lição: "En vista de esto, podemos decir que: la jurisdicón consiste en la actuación de la ley mediante la sustitución de la actividade de órganos públicos a la actividad ajena, ya see afirmando la existencia de una voluntad de ley, ya poniéndola posteriormente en práctica".[27][28]

Contudo, cumpre observar que esta concepção hoje já não é mais absoluta. De fato, ainda que na maioria dos casos a jurisdição possa de fato ser apontada como atividade substitutiva, há hipóteses em que esta passa a ter uma função corretiva ou declarativa e não substitutiva. Com efeito, quando do exercício da jurisdição constitucional, o Estado reconhece a inconstitucionalidade de uma norma em abstrato (ADI), não existe substituição de alguém titular de relação jurídica, mas sim, o Estado agindo para corrigir seu próprio equívoco ou afirmar seu acerto (ADC), em face da eventual provocação.

Isso ocorre porque, nesses casos, o Estado não assume posição perante duas partes em que uma violou o direito de outra. Aqui, ele assume a responsabilidade de corrigir um equívoco cometido com a introdução na ordem jurídica de norma em desacordo com os ditames constitucionais ou de declarar que agiu com correção, quando posto em dúvida a higidez jurídica de certa norma.

Resta evidente que, em tais hipóteses, o caráter da jurisdição é corretivo ou declarativo e não substitutivo. Assim, parece mais apropriado, hoje, em face da evolução constante do direito, reconhecer tam-

---

[27] CHIOVENDA, Giusepe. *Princípios de Derecho Procesal Civil*. Tomo I. Madrid: Reus, 1977, p. 373 e 377.

[28] Vale citar aqui o nobre professor Galeno Lacerda, que com igual clareza expõe sobre o tema: "Segundo a teoria de Chiovenda e Rocco, na jurisdição existe substituição de atividade que seria própria das partes, porque elas deveriam interpretar harmonicamente o contrato ou os fatos ocorridos de modo a se satisfazerem reciprocamente e evitarem litígio. Esta atividade que lhes é afeta seria direta. Necessária que seja a intervenção do órgão jurisdicional, o juiz substituirá as partes que não quiseram ou não puderam encontrar uma solução pacífica, e imporá ao caso concreto a sua solução. É a atividade substitutiva, secundária, indireta". Vale mencionar também, a título de complementação, a crítica posta pelo mesmo autor: "Esta concepção de Chiovenda e Rocco é dominante na doutrina dos processualistas. Mas nela há uma fragilidade: no processo também devem ser aplicadas normas que regulem a atividade do próprio juiz. Todas as normas sobre competência têm como destinatário o juiz. Assim também as que regulam a apreciação das provas e as de direção do processo. Ora, se o juiz é o destinatário dessas normas, qual a conclusão? Esta: ao aplicar tais normas, o juiz está agindo e exercendo uma atividade própria – não atividade substitutiva". LARCERDA, Galeno, *Teoria Geral do Processo*. Rio de Janeiro: Forense, 2006, p. 74.

bém essa característica que pode, eventualmente, a jurisdição assumir. Portanto, a jurisdição não é exclusivamente uma atividade substitutiva, como originalmente a compreendeu Chiovenda, pois na jurisdição constitucional perde esta tal compreensão e assume outra faceta, qual seja a natureza corretiva e ratificativa de atos do próprio Estado, não ocorrendo, por conseguinte, substituição do Estado ao particular, tal como imaginado pelo grande mestre peninsular, mas uma função primária do Estado, daí poder se afirmar que, dependendo da natureza do direito controvertido, a função jurisdicional será primária (Estado atuando pelo Estado) e secundária (Estado atuando pelo titular de relação jurídica).

4.2. Espécies clássicas de jurisdição: contenciosa e voluntária

A jurisdição, como visto, é o poder-dever de definir e realizar o direito para o caso concreto posto à apreciação do Poder Judiciário. Esta, entretanto, se apresenta de duas espécies distintas. (a) a chamada jurisdição contenciosa e a (b) chamada jurisdição voluntária.

A jurisdição contenciosa é aquela que tem por propósito dizer e realizar o direito para o caso concreto, em face de conflito, ou dito de outro modo, é a forma pela qual o juiz faz atuar o direito no caso concreto resolvendo um conflito de interesses, pondo, portanto, fim a um litígio.

Já na jurisdição voluntária não há conflito a ser resolvido. Não existe lide ou posições antagônicas, há sim uma convergência, e não uma divergência de interesses. Muito embora esta circunstância necessária à atuação do Estado, através Poder Judiciário, para validar certos atos, em face da natureza do direito material.

Assim, considerando a particularíssima natureza dos atos de jurisdição voluntária e especialmente o intenso debate em torno da natureza jurídica destes, o tema merecerá detalhamento a seguir.

4.3. Jurisdição voluntária

A chamada *jurisdição voluntária* configura uma atuação especial do Poder Judiciário, pois este é chamado a intervir não para a resolução de um conflito (sua função natural na organização política do Estado), mas para legitimar a convergência de interesses.

Assim, esta forma de atuação do Poder Judiciário, em face da ausência de resolução de conflitos, tem levado os estudiosos da matéria a um profundo debate em torno da natureza jurídica destes atos ou, mais precisamente, se tais procedimentos são verdadeiramente jurisdicionais ou meramente administrativos, ainda que exercidos pelo Poder Judiciário.

Com este propósito, como já destacado, o termo *jurisdição* consagra a ideia de dizer o direito no caso concreto. Contudo, a doutrina, não satisfeita com esta singela definição ou com a ideia embutida na expressão, costuma insistir na busca de uma melhor conceituação.

Sobre tais tentativas já se disse que o conceito de jurisdição é uma prova de fogo para os processualistas, como também foi observado que não se pode dar uma definição de jurisdição para todos os tempos e todos os povos ou ainda que o conceito de jurisdição é um problema por decidir-se pela ciência jurídica.[29] Como se vê, ainda que tenhamos apresentado anteriormente uma conceituação, há na doutrina cautela na apresentação do conceito de jurisdição.

Muitos envolvem no conceito de jurisdição a ideia de litígio, elevando este à condição de elemento caracterizador da atividade jurisdicional.[30] Todavia, respeitados os diversos entendimentos em torno da matéria, parece mais correta a ideia de que o conceito de jurisdição se vincula à concepção de que esta é o poder-dever de fazer a ordem jurídica atuar no caso concreto para a justa solução no Estado democrático de direito.

Pelo exposto, verifica-se que as dificuldades da doutrina começam a surgir no momento em que a atuação da lei se divide em contenciosa e voluntária, ou seja, exatamente nas chamadas jurisdição contenciosa e jurisdição voluntária.

Apenas com a finalidade de externar posição em torno desta ideia já sedimentada em doutrina, vamos relembrar a compreensão de jurisdição contenciosa, para, ao depois, enfrentar a análise da matéria referente à jurisdição voluntária.

Nessa medida, cumpre esclarecer que a jurisdição contenciosa é a atividade jurisdicional do Estado que visa à atuação da ordem jurídica, com a finalidade de eliminar um litígio ou, dito de outra forma, em face de um conflito de interesses trazido a exame do Estado-juiz, este

---

[29] Observações de Eduardo Couture, Piero Calamandrei e Alfredo Rocco, respectivamente. Referência de PORTO, Sérgio Gilberto. Jurisdição Voluntária: atividade administrativa ou Jurisdicional? *In: Estudos Jurídicos*, São Leopoldo: Unisinos, nº 38, p. 105.

[30] Assim, ALSINA, Hugo e PODETTI, Ramiro. Idem.

faz atuar a ordem jurídica no caso concreto, outorgando a um ou outro dos litigantes o bem da vida disputado.

E a jurisdição voluntária?

Bastaria apenas eliminar o litígio para a caracterização da atividade jurisdicional voluntária?

Bom seria se houvesse tal consenso. Todavia, não é assim, pois certos estudiosos da matéria, por não admitirem a ideia de que possa ser exercida a jurisdição sem solução de um conflito de interesse, travam verdadeira guerra contra a atividade jurisdicional voluntária, no sentido de afastá-la – a todo custo – do âmbito da jurisdição e colocá-la no âmbito da administração, equiparando-a à atividade desenvolvida pelo administrador público, ou seja, teria a mesma natureza jurídica, p. ex., do ato praticado pelo Prefeito ou Governador de Estado.

Assim, cumpre identificar se a chamada jurisdição voluntária é uma atividade tipicamente jurisdicional, ou, na verdade, se constitui em uma atividade administrativa que, como disse Alfredo Buzaid,[31] apenas *por larga tradição histórica*, sempre coube ao juiz, pois este está, em verdade, a administrar interesses privados.

Respeitável corrente doutrinária tem entendido que a chamada jurisdição voluntária não é jurisdição e nem é voluntária, visto que o ato praticado pelo juiz, nestes casos, é tipicamente administrativo e não é voluntário porque o interessado não comparece espontaneamente perante o Poder Judiciário, mas sim, porque a lei impõe que este assim proceda com a finalidade de dar eficácia e validade a seu ato.

Nota-se, ainda, que os defensores da doutrina administrativista também sustentam que a mera circunstância de serem determinados atos praticados por juízes, não dá a estes a condição de jurisdicionais, mas no máximo de judiciais, pois o que ocorre no ato de jurisdição voluntária é apenas um negócio jurídico com a participação do magistrado.

Alinham-se dentre os administrativistas, por exemplo, Athos Gusmão Carneiro, Celso Agrícola Barbi, José Manoel Arruda Alvim Neto e José Frederico Marques.[32] Em sentido oposto, todavia, os não menos ilustres Edson Prata, João Paulo Lucena, José Maria Tesheiner e Ovídio Araújo Baptista da Silva.[33]

---

[31] Neste sentido v., Exposição de Motivos do CPC, Capítulo IV.

[32] Sobre a posição v., especialmente a monografia de MARQUES, José Frederico. *Ensaio sobre a jurisdição voluntária*. 2ª ed. São Paulo: Saraiva, 1959.

[33] Destaque especial para os ensaios monográficos *Jurisdição voluntária*. São Paulo: Leud, 1979. *Natureza Jurídica da Jurisdição Voluntária*. Porto Alegre: Livraria do Advogado, 1996 e *Jurisdição Voluntária*. Rio de Janeiro: Aide, 1992. De autoria dos autores citados na ordem de apresentação.

Desse conflito de manifestações, certas afirmações impressionam e, dentre estas, modo especial a de Manuel Ibañez Frocham[34] quando no curso de excelente trabalho em torno do tema observa que os administrativistas não tomaram parte do monólogo conduzido apenas pelos processualistas, pois se tivessem sido convocados a participar da controvérsia para explicar o que é ato administrativo, provavelmente se arquivaria a legendária tese administrativista sobre jurisdição voluntária.

Talvez resida neste particular o segredo da discussão, pois se nota na polêmica uma preocupação extremada em demonstrar a não jurisdicionalidade dos atos de jurisdição voluntária que resulta esquecida a circunstância de verificar se estes atendem às exigências dos atos administrativos e nesta linha incide a tese em clamoroso equívoco, pois, a toda evidência, os atos de jurisdição voluntária não atendem às exigências de caracterização dos atos administrativos em geral.

Daí nasce a importância de identificar os pressupostos de um e outro fixados em doutrina,[35] aos efeitos de estabelecer definitivamente a distinção entre ambos.

ATIVIDADE JURISDICIONAL	ATIVIDADE ADMINISTRATIVA
1. depende de iniciativa da parte	1. normalmente não depende
2. o juiz faz atuar a ordem jurídica	2. o administrador age conforme a lei
3. há um processo	3. há simplesmente um procedimento
4. resulta coisa julgada material	4. não resulta coisa julgada material
5. presença de um terceiro imparcial	5. não há terceiro imparcial
6. satisfaz interesse de outro	6. satisfaz interesse próprio
7. pressupõe lide	7. não pressupõe lide
8. há interesses em conflito	8. não há interesses em conflito

Com base nestas diferenças, corrente doutrinária de realce tem sustentado que a jurisdição voluntária não é uma atividade tipicamente jurisdicional, porque nela não se encontram a totalidade das características exigidas à configuração da atividade tipicamente jurisdicional, as quais estariam presentes tão somente nos atos de jurisdição contenciosa e, afora isto, se comparados os atos de jurisdição contenciosa e os de jurisdição voluntária ainda encontraríamos as seguintes divergên-

---

[34] In: La Jurisdicción. Buenos Aires: Astrea, 1972.

[35] A enumeração dos pressupostos representa, modo geral, os argumentos de doutrina. Não representa, pois, a concordância com todos, mas apenas enumeração adotada para fins de exposição da matéria.

cias: a) haveria diversidade de escopo, pois enquanto a jurisdição contenciosa tem caráter repressivo, a voluntária tem caráter preventivo; b) a jurisdição contenciosa é uma atividade declarativa de direitos; a voluntária se destina à formação de atos e negócios jurídicos, tendo, portanto, função constitutiva, estranha à natureza da jurisdição; c) na jurisdição voluntária, não há litígio, nem contraditório, portanto não existem partes, mas apenas interessados, ao passo que na contenciosa existem partes, litígio e contraditório; d) os atos de jurisdição voluntária não produzem coisa julgada material, ao tempo em que os atos de jurisdição contenciosa produzem coisa julgada material e e) finalmente, a jurisdição voluntária seria simples administração pública de interesses privados.

Posto isso, cumpre observar que, afora a circunstância de parecer indiscutível que os atos de jurisdição voluntária dispõem da quase totalidade das características da atividade tida por tipicamente jurisdicional, ou seja, ela depende de iniciativa do interessado, o juiz faz atuar a lei, satisfaz interesse de outro e é exercida através de um terceiro imparcial, também – de outro lado – não conta com características fundamentais dos atos de administração, tal a independência de iniciativa do interessado ser atividade originária e satisfazer interesse próprio.

Não bastassem tais constatações, como demonstrou Ovídio Araújo Baptista da Silva,[36] os argumentos expedidos pelos administrativistas têm sido respondidos vantajosamente pelos que defendem a jurisdicionalidade dos atos de jurisdição voluntária. Com efeito, ao primeiro argumento de que a jurisdição voluntária não seria verdadeira jurisdição, por ter caráter preventivo e não repressivo, se opõem as sentenças cautelares e meramente declaratórias, cuja jurisdicionalidade não é discutida; ao segundo argumento, sobre o caráter constitutivo e não declarativo de direitos da jurisdição voluntária, é hoje argumentação totalmente superada, vez que indiscutida a existência das sentenças constitutivas, com a criação, extinção ou modificação das relações jurídicas. Ao terceiro argumento que sustenta que inexistem partes, por inexistir litígio, existindo, portanto, apenas interessados, cumpre observar que necessário antes de discussão mais aprofundada definir a noção correta de parte. Nesta linha, se parte é apenas o integrante de um conflito jurídico de interesses, efetivamente inexistem partes, fato que, de resto, apenas demonstra a ausência de litígio, o que ocorre por ser a jurisdição – justamente – voluntária. Todavia, se parte é aquele que participa da relação jurídica processual, parece não haver óbice

---

[36] BAPTISTA DA SILVA, Ovídio Araújo, GOMES, Fabio. *Teoria Geral do Processo Civil*. 5ª ed. São Paulo: Revista dos Tribunais, 1997, p. 60/82.

em se afirmar que também na jurisdição voluntária existem partes, vez que evidente a existência de relação processual entre o Estado-juiz e os "interessados". Ao quarto argumento, calcado na circunstância de que os atos de jurisdição voluntária não produzem coisa julgada material, deve ser observado que também as sentenças cautelares, dentre outros atos, não produzem coisa julgada e são indiscutidamente jurisdicionais. Ao quinto argumento, fundado na afirmação de que os atos de jurisdição voluntária se constituiriam em simples administração de interesses privados, pois não há aplicação de sanção ou atividade declarativa de direitos, adequado destacar que efetivamente não há sanção ou atividade declarativa, todavia é certo que, mesmo assim, o juiz age como terceiro imparcial, fazendo atuar o direito objetivo, tal qual na jurisdição contenciosa.

Posto isso, não há como deixar de acolher a orientação de que os atos de jurisdição voluntária são tipicamente jurisdicionais, especialmente pela presença do terceiro imparcial, pois o que realmente caracteriza a atividade jurisdicional é exatamente a circunstância de ser exercida por terceiro, de agir o juiz em causa alheia, enquanto a administração age em causa própria.

Assim, pois, induvidoso que a jurisdição, hoje, atua com mais de uma finalidade: (1) a de prevenir conflitos e (2) a de compor conflitos, dentre outras. Na primeira, de forma voluntária; na segunda, de forma contenciosa.[37]

---

[37] Cumpre registrar que a jurisdição também atua de modo especial quando, na jurisdição constitucional, desempenha o papel de afastar inconsistências ou incertezas da ordem jurídica.

5. "Ação" (demanda)

5.1. Conceito e compreensão

Tratar sobre o tema da ação no direito processual civil não se constitui em tarefa das mais simples, tendo em vista a grande quantidade de renomados juristas que já se dedicaram a enfrentar o tema e o fizeram, por regra, com competência.

Contudo, tendo em vista o propósito desta obra, de conferir, da forma mais didática possível, noções acerca da ciência processual, mister tecer algumas considerações sobre a questão, trazendo, especialmente, uma visão geral da evolução das teorias desenvolvidas sobre a compreensão do fenômeno do direito de ação outorgado a todo cidadão.

Nessa linha, pode-se iniciar apontando que desde o momento em que o Estado tomou para si o monopólio da jurisdição e vedou o exercício da autotutela (salvo hipóteses expressamente autorizadas por lei), impossibilitou a busca pela realização do direito com o próprio punho, criou para si, como consequência direta, o dever de oferecer solução à sociedade e o fez através da jurisdição.

Inviável que fosse de forma diversa, pois não há como conceber uma ideia de vedação à possibilidade de justiça privada sem que exista um comprometimento estatal em fornecer uma solução alternativa à particular. Negasse o Estado essa possibilidade aos integrantes da sociedade restaria inviabilizada a convivência.

Todo o aparato judiciário está, portanto, direcionado à mais-valia do direito, a sua proteção e a resolução dos conflitos quando estes se apresentarem. As normas jurídicas buscam assegurar à sociedade o exercício dos direitos que lhes são conferidos, sem, contudo, invadir a esfera do direito de outrem.

Mas, como é notório, nem sempre existe esta harmonia esperada entre os cidadãos, existindo, corriqueiramente, conflitos que merecem e devem ser solucionados por aquele que trouxe para si tal responsabilidade.

Logo, deduz-se que a "ação", como direito, não é exercida contra o demandado, mas contra o próprio Estado, sendo este o responsável por dar solução ao conflito posto.

Assim, se possível conceituar o direito de ação, hoje, diríamos que este é um direito preexistente a ser exercido contra o Estado, devedor da prestação jurisdicional, ainda que seja uma pretensão declaratória negativa.

É de se elucidar do porque afirmamos ser o direito de ação, um direito preexistente. Isso ocorre porque, de fato, o direito de ação é inerente ao Estado Constitucional. Este preexiste a qualquer violação de direito subjetivo material que possa ocorrer, encontrando-se, pois, na ordem jurídica em verdadeiro estado de hipótese, tornando-se concreto a partir do momento em que o cidadão exerce sua titularidade perante o Estado, exigindo deste a satisfação de alguma pretensão.

De outro lado, em face da ideia de que o direito de ação é exercido contra o Estado, e não contra o adversário, muito já se discutiu sobre a autonomia do processo frente ao direito material. Essa posição foi tema de debates dentre grandes juristas, como se viu e se verá novamente a seguir ao serem expostas as diversas teorias existentes sobre a natureza jurídica do direito de ação.

Assim, ultrapassados estes apontamentos iniciais a respeito do direito de ação, agora, necessário que se traga a conhecimento as diferentes teorias que, ao longo dos anos, foram formuladas e que, sem dúvida, possuem papel fundamental na forma como se compreende o fenômeno na doutrina.

5.2. Teoria civilista (clássica ou imanentista)

Trata-se, pois, de teoria cuja elaboração principal é atribuída especialmente a Savigny,[38] que, contudo, baseou seus estudos nas ideias do famoso *juris consultus* romano Celso, segundo o qual a ação é *nihil aliud est actio quam ius quod sibi debeatur, indicium persequendi*. Quer isto dizer que a ação nada mais é do que o direito de perseguir em juízo o que nos é devido. É o próprio direito subjetivo material reagindo a uma ameaça ou violação. Não reconhecia, portanto, a ideia de autonomia do direito

---

[38] SAVIGNY, Friedrich Carl Von. V. *Sistema del Derecho Romano Actual*. Tradução de M. CH. Guenoux e vertido para o espanhol por Jacinto Mesía y Manuel Poley. Tomo IV. Madrid: 1879, p. 10.

de ação, frente o direito material, na medida em que entendia presente apenas o direito subjetivo.

Tal teoria predominou durante algum tempo, partindo do pressuposto de que somente haveria ação quando ocorresse lesão a direito material e que a ação seria apenas o meio de resgatar o dano sofrido. A ação, portanto, seria uma das facetas do próprio direito material ou uma qualidade deste, apta, entretanto, a assegurar o exercício através da jurisdição. Há, nesta compreensão, a convicção de que o direito é único, sendo o direito de ação apenas a reação consequente a ameaça ou violação sofrida por aquele.

Existe aqui, inegavelmente, uma confusão de conceitos entre direito material e direito processual, o que levou, fatalmente, a teoria a fracassar no momento de explicar a existência da ação improcedente, pois nesta hipótese a improcedência atesta a inexistência do direito material, mas ainda assim, o direito de ação foi exercido, daí a impossibilidade de se imaginar que o direito de ação é, em realidade, o próprio direito material reagindo, vez que há hipótese da existência da "ação" sem direito.

Efetivamente não há como sustentar a existência de uma ação improcedente nem de uma ação meramente declaratória partindo da ideia de que apenas existirá ação apenas quando da violação de um direito material. Se o direito material não foi violado, o que então teria sido exercido?

Com efeito, a impropriedade da teoria civilista em explicar tais dificuldades em seu conteúdo determinou o reconhecimento de que não poderia ser levada adiante, face à sua clara ineficiência frente à realidade. Chiovenda bem explica o tema ao mencionar "encarava-se a ação como um elemento do próprio direito deduzido em juízo, como um poder, inerente ao direito mesmo, de reagir contra a violação, como direito mesmo em sua tendência a atuar. Confundiam-se, pois, duas entidades, dois direitos absolutamente distintos entre si".[39]

De forma objetiva, a chamada teoria civilista apregoava que não há ação sem violação de direito material. Nas palavras de Ovídio Baptista da Silva "ora, definindo a denominada 'teoria civilista' a 'ação' processual como o direito de perseguir em juízo 'o que nos é devido pelo obrigado', confundiu e misturou as duas realidades, ou seja, o exercício da pretensão de tutela jurídica estatal e a ação de direito material, que é o agir do titular do direito para obtenção 'do que lhe é devido', e, ao assim proceder, não teve como explicar os casos em que

---

[39] CHIOVENDA, Giuseppe. *Instituições de Direito Processual Civil*. v. I. Campinas: Bookseller, 1998, p. 38.

o agente houvesse promovido um processo sem ter direito, ou seja, ficou impossibilitada de explicar o fenômeno da ação improcedente (...)".[40]

Portanto, não logrou sucesso, na medida em que ruiu perante a realidade, pois não conseguiu esclarecer satisfatoriamente as circunstâncias apontadas e presentes no dia a dia do jurisdicionado, muito especialmente frente à circunstância da rejeição da pretensão do autor, a qual ocorre, exatamente, quando este não tem razão na busca de certo direito que alega ter sido violado.

5.3. A conhecida polêmica entre Windscheid e Muther

Como já registrado anteriormente ao tratarmos das fases metodológicas do processo civil, em 1856, o célebre jurista Bernard Windscheid publicou relevante estudo que deu ensejo a um dos mais respeitados debates a respeito da natureza da *actio* do direito civil romano que se tem conhecimento. Windscheid nesse estudo afirmou que *"actio* designa el acto y, además, el derecho de accionar".[41] Ato contínuo indaga: o que deve ser entendido por direito de acionar?

Essa posição de Windscheid decorreu de sua inconformidade com a posição de então que identificava a *actio* romana com a *Klage* (*Klagerecht*) germânica que representava o direito de acionar.

Procurou demonstrar o ilustre jurista que a *actio* romana, em realidade, identificava-se com a ideia de pretensão (*anspruch*), e não com a ideia do direito de ação, sendo, pois, institutos diversos.

Este estudo passou a compor consagrada obra traduzida para o espanhol sob o título *A Polêmica sobre la Actio*,[42] na qual também foi inserido estudo de Theodor Muther[43] em torno do tema.

A tese esposada por Windscheid foi energicamente discutida por Theodor Muther (irritado, segundo ele próprio confessa, pelo fato de Windscheid não ter guardado o devido respeito a Savigny e Mühlenbruch, orgulhos da nação e do direito),[44] quando este colocou em foco

---

[40] BAPTISTA DA SILVA, Ovídio Araújo, *Curso de Processo Civil*. V. I. 5ª ed. São Paulo: Revista dos Tribunais, 2000, p. 94.

[41] La "Actio" del derecho civil romano, desde el punto de vista del derecho actual, § 1º.

[42] Tradução de Tomás A. Banzhaf, Buenos Aires: EJEA, 1974.

[43] Sobre la doctrina de la actio romana, del derecho de accionar actual, de la litiscontestatio y de la sucesión singular en las obligaciones, p. 199 /289.

[44] Sobre a observação ver prólogo da obra de Theodor Müther.

a ideia de que o tema fora mal compreendido por Windscheid, vez que o ordenamento romano contemplava, em verdade, direitos distintos e inconfundíveis: direito lesado e ação.

Müther, ainda que jovem e recém-promovido a professor titular da universidade de Königsberg, não titubeou em sustentar a invalidade das ideias de seu colega. Apontou que, embora um seja pressuposto do outro, direito e *actio* não se confundem. Um o direito do ofendido à tutela jurídica do Estado (dirigido contra o Estado) e outro o direito do Estado à eliminação da lesão, contra quem a praticou. Ação seria própria do direito público, por que exercida contra o Estado, obrigado à prestação jurisdicional, em face do monopólio jurisdicional que exerce (algo semelhante à atual tutela jurídica). Outro contra o adversário que finalizaria numa sentença favorável, já que ameaçado ou violado o direito subjetivo do autor. Apontou, portanto, ao destacar o direito contra o Estado, claramente para a autonomia processual.

Apesar das severas críticas de Müther, a importância da obra de Windscheid não foi diminuída e muito contribuiu para o estudo da temática. E, em sua réplica,[45] aponta, além de argumentos em favor de suas ideias e a procedência da argumentação de que há um direito contra o Estado, os excessos pessoais e não recomendáveis de Müther.

Resta evidenciado que, apesar das divergências, ambos os estudos trouxeram grande contribuição para a compreensão do fenômeno do direito de ação e, sem dúvida, por sua importância, não é possível incursionar em torno da temática sem fazer referência expressa as posições sustentadas por um e outro dos juristas envolvidos.

Assim, na polêmica entre Windscheid e Müther, segundo pensamos, encontra-se a gênese da ideia da autonomia da relação jurídica processual, a qual, posteriormente, veio de ser afirmada ainda com mais clareza por Oskar Von Bülow e foi de notável importância para a compreensão hodierna em torno da autonomia do direito processual como ciência ou na feliz construção de Eduardo Couture "para la ciencia del proceso, la separación del derecho y de la acción constituyó um fenómeno análogo a ló que representó para la física la división del átomo".[46]

---

[45] La "actio". Réplica AL Dr. Theodor Muther. Windscheid, de início, expressamente diz "El ataque del autor no es común, como se ve: su propósito es destruir mi libro". Adiante, ainda aduz sobre o autor da crítica. "Aunque asegura que siente por mi todo respeto, el tono que emplea no está em consonancia con esa afirmación. Es brusco, desdeñoso y revela franco mesnosprecio".

[46] *Fundamentos del Derecho Procesal Civil*. Buenos Aires: Depalma, 1977, p. 63.

5.4. Teoria concreta (ou potestativa)

A Teoria Concreta é creditada, principalmente, ao conhecidíssimo jurista Tedesco Adolph Wach, o qual procura demonstrar, na linha de Theodor Müther, que existe uma separação entre o direito de ação e o direito material. Porém, aponta que a ação ainda que um direito autônomo é subordinado a existência de um direito material. É um direito público, subjetivo, pertencente ao titular de um direito material. A ação, portanto, somente existiria quando a ela corresponderia um direito no plano material.

A ação, desse modo, existiria se presente uma condição indeclinável, qual seja: a preexistência do direito protegido. Sem este direito, não há ação!

Assim, na compreensão da Wach, muito embora autônomo em relação ao direito subjetivo, o direito de ação a este está vinculado, pois somente passível de exercício frente a ameaça ou violação.

Muitos doutrinadores de nomeada concordaram com esta orientação, dentre os quais, particularmente Chiovenda,[47] que apesar de ter modificado em alguns aspectos a ideia inicial de Wach, pode-se dizer que a ela aderiu, ainda que aponte caráter potestativo ao direito de ação.[48]

Afirmou o jurista alemão, como destacado, a independência entre o direito de ação e o direito material, destacando que o direito de ação é exercido contra o Estado e direito material contra o demandado. O Estado deve fornecer os meios necessários para que o direito seja realizado e protegido, enquanto ao adversário cabe a única tarefa de suportar a prestação jurisdicional que lhe é imposta.

A ação, por ser de natureza pública, correria contra o Estado, devedor da prestação jurisdicional, enquanto o direito material seria, diga-

---

[47] Ovídio faz referência semelhante: "À teoria do 'direito concreto de ação', concebida por Wach, deu sua valiosa adesão Giuseppe Chiovenda, sem dúvida um dos maiores processualistas italianos de nossa época, o qual, em sua famosa preleção feita na Universidade de Bolonha, em 1903, mostrava ser a 'ação' processual um direito especial de natureza potestativa por meio do qual se realizava, no caso concreto, a vontade da lei, abstratamente prevista pelo ordenamento jurídico". BAPTISTA DA SILVA, Ovídio Araújo. *Curso de Processo Civil*. v. V.I. 5ª ed. São Paulo: Revista dos Tribunais, 2000, p. 96.
Aqui é valido referir que Chiovenda, mesmo sendo adepto a teoria concretista de Wach, elaborou uma derivação da mesma, ao afirmar que a ação, em verdade, seria um direito potestativo. Com maior ganho para a leitura, consultar a obra *Instituições de Direito Processual Civil*. v. I, do referido autor.

[48] Na realidade, Chiovenda, em 3 de fevereiro de 1903, em Bolonha, em preleção intitulada *L'azione nel sistema dei diritti*, considerado um momento ímpar na ciência do direito por Santiago Sentis Melendo ou como apontou Francesco Carnelutti um verdadeiro manifesto de uma nova escola processual, estabeleceu ainda com mais clareza que seus antecessores que o direito processual não se confundia com o direito material.

mos, uma consequência a ser tolerada por aquele que foi demandado. Em realidade, a conclusão a que se chegou foi de que o direito de ação seria um direito secundário, todavia, independente, sendo o direito de ação próprio do titular do direito subjetivo material.[49] [50]

Gabriel Rezende Filho, de sua parte, destaca que "foi Adolfo Wach, um dos fundadores do processo moderno, quem colocou, definitivamente, a ação no campo do direito público – como expressão de uma relação entre indivíduo e o Estado. A ação, para ele, é um direito autônomo, de natureza exclusivamente processual, mas subordinado ou condicionado à existência do direito subjetivo. É um direito público subjetivo, pertencente ao titular de um direito material, a fim de obter do Estado que este lhe conceda a tutela jurídica mediante uma sentença favorável. A ação só existe, portanto, quando a ela corresponde um direito. Não existindo o direito subjetivo do autor, não há ação".[51]

A síntese elaborada por Gabriel Rezende Filho parece bem elucidar tudo o que Wach pretendeu com a elaboração de sua teoria. O único reparo que merece ser feito ao autor germânico, em nosso sentir, é que se olvidou de referir que, no caso da ação declaratória, a ação estaria sendo exercida, a par da existência de um direito material, se procedente fosse.

Seriam titulares do direito de ação apenas quem tivesse um verdadeiro interesse legítimo, ou seja, quem tivesse o direito material reconhecido teria exercido o direito de ação. O direito de ação, assim, nasceria após o direito material, mesmo que existindo de forma independente.

Nesse sentido, Wach trouxe grande contribuição. Efetivamente ao reconhecer que o direito de ação não nasce juntamente com o direito material, restou explicado algo que antes não se verificara na teoria civilista. Trata-se da ação declaratória (em especial a negativa), a qual não possui vinculação com a existência de um direito material, pois

---

[49] Marinoni e Arenhart, no mesmo sentido afirmam: "A pretensão à tutela jurídica se voltava contra o Estado – obrigado a concedê-la – e contra o adversário – que deveria suportá-la". MARINONI, Luiz Guilherme; ARENHART, Sergio Cruz. *Teoria Geral do Processo*. v. I. 5ª ed. São Paulo: Revista dos Tribunais, 2010, p. 170

[50] Ovídio Baptista e Fábio Gomes fazem referência ao acima escrito: "Segundo Wach, o direito de ação, embora não nascendo junto com o direito subjetivo material, dela há de decorrer, sempre e necessariamente, à exceção da hipótese da ação declaratória negativa. Assim, distinguem-se os dois direitos, mas o segundo nascerá depois do primeiro, quer da violação deste, ou da ameaça ao mesmo". BAPTISTA DA SILVA, Ovídio Araújo; GOMES, Fábio. *Teoria Geral do Processo*. 5ª ed. São Paulo: Revista dos Tribunais, 1997, p. 104

[51] REZENDE FILHO, Gabriel José Rodrigues de. *Curso de Direito Processual Civil*, V.I. 3ª ed. São Paulo: Saraiva, 1952, p. 156.

tem por objetivo claro apenas o reconhecimento de uma eventual relação jurídica ou não![52] [53]

A toda evidência, mesmo sendo de grande valia a contribuição de Wach, a crítica a ser posta é semelhante a que se pode verificar na teoria civilista. Só teria se realizado o direito de ação com a existência de uma sentença favorável. Assim, restaria não explicada a sentença que julgasse improcedente a demanda. Em suma, sobre a teoria concreta do direito de agir poderia se afirmar que ter ação é ter direito a uma sentença de mérito procedente. Como bem explica Daniel Mitidiero "do breve escorço, dessume-se que a ação, para Adolph Wach, é (a) autônoma, modo relativo, porque não se liga, em certos casos, a um direito material, (b) concreta, porquanto vinculada sua existência a um provimento jurisdicional favorável e (c) exercível contra o Estado e contra o obrigado. Essa posição não traz muitas dificuldades ao intérprete para criticá-la, porquanto deixa absolutamente sem resposta o fenômeno da ação julgada improcedente (...)".[54]

Contudo, a influência de Wach não pode ser ignorada, pois impressionou grandes juristas e, por decorrência, contou com a adesão destes, dentre os quais podem ser destacados, além de Chiovenda, Hellwing e Goldschimidt.

Aqui, cabe, uma reflexão: não haverá um direito material que assegure a declaração negativa da existência de relação jurídica de direito material determinada? A resposta é afirmativa. A ação declaratória negativa julgada procedente, aponta a inexistência de uma relação jurídica determinada e, portanto, enseja a constatação de que a ordem jurídica realmente outorga o direito material de ver reconhecida a inexistência de relação jurídica material determinada, tal qual ocorre na

---

[52] Marinoni e Arenhart mais uma vez elucidam com clareza: "A ação declaratória, ao contrário de objetivar a realização de um direito subjetivo, tem por meta a declaração da existência ou inexistência de uma relação jurídica. Se o autor pode propor uma ação para declarar a inexistência de uma relação jurídica, é lógico que a ação não tem como pressuposto um direito material insatisfeito. Na verdade, a ação declaratória, seja da declaração da existência ou da inexistência de uma relação jurídica, requer apenas um interesse na declaração. Isso permitiu a Wach concluir que o direito material não é um pressuposto necessário do direito à tutela jurídica". MARINONI, Luiz Guilherme; ARENHART, Sergio Cruz. 5ª ed. *Teoria Geral do Processo*. v. I, São Paulo: Revista dos Tribunais, 2010, p. 171.

[53] Resta evidenciado que então a ação declaratória está alheia a existência de direito material, comprovando que a ação pode existir sem a presença do direito material, o que de certa forma, poderia parecer estar em conformidade com a teoria abstrata. Contudo, assim não se verifica, pois segundo Wach, para que exista ação, é preciso que seja prestada a tutela jurisdicional, o que apenas ocorreria com a sentença de procedência. A incapacidade de explicar a existência da ação de improcedência afasta a teoria de Wach da teoria abstrata.

[54] MITIDIERO, Daniel. *Elementos para uma Teoria Contemporânea do Processo Civil Brasileiro*. Porto Alegre: Livraria do Advogado, 2005, p. 99

ação negatória de paternidade, onde é buscada a afirmação de que "a" não é pai de "b".

5.5. Teoria abstrata

Através dos estudos desenvolvidos por Alexander Plósz (Hungria) e Heinrich Degenkolb (Alemanha), quase que simultâneos, surgiu a chamada teoria do direito abstrato de ação. Foi à primeira teoria capaz de explicar de forma convincente a existência da ação julgada improcedente. Isso porque, segundo as conclusões trazidas pelos professores, a ação estaria totalmente desvinculada do direito material, diferentemente da teoria concreta, onde, apesar de autônoma, possuía liame direto com o direito material.[55]

Aqui o direito subjetivo não aparece como causa necessária do direito de ação, pois reconhece esta compreensão absoluta desvinculação do direito processual em relação ao direito material, atribuindo àquele plena autonomia, a ponto de admitir, inclusive, o exercício do direito de ação ainda que inexistente o direito subjetivo material alegado, daí sua designação de teoria abstrata, pois independe de suporte material para o seu exercício.

Assim é compreendida, na medida em que se reconhece que o direito de ação é exercido contra o Estado e que qualquer cidadão titula pela simples circunstância de desfrutar de personalidade jurídica.

Abstrata, portanto, por não possuir qualquer vínculo de necessariedade com o resultado final da demanda. Como, aliás, destacam Luís Guilherme Marinoni e Sérgio Cruz Arenhart: "Degenkolb argumenta que é necessário construir uma base teórica para a ação favorável e para ação desfavorável. Diz que, em face de qualquer conflito, um dos litigantes tem o poder de levar o outro para diante do juiz e, assim, que o réu tem a obrigação de participar do processo. O que obriga o réu a participar do processo é o direito de agir, que nada tem a ver com o direito material. O fundamento desse direito de agir é a própria personalidade do autor, porque dessa vem a consciência ou a convicção subjetiva ao direito, ou mais precisamente a aspiração ao direito, o direito

---

[55] Ovídio Baptista da Silva e Fábio Gomes, neste sentido, mencionam: "O direito de ação, segundo a concepção de Degenkolb e Plósz, é o direito subjetivo público que se exerce contra o Estado e em razão do qual sempre se pode obrigar o réu a comparecer em juízo. É o direito de agir, decorrente da própria personalidade, nada tendo em comum com o direito privado argüido pelo autor". BAPTISTA DA SILVA, Ovídio Araújo; GOMES, Fábio. *Teoria Geral do Processo*. 5ª ed. São Paulo: Revista dos Tribunais, 1997, p. 109.

ao direito, em relação ao qual a efetiva existência do direito material é meramente acidental".[56]

O direito de ação, para esta corrente de pensamento, é um direito público, subjetivo e autônomo de forçar o demandado a comparecer em juízo para responder aquilo que lhe está sendo imputado, independentemente de existir o alegado direito material, daí sua condição de abstrato. Esclarece, sobre o tema, Araken de Assis que "esta noção atraente, explica, quiçá insuperavelmente, a demanda improcedente, e, outrossim, a existência do processo, criado a partir da ação desvinculada do direito material. O autor que se afirma detentor de certo direito subjetivo, porque medra na firme convicção da incidência da norma, ou, contra às evidências, se lança na demanda aventurosamente, cônscio da sua falta de razão, e dobra-se frente ao insucesso recolhido, exerceu plenamente o direito – a ação – de excitar a tutela jurídica do Estado. Por decorrência, utilizou o ferramental da jurisdição, ou seja, o processo. Todavia, não ostentava, realmente, o direito material asserido na demanda".[57]

Contudo, há um detalhe de grave importância que, ao fim, fragiliza os defensores da teoria abstrata. Quando da formulação da teoria abstrata, a tese trouxe embutida em si como condição para o exercício do direito de ação o mister da existência de boa-fé do autor. Este necessariamente deveria iniciar o litígio de boa-fé, caso contrário não se estaria exercendo o direito de ação.[58]

A colocação de tal "requisito" acaba por retirar razoabilidade da teoria abstrata em sua concepção originária, pois é sabido que o direito de ação pode ser exercido mesmo que de má-fé ou, inclusive, *contra legem*.

Trata-se de teoria adotada por alguns juristas que, com variações, a aceitam[59] e outros, evidentemente, a rejeitam.[60] Não há dúvidas de que

---

[56] MARINONI, Luiz Guilherme; ARENHART, Sergio Cruz. *Teoria Geral do Processo*. v. I, 5ª ed. São Paulo: Revista dos Tribunais, 2010, p. 169.

[57] ASSIS, Araken de, *Cumulação de Ações*. 2ª ed. São Paulo: Revista dos Tribunais, 1995, p. 57/58.

[58] REZENDE FILHO, Gabriel, por sua vez, entende que a boa-fé é desnecessária: "Às teorias que concebem a ação como direito a uma providência favorável em 'sentido concreto', opõe-se a teoria denominada do 'direito abstrato de ação': a ação corresponde não somente a quem tem razão, isto é, a quem vem a juízo defender realmente um direito lesado ou ameaçado, mas a quem quer que se dirija ao juiz para obter uma sentença sobre a sua pretensão, fundada ou infundada. A ação, portanto, é um direito *geral* e *abstrato*, não dependendo, para ser exercida, que haja efetivamente direito material a ser amparado em juízo, e nem mesmo que o autor tenha a convicção da existência deste direito, isto é, que esteja de boa-fé". REZENDE FILHO, Gabriel José Rodrigues de. *Curso de Direito Processual Civil*. v.I, 3ª ed. São Paulo: Saraiva, 1952, p. 158.

[59] MITIDIERO traz um rol exemplificativo de alguns que concebem a teoria abstrata como correta: "É a teoria seguida, entre nós e com fundamentação própria, por José Maria Rosa Tesheiner, Hermes Zaneti Júnior, Luiz Rodrigues Wambier, Flávio Renato Correia de Almeida e Eduardo Tala-

tal teoria tem o mérito de retirar do plano da dúvida a sempre questionada hipótese da ação improcedente. A teoria do direito abstrato de ação confere, pois, o direito cívico de ir a juízo, vez que identifica no direito de ação um direito público, autônomo e abstrato a ser exercido contra o Estado.

5.6. Teoria eclética

Por fim, mais modernamente surge a teoria eclética, cuja concepção se deve a um dos processualistas mais prestigiados no Brasil, ou seja, Enrico Tullio Liebman. O preclaro jurista italiano formulou construção teórica referindo à necessidade do atendimento prévio de determinadas condições para que fosse exercido o direito de ação. Nesta linha, para que possa ser exercido o direito de ação, antes deve ser constatada a presença de certas exigências chamadas pelo ilustre processualista de condições da ação.

É exigida a superação de determinados obstáculos para o exercício do direito de ação e representa a ideia de que o exercício deste é, pois, condicionado ao atendimento por parte do autor de certas condições jurídicas.

Ao assim posicionar o marco teórico de sua construção, recebeu esta o batismo de teoria eclética porque representa uma tentativa de conciliação[61] entre a teoria abstrata e teoria concreta,[62] criando uma corrente intermediária de pensamento em torno da questão, vez que não

---

mini. A maioria dos processualistas contemporâneos, consoante registra Elio Fazzalari, encara a ação dentro do esquema proposto pela teoria unitária-abstrata, com um maior ou menor desvio do discurso de Degenkolb ou de Plósz". MITIDIERO, Daniel. *Elementos para uma Teoria Contemporânea do Processo Civil Brasileiro*. Porto Alegre: Livraria do Advogado, 2005, p. 103. Afora estes, pode se referir, a título de exemplo, autores clássicos como Alfredo e Ugo Rocco, Zanzuchchi e Couture.

[60] P. ex., LACERDA, Galeno. *Despacho Saneador*. 2ª ed. Porto Alegre: SAFE, 1985, Capítulo IV, item 7.

[61] "A construção por Liebman padece de pelo menos três vícios insuperáveis. O primeiro deles consistiu na tentativa de conciliar o inconciliável, ou seja, postar-se em uma posição intermediária entre a Doutrina Concreta e a Abstrata, como que criando uma zona comum entre ambas". BAPTISTA DA SILVA, Ovídio Araújo; GOMES, Fábio. *Teoria Geral do Processo*. São Paulo: Revista dos Tribunais, 1997, p. 110.

[62] Ovídio Baptista da Silva bem apanha a tentativa de Liebman: "Tentando superar as duas posições, parte Liebman da afirmação de que este fenômeno, a que se dá o nome de 'direito de ação', corresponde a um agir dirigido contra o Estado, em sua condição de titular do poder jurisdicional, e, por isso, em exato siginificado, o direito de ação é, no fundo, o *direito a jurisdição*; entre ação e jurisdição existe, por isso mesmo, uma exata correspondência, não podendo haver um sem o outro". BAPTISTA DA SILVA, Ovídio Araújo. *Curso de Processo Civil*. v. I, 5ª ed. São Paulo: Revista dos Tribunais, 2000, p. 99.

aceita a absoluta falta de desvinculação com o direito material, como os abstrativistas e também não se vincula desde logo a necessária presença do direito material.

Nessa linha, a teoria eclética sustenta que para que se exerça efetivamente o direito de ação é preciso superar, inicialmente, três exigências básicas: a) *interesse de agir*: é a "relação de utilidade entre a afirmada lesão de um direito e o provimento de tutela jurisdicional"[63] b) *legitimação para agir*: "a pertinência subjetiva da ação, isto é, a identidade entre quem a propôs e aquele que, relativamente à lesão de um direito próprio (que afirma existente), poderá pretender para si o provimento de tutela jurisdicional pedido com referência àquele que foi chamado em juízo",[64] e por fim; c) *possibilidade jurídica do pedido*: "é representado pela admissibilidade em abstrato do provimento pedido, isto é, pelo fato de incluir-se este entre aqueles que a autoridade judiciária pode emitir, não sendo expressamente proibido".[65]

Essas são as denominadas condições da ação que se acaso não preenchidas o autor será considerado carecedor de ação, ou seja, não desfrutaria da possibilidade jurídica de exercer o direito de ação ou de obter tutela jurisdicional de mérito, não podendo, portanto, estar em juízo.

Esta posição sofreu críticas de parcela da doutrina. A mais presente diz respeito à lacuna que restou sem esclarecimento adequado quando feita a indagação sobre a natureza jurídica da atividade que é exercida ao tempo do reconhecimento da presença ou não das chamadas condições da ação?

A linha crítica indaga: como é possível ser carecedor de ação quando se está em juízo? Ainda que sem vínculos com o direito material afirmado, o fato é que o autor provoca a atividade jurisdicional e esta responde sua provocação. Que espécie de atividade é esta, se não o próprio exercício do direito de ação?

O grande *maestro* peninsular parece que efetivamente deixou de esclarecer convincentemente este ponto e, como consequência, sofreu severas críticas,[66] modo especial pelos adeptos da teoria abstrata.

---

[63] LIEBMAN, Enrico Tullio. *Manual de Direito Processual Civil*. v. I, 2ª ed. Rio de Janeiro: Forense, 1985, p. 156.

[64] Idem, p. 159.

[65] Idem, p. 161.

[66] Mitidiero, mencionando Calmon de Passos, afirma neste sentido: "Como notara José Joaquim Calmon de Passos, deixou Liebman de caracterizar a espécie de atividade que o juiz exerce quando inexiste ação (ou seja, quando o juiz não examina o mérito da causa), de vez que de atividade jurisdicional não se tratava, deixando igualmente sem resposta se na espécie existente ou não processo". MITIDIERO, Daniel. *Elementos para uma Teoria Contemporânea do Processo Civil Brasilei-*

Em que pese tais críticas, tamanha foi a influência do grande jurista italiano sobre o pensamento brasileiro que suas ideias foram adotadas pelo atual Código de Processo Civil, mercê – dentre outras razões – da vinculação de Alfredo Buzaid a estas. Verdade que posteriormente, já na 3ª edição de seu conceituado *Manual de Direito Processual Civil*, que data de 1973, o próprio Liebman revisou sua posição originária, retirando a possibilidade jurídica do pedido como condição da ação, reconhecendo apenas o interesse de agir e a legitimidade de partes como únicos requisitos a serem atendidos para o exercício do direito de ação.[67]

Assim, a teoria eclética pode ser resumida na ideia de que para o exercício do direito de ação, antes deve existir a superação de determinados requisitos. Somente se superados estes é que se torna possível exercer o direito de ação. Antes, da verificação de tais exigências, definidas como condições da ação, nem o autor exerce tal direito e nem o magistrado exerce jurisdição. Restando, pois, o direito de ação condicionado ao atendimento de certas exigências prévias.

Diversos são os autores que acreditam não existir qualquer condição para o exercício do direito de ação e revelam simpatia pela teoria abstrata, embora seja a teoria eclética a adotada pelo CPC.

Em nosso sentir, embora refletindo sobre possíveis exageros que a adoção da teoria abstrata possa acarretar, convém afirmar que é esta àquela que melhor esclareceu até o presente momento a natureza do direito de ação. Sendo, pois, no plano científico, a que encontra coerência lógica para situações que o dia a dia forense revelou.

---

ro. Porto Alegre: Livraria do Advogado, 2005, p. 108. Além dessas críticas já mencionadas, Fábio Gomes encontra um outro ponto passível de crítica, segundo o qual "consistiu em confundir ação com pretensão e, por via de conseqüência, conferir o direito de ação também ao réu". BAPTISTA DA SILVA, Ovídio Araújo; GOMES, Fábio. *Teoria Geral do Processo*. 5ª ed. São Paulo: Revista dos Tribunais, 1997, p. 118.

[67] O Projeto de um novo CPC que tramita no Congresso Nacional, em atenção a mais recente posição de Liebman suprime a possibilidade jurídica do pedido como condição para o exercício do direito de ação.

6. Pressupostos processuais

6.1. Compreensão inicial

Os chamados pressupostos processuais[68] são requisitos para a existência e formação válida do processo. Não se confundem como as condições da ação, porém, tais quais estas, são exigências que devem responder presente para a formação adequada da relação processual.

São, pois, verdadeiramente, peculiaridades que necessitam ser respeitadas, vez que antecedentes lógicos à construção do processo válido. Portanto, não há como falar em processo sem o atendimento de tais circunstâncias que se apresentam no plano da existência, validade e também aparecem como requisitos impeditivos ao desenvolvimento regular do processo.

Isto quer dizer que não é possível obter uma prestação jurisdicional efetiva, sem antes atender as exigências instrumentais necessárias para o aparelhamento da atividade jurisdicional, pois deduzir pretensão em juízo não é ato arbitrário e destituído de disciplina própria. Ao contrário, é ato formal que passa pela verificação prévia do atendimento de uma série de requisitos.[69] Há, assim, um exame prévio de qualificação do instrumento para saber se este está apto ou não ao atendimento do fim a que se destina.

Feita esta observação preliminar, necessário para uma perfeita compreensão do tema que se discorra sobre as espécies de pressupostos processuais, como requisitos prévios ao desenvolvimento válido e regular da atividade jurisdicional.

---

[68] Sobre o tema é leitura indispensável a excelente monografia de DALL'AGNOL, Jorge Luís. *Pressupostos Processuais*. Porto Alegre: LeJur, 1988.

[69] Nessa linha, p. ex., FORNACIARI, Michele. *Presupposti Processuali e Giudizio di Merito*. Torino: Giappichelli Editore, 1996, p. 6 e ss.

6.2. Espécies

Os pressupostos processuais se apresentam de três espécies distintas. São os chamados pressupostos processuais de existência, de validade e os negativos, ainda que se encontre em sede de doutrina variações em torno desta classificação.[70]

6.2.1. Pressuposto de existência

São pressupostos de existência: a) petição inicial; b) jurisdição; c) citação e d) capacidade postulatória.

Aparecem como atos prévios e indispensáveis a existência regular do processo a manifestação do autor, através da (a) petição inicial, em que este deduz sua pretensão ou, mais precisamente, aquilo que busca através da atividade jurisdicional do Estado. É o instrumento inaugural pelo qual se vale o autor para buscar a satisfação de determinado direito. Através dele se dá início ao diálogo com o Estado para a satisfação ou consolidação de determinado direito.

Evidentemente, este comportamento pressupõe a (b) existência de jurisdição, daí a razão pela qual a petição inicial deve ser apresentada perante órgão do Poder Judiciário – Juiz ou Tribunal – com a investidura adequada para a solução almejada. À existência de jurisdição e à dedução de pretensão inicial de parte do autor segue a convocação do demandado (ou demandados) para – querendo – responder a causa e isto se faz através de ato convocatório denominado (c) citação, que é, exatamente, o ato através do qual se dá ciência ao réu (ou aos réus) da existência da demanda proposta.

E, finalmente, no plano da existência, não são todos que podem apresentar pedidos perante um juízo, mas por regra, apenas os profissionais do direito que representam interesses das partes e estes detêm a chamada (d) capacidade postulatória, que é a habilitação profissional necessária para autorizar a atuação perante juízos. Esta habilitação é privativa dos bacharéis em Direito, sendo esses advogados públicos ou privados ou, igualmente, integrantes do Ministério Público.

---

[70] Ver, p. ex., LACERDA, Galeno. *Despacho Saneador*. 2ª ed. Porto Alegre: SAFE, 1985 (a edição original data de 1953), p. 60 e ss. BERMUDES, Sérgio. *Introdução ao Processo Civil*. 4ª ed. Rio de Janeiro: Forense, 2006, p. 115 e ss.

6.2.2. Pressupostos de validade

São pressupostos de validade: a) petição inicial apta; b) órgão jurisdicional competente; c) capacidade de ser parte e d) capacidade de estar em juízo.

A petição inicial não se traduz num simples requerimento com a dedução objetiva do que se pretende obter através da prestação jurisdicional, mas, em realidade, é documento formal que deve atender uma série de requisitos tidos por indispensáveis pela ordem processual se não atendidos, esta peça será considerada inadequada para o fim a que se destina, não tendo a capacidade de gerar processo válido. Esta a razão pela qual aparece com pressuposto de validade do processo a ideia de (a) petição inicial apta e, portanto, não inepta. Apta é a petição que atende todos os requisitos estabelecidos pelo CPC e, por decorrência, coloca de forma lógica e bem ordenada a lide à apreciação do juízo e inepta é aquela que carece das exigências legais.

Evidentemente que a pretensão deduzida deve ser apresentada perante (b) juízo competente, isto é, perante juiz previamente destinado a apreciar a espécie de conflito que lhe é submetido ao conhecimento. E quem leva a conhecimento do Poder Judiciário determinado conflito deve ter (c) capacidade de ser parte, ou, dito de outro modo, deve estar no gozo de sua capacidade civil de ser sujeito de direitos e obrigações, bem como (d) deve desfrutar de capacidade para estar em juízo que nada mais é do que o atendimento das exigências legais para se fazer representar em juízo, de onde resultam excluídos, p. ex., o incapaz e o menor, dentre outras hipóteses.

6.2.3. Pressupostos negativos

São pressupostos negativos: a) litispendência; b) coisa julgada; c) convenção de arbitragem e d) perempção.

Afora os pressupostos antecedentes à formação da demanda, os quais compõem exigências prévias à inauguração de processo válido, também existem os chamados pressupostos negativos, que se constituem em situações já consolidadas em outros feitos, cuja caracterização impede a instauração de processo válido e eficaz.

Efetivamente, (a) a litispendência por representar a existência prévia da mesma lide, impede o nascimento de novo processo, haja vista que a causa já esta posta à apreciação do Poder Judiciário. Caracteriza-se esta a partir da teoria da tríplice identidade, na qual se considera um demanda idêntica a outra, quando entre elas houver identidade de partes, pedido e causa de pedir. Assim, se uma demanda com tal identidade preexistir a "outra", não se justifica, sob o ponto de vista da racionalidade processual, o processamento da posterior, daí sua condição de pressuposto negativo, ou seja, aquele que impede o nascimento de novo processo em razão da mesma causa.

A (b) coisa julgada, também a partir da teoria da tríplice identidade, impede a inauguração de novo processo, mas não por estar em curso outro idêntico, mas sim por que a causa já foi julgada e, portanto, inexiste razão para o reprocessamento de causa já decidida.

Existe também, para a hipótese de direitos disponíveis, (c) a convenção de arbitragem. Esta se configura quando as partes, antes do litígio e no momento em que entre si assumem obrigações, convencionam que acaso ocorra algum desentendimento em torno do pacto que celebram, aquele será resolvido por juízo arbitral, e não via Poder Judiciário. Trata-se de juízo de eleição que deve ser respeitado e, portanto, capaz de afastar a atividade jurisdicional pela via da presença de elemento impeditivo de apreciação pelo Poder Judiciário, configurando, assim, pressuposto processual negativo.

Há, ainda, a chamada (d) peremção, a qual, igualmente aos demais pressupostos negativos, impede nova apreciação pelo Poder Judiciário de causa extinta em três oportunidades diversas, por ter deixado o autor de promover-lhe o andamento que lhe competia. Aqui paga o autor o preço de sua desídia e inércia, fazendo com que este perca o direito de ação, persistindo, entretanto, o direito material se ainda subsistente.

7. Princípios endoprocessuais

7.1. A ideia de princípio

Os princípios são essenciais para as ciências em geral e para as ciências jurídicas em especial. O surgimento da noção de princípios se confunde com o surgimento do próprio direito, haja vista que, ao se falar em direito, necessariamente, se estará a falar de princípios, tamanha sua importância no contexto jurídico.

São esses balizas de reconhecida relevância para o nosso ordenamento, pois, junto com as demais fontes jurídicas dão consistência para o sistema hodierno.[71] Mesmo que, vez por outra, se verifique a ausência de expressa referência na ordem positiva, ainda assim sua existência é plenamente reconhecida, tanto que a própria Constituição Federal consagra sua existência implícita (art. 5º, § 2º, CF), na medida em que o nosso sistema constitucional é de textura aberta, circunstância que se propaga para a estrutura infraconstitucional.

Não é por outra razão que, desde a Constituição Federal até o Código de Processo Civil, se encontram diversos princípios que norteiam a atuação do Poder Judiciário e das partes na busca pela solução dos conflitos de interesses,[72] quer apareçam expressa ou implicitamente.

---

[71] Sobre a importância dos princípios para a ciência processual, vale menção aos ensinamentos de Cândido Rangel Dinamarco, que refere: "Sem princípios um conhecimento é desorganizado e só pode ser empírico porque faltam os elos responsáveis pela interligação desses resultados. No que diz respeito às ciências jurídicas o conhecimentos dos princípios é responsável pela boa qualidade e coerência da legislação e também pela correta interpretação dos textos legais e das concretas situações examinadas". *In: Instituições de Direito Processual Civil.* v. I. São Paulo: Malheiros, 2001, p. 191.

[72] A importância dos princípios, em especial no processo civil, também foi destacada por COUTURE, conforme se vê do excerto a seguir: "El proceso civil es, decíamos, um proceso dealéctico. En El se procura llegar a la verdad por la exposicion de la tesis, de la antítesis y de la síntesis ; de la acción, de la excepción, de la sentencia. Con ellas se ordena la instancia.Pero la exposición de las ideas opuestas requiere la aplicación de numerosas previsiones particulares. No basta la dialéctica; es necesaria también la razonable distribuición de las oportunidades dadas a las partes a lo largo de todo el discurso. El debate procesal es necesariamente ordenado com igualdad de oportunidades de hacer valer sus derechos por ambos contendientes. Esta cirscunstancia conduce

O processo civil, ainda que ciência autônoma, é parte integrante de um sistema maior, onde existem regras e princípios para prestação e funcionamento da jurisdição. Como afirma Arruda Alvim, fica evidente que os princípios possuem papel fundamental para o adequado funcionamento do sistema.[73]

E a atenção que se dá a aos princípios reflete diretamente na prestação jurisdicional que se espera, pois, se bem interpretados e respeitados, todos os princípios constantes em nosso ordenamento, pelo menos em tese, ter-se-á uma prestação jurisdicional adequada aos ditames jurídicos coetâneos.

Não se ignoram as dificuldades para tanto, nem se espera que se logre êxito imediato na aplicação de todos os princípios norteadores do processo civil, contudo a busca pelo respeito a todos estes preceitos fundamentais da ciência processual não pode jamais cessar, para que, ao final, se obtenha uma otimização do serviço jurisdicional, que não basta seja apenas rápido, mas sim deve ser também de qualidade, numa perfeita equação balanceada entre celeridade e correção na aplicação do direito.

Os princípios, então, pode-se afirmar, são proposições fundamentais que servem de base à compreensão da ciência jurídica, formatando ideias matrizes que devem presidir a compreensão do direito. No caso da ciência processual, configuram as proposições onde se apoia o direito processual civil para uma aplicação racional do direito material. Caracterizam, assim, mandamentos próprios e internos ao processo, por isso endoprocessuais. São primados a serem obedecidos para que se configure o ideal de distribuição de justiça através do devido processo judicial.

7.2. Princípio dispositivo

O princípio dispositivo se encontra há muito consagrado no direito. Em sua concepção originária, trazia a ideia de que cabia às partes

---

a señalar uma serie de principios que lo regulan. Los propios textos constitucionales comienzan por imponer al legislador algunos de esos principios". COUTURE, Eduardo. *Fundamentos Del Derecho Procesal Civil*. Buenos Aires: Depalma, 1977, p. 181.

[73] Arruda Alvim, em valiosa lição, refere que: "Podemos, assim, definir o Direito Processual Civil como sendo o sistema de princípios e normas que regulam o funcionamento da jurisdição civil, tendo em vista o exercício do direito de ação, que contenha lide civil, e o direito de defesa, bem como a estruturação infraconstitucional dos órgãos do Poder Judiciário e seus auxiliares – exceto o que respeita à organização judiciária – e, ainda, a disciplina de todos os casos de jurisdição voluntária". ALVIM, Arruda. *Manual de Direito Processual Civil*. v. I. São Paulo: Revista dos Tribunais, 2005, p. 23.

interessadas toda e qualquer iniciativa para buscar o reconhecimento de seu direito. Só seria alvo de julgamento aquilo que fosse alegado e provado pelas partes. O juiz era visto como mero espectador, dependendo das provas e das alegações trazidas pelas partes, permanecendo inerte frente à atuação dos interessados.[74][75]

Hoje, contudo, em razão da natural evolução do processo, chegou-se a uma versão atenuada deste em relação ao momento de sua gênese.

Isso porque o magistrado não é mais concebido como mero espectador do processo, esperando que lhe apresentem os fatos e provas para que diga o direito. Tanto é assim que hoje desfruta de largo trânsito na comunidade jurídica a corrente de pensamento em torno da oportunidade do chamado ativismo judicial, onde o juízo é também órgão dinâmico no esclarecimento da causa, e não apenas, em homenagem à inércia da jurisdição, espectador atento.

O artigo 130 do atual CPC prevê expressamente que o juízo pode determinar a produção de provas quando entender necessário. Há quem diga que o artigo mencionado configura uma exceção ao princípio dispositivo; há quem diga que não. A despeito desta pequena polêmica existente, entendemos que, na verdade, como já exposto, ocorreu uma evolução natural do direito e do processo, renovando o conceito que antes se tinha do princípio dispositivo. Por isso, parece-nos, em verdade, que não configura exceção, mas sim, uma nova leitura de acordo com as novas tendências processuais.

Assim, hoje permanece presente o princípio dispositivo, contudo, de forma atenuada, pois com uma leitura sistemática do ordenamento jurídico, a busca pela solução mais adequada do feito permite que o magistrado possa, mesmo que em situações específicas, determinar a

---

[74] Vale trazer a lição de Nelson Nery Jr., que esclarece o princípio dispositivo: "Respeita às questões deduzidas em juízo, não podendo o juiz conhecer de matéria a cujo respeito a lei exige a iniciativa da parte. Proposta a ação por iniciativa da parte, o processo se desenvolve por impulso oficial (CPC262). O poder instrutório do juiz, principalmente de determinar *ex officio* a realização de provas que entender pertinente, não se configura como exceção ao princípio dispositivo". NERY JUNIOR, Nelson; ANDRADE NERY, Rosa Maria de. *Código de Processo Civil Comentado e legislação extravagante*. 7ª ed. São Paulo: Revista dos Tribunais, 2007, p. 389.

[75] Em sentido diverso, considerando como uma exceção, está o entendimento de Humberto Theodoro Júnior, que afirma: "Também em matéria de prova, a regra é a iniciativa das partes (princípio dispositivo), pois estão os sujeitos processuais que se acham em condições ideais de averiguar quais os meios válidos e eficientes para provar suas alegações. Além do mais, o juiz, por sua posição de árbitro imparcial, não deve se transformar num investigador de fatos incertos, cuja eventual comprovação possa acaso beneficiar um dos litigantes. Só excepcionalmente, portanto, caberá ao juiz determinar realização de provas *ex officio* (art. 130)". THEODORO JÚNIOR, Humberto. *Curso de Direito Processual Civil*. v. I. 44ª ed. Rio de Janeiro: Forense, 2006, p. 30.

produção das provas que julgar necessárias à formação de sua convicção e julgamento da causa.

A compreensão contemporânea do princípio dispositivo, portanto, remete à ideia de que ainda hoje compete exclusivamente às partes apresentarem em juízo a causa que pretendem ver apreciada pelo Poder Judiciário, devendo o juízo limitar-se em apreciar o que lhe foi trazido a conhecimento. Contudo, contemporaneamente, numa versão atualizada do princípio dispositivo é possível também ao juízo, nos limites do tema trazido à apreciação, determinar a produção de provas para aperfeiçoar sua decisão, estando, portanto, o princípio em questão reduzido a uma de suas proposições originárias, a qual determina que compete exclusivamente às partes fixar os limites da causa, não podendo o juízo ampliá-la, reduzi-la ou modificá-la, porém respeitados estes limites, poderá determinar a produção da prova que julgar necessária à formação de sua convicção.

7.3. Princípio da demanda

Outro princípio que caminha próximo ao princípio dispositivo é o princípio da demanda. Trata-se, na verdade, de uma ideia básica e lógica do processo civil. Não pode o magistrado decidir sobre algo que não lhe foi proposto. Existe um limite à atividade jurisdicional que deve ser respeitado pelo Estado ao decidir as lides que se apresentam.

Isso porque quem determina os limites da lide é a parte, pois esta é a titular do direito subjetivo material debatido e esta mesma que impõe qual a extensão do debate que quer propor. Trata-se de norma consagrada no art. 128, CPC, que busca evitar julgamentos conhecidos como *extra petita*, *ultra petita* ou *citra petita*. Quer isso dizer que é defeso ao julgado apreciar fora do que foi pedido (*extra*), ir além (*ultra*) ou ficar aquém (*citra*).[76]

Diferencia-se, como se percebe, o princípio da demanda do princípio dispositivo,[77] pois o primeiro refere-se à disponibilidade sobre o

---

[76] Aqui vale a lição de Marinoni e Mitidiero: "O princípio da demanda (ou dispositivo em sentido material) concerne ao alcance da atividade jurisdicional, representando o maior limite a essa atividade". MARINONI, Luiz Guilherme; MITIDIERO, Daniel. *Código de Processo Civil Comentado artigo por artigo*. 2ª ed. São Paulo: Revista dos Tribunais, 2011, p. 178.

[77] Ovídio Baptista da Silva bem coloca essa diferença entre os princípios dispositivo e da demanda: "Enquanto o *princípio dispositivo* diz respeito aos poderes das partes *em relação a uma causa determinada*, posta sob julgamento, o *princípio da demanda* refere-se ao alcance da própria atividade jurisdicional. O primeiro corresponde à determinação dos limites dentro dos quais se há de mover o juiz, para o cumprimento de sua função jurisdicional, e até que ponto há de ficar ele na de-

próprio direito, de se exercê-lo ou não, enquanto o segundo encontra-se em fase posterior, pois já existe ajuizamento de demanda, mas os limites da atuação do magistrado ficam delimitados conforme posta a causa.

7.4. Princípio da oralidade

O princípio da oralidade se constitui numa das opções ideológicas do CPC, conforme se vê, inclusive, de referência expressa constante de sua Exposição de Motivos.[78] Este princípio, em *ultima ratio*, tem por propósito estabelecer a comunicação oral como forma preferencial para a prática dos atos no processo.

O célebre jurista italiano Chiovenda, ainda no início do Século XX, já reconhecia a importância da oralidade para o bom desenvolvimento do processo. Afirmou o mestre peninsular que "a experiência deduzida da história permite concluir sem detença, que o processo oral é, com ampla vantagem, melhor e mais conforme à natureza e às exigências da vida moderna, porque exatamente sem comprometer, antes assegurando melhor a excelência intrínseca da decisão, proporciona-a com mais economia, simplicidade e presteza".[79]

Sabe-se, contudo, que a sua aplicação nos dias de hoje vem se dando de forma atenuada. Isso porque a prática forense não permitiu um desapego absoluto à forma escrita de comunicação e documentação dos atos, tanto que ainda vivemos hodiernamente, pode-se afirmar, a soberania das petições e sentenças escritas, muito embora a introdução do processo eletrônico.

Isso, contudo, não diminui a importância da forma oral de comunicação dos atos processuais, pois, para certos atos, tais como inquirição de partes e testemunhas, adota-se, necessariamente, a entrevista pessoal.

---

pendência da iniciativa das partes na condução da causa e na busca do material formador de seu convencimento; ao contrário, o *princípio de demanda* baseia-se no pressuposta da disponibilidade não da causa posta sob julgamento, mas do próprio direito subjetivo das partes, segunda a regra básica de que ao titular do direito caberá decidir livremente se o exercerá ou deixará de exercê-lo". BAPTISTA DA SILVA, Ovídio Araújo. *Curso de Processo Civil*. v. I. 5ª ed. São Paulo: Revista dos Tribunais, 2000, p. 64.

[78] Refere a exposição de motivos do CPC de 1973: "o projeto manteve, quanto ao processo oral, o sistema vigente, mitigando-lhe o rigor, a fim de atender a peculiaridades da extensão territorial do país. O ideal seria atingir a oralidade em toda sua pureza".

[79] CHIOVENDA, Giuseppe. *Instituições de Direito Processual Civil*. v. III. 3ª ed. São Paulo: Saraiva, 1969, p. 46.

O princípio da oralidade é, pois, de larga utilidade, haja vista que tem ligação íntima com a ideia de utilidade dos atos processuais. Isso porque o juiz, em tese, deve pessoalmente colher os depoimentos para que tenha contato direto com a prova e também com as próprias partes, podendo, desta forma, sentir e perceber sinais que nem sempre são perceptíveis quando apenas da leitura de documentos.

A instrução do julgamento talvez seja a sua fase mais relevante, pois é daí que surgirão as evidências que possibilitarão ao magistrado formar sua convicção, considerando, inclusive, a "atmosfera" dos depoimentos e dar solução adequada à lide.

Assim, a importância de o juiz ter contato direto com a prova, em especial a prova oral, é indiscutível, tanto que é norma consagrada no CPC (art. 336) a determinação de que as provas devam ser produzidas em audiência, exatamente com intuito de aproximar o magistrado da realidade. Quanto mais direto e imediato for o contato do julgador com as provas, melhor será o aproveitamento das evidências e a oralidade, a evidência, proporciona isto.

O dispositivo antes referido não especifica que apenas a prova oral deva ser produzida em audiência. Isso porque, por exemplo, apesar da perícia não ser produzida originalmente em audiência, o *expert* pode ser convocado para prestar esclarecimentos a respeito de seu trabalho, aperfeiçoando assim seus esclarecimentos e conclusões. Ou seja, a oralidade visa, em verdade possibilitar o maior contato possível do juiz com a prova para que possa viver o mais possível o conflito e, por decorrência, melhor formar sua convicção.

Cumpre ainda afirmar que do princípio da oralidade se extraem três outros subprincípios igualmente relevantes para a operação do processo, quais sejam, o da imediatidade, da identidade física e da concentração dos atos, os quais serão a seguir examinados.

7.5. Princípio da imediatidade

Trata-se de princípio consequente ao princípio da oralidade. Apregoa este que o contato direto entre partes e juiz é essencial. Entretanto, não apenas com as partes, mas também com as testemunhas, com o perito e com quem mais se fizer necessário ao prudente arbítrio judicial. Impõe, pois, um contato direto e imediato do juízo com a prova.

Isso se dá porque, com o contato pessoal, não existe qualquer barreira entre juiz e provas produzidas, impedindo assim, que exista algum ruído na comunicação, favorecendo um deslinde da demanda mais preciso.

Certamente, nem sempre isso será possível, pois diversos casos em que o juiz não poderá estar presente no momento da produção da prova, como, por exemplo, na oitiva de uma testemunha que se encontra em comarca diversa, hipótese em que se estará excetuando a regra da imediatidade na produção da prova.

7.6. Princípio da identidade física

O princípio da identidade física do juiz em sua concepção originária tem por propósito vincular o juiz que desenvolveu a instrução da causa ao julgamento desta. Este princípio, entretanto, ao longo dos anos, se revelou de difícil aplicação tal qual como concebidos, face dos desdobramentos naturais da demanda. Assim, ainda que presente no sistema atual, sofreu atenuações, em especial com o advento da Lei 8.637/93, que alterou o artigo 132, CPC, o qual estabelece que o juiz que concluir a audiência julgará a demanda, salvo quando convocado, afastado, licenciado, promovido ou aposentado.

Fica evidenciada a existência de diversas ocasiões em que o princípio da identidade física do juiz poderá e necessariamente virá a ser excepcionado. Mas isso não retira a sua importância, pois, como regra, se deve primar pela manutenção do magistrado na causa, pois aquele que instruiu a demanda possui, livre de qualquer dúvida, melhores condições fáticas para julgar o feito.

Percebe-se que é um subprincípio da oralidade, pois é corolário lógico deste, visto que absolutamente recomendável ter o juiz que colheu todas as provas decidindo a causa. Como leciona Ovídio Baptista da Silva, "não teria sentido que o juiz a quem incumbisse prolatar a sentença fosse outra pessoa, diversa daquela que tivera esse contato pessoal com a causa".[80]

Assim, concluindo, o juiz que coletou a prova, via de regra, deverá ser o juiz que julgará a causa, dando preferência, desse modo, a quem teve o contato pessoal com a demanda, salvo, como visto, as hipóteses excepcionadas pela própria lei.

---

[80] BAPTISTA DA SILVA, Ovídio Araújo. *Curso de Processo Civil*. v. I, 5ª ed. São Paulo: Revista dos Tribunais, 2000, p. 68.

7.7. Princípio da concentração dos atos

Trata-se de mais um subprincípio da oralidade e tem por proposta estabelecer a maior concentração possível dos atos processuais num único momento, tanto que o art. 455, do CPC determina que a audiência deverá ser una e contínua, embora a mesma regra excepcione permitindo uma certa flexibilização ao admitir que, acaso não seja possível concluir em um só dia a instrução, possa ser designada nova data para prosseguimento do ato.

Nessa linha, cumpre destacar que, quando ocorre a hipótese de não ser possível a conclusão da instrução numa única oportunidade, deve ser designado o prosseguimento da solenidade para outro momento, e isto não configura outra audiência, mas simples continuidade da já iniciada, dividindo-se a mesma audiência em mais de uma sessão.

A coleta da prova, portanto, em face da proposta do princípio da concentração, deverá ocorrer sempre que possível numa única oportunidade ou, se não isto, no menor número de momentos possíveis.

A proximidade da ocorrência dos atos processuais, em especial dos probatórios, permite que o magistrado, com todos os eventos ainda presentes, possa melhor equacionar sua decisão sem sofrer o desgaste do decurso do tempo.

Sabe-se da impossibilidade prática, por vezes, da produção de todas as provas em uma única audiência, ou se não da impossibilidade, de sua improbabilidade, daí ser admitida a tese de desdobramento do ato processual em mais de uma sessão. Isso, no entanto, não é obstáculo para que se promovam esforços para que seja realizado o menor número de atos processuais possível, visando, não apenas a concentrar os atos, mas também a maior celeridade ao feito, e gerando economia para todo o aparato estatal, bem como para as partes.

7.8. Princípio do livre convencimento motivado

Princípio consagrado no art. 131, do CPC. O juiz é livre para apreciar a prova e formar a sua convicção para bem decidir. Contudo, sempre deverá expor as razões do seu convencimento, daí decorre a ideia de livre convencimento, porém motivado porque a decisão não é arbitrária, mas sim, a possível diante daquilo que consta dos autos, exigindo-se do juízo, inclusive por imposição constitucional (art. 93, IX, CF), que este apresente os motivos que formaram sua convicção.[81]

A livre apreciação da prova, portanto não se confunde com o antigo sistema da íntima convicção, em que o magistrado apreciava a prova, mas não era obrigado a fundamentar a sua decisão. Isso porque já não há mais espaço para arbitrariedades injustificadas na sociedade moderna.

Refere-se como livre convencimento porque se busca dar ao juiz a possibilidade de formar sua convicção nos limites dos elementos integrantes dos autos do processo, escapando, portanto, das limitações outrora impostas pelo sistema da prova legal, em que o convencimento, mais do que obra do livre pensar, era uma imposição estatal, vez que as provas eram previamente taxadas, existindo um verdadeiro tarifamento, no qual o juízo se limitava a constatar qual dos litigantes havia produzido prova de maior valor legal.

As provas, hoje, além de serem apreciadas livremente, também não possuem qualquer valor prefixado pela ordem jurídica. Todas possuem valor e devem ser consideradas livremente de acordo com o caso concreto que se apresenta. Isto quer dizer que o juízo pode considerar a prova documental e desconsiderar a testemunhal, ou, até mesmo, a pericial. Bem como, pode considerar a pericial e descartar a testemunhal e assim sucessivamente, desde que sempre faça esta avaliação fundamentadamente, apontando as razões pelas quais considerou esta e desconsiderou aquela.

7.9. Princípio da bilateralidade da audiência

Trata-se de princípio pilar para o sistema que prima pela busca do equilíbrio no tratamento das partes. É inspirado na garantia constitucional do contraditório (art. 5º, LV, CF) e é, por conseguinte, mais um princípio que possui inspiração constitucional.

---

[81] Nelson Nery Jr. e Rosa Maria de Andrade Nery fazem esclarecedora menção sobre o tema: "o juiz é soberano na análise das provas produzidas nos autos. Deve decidir de acordo com o seu convencimento. Cumpre ao magistrado dar as razões de seu convencimento. Decisão sem fundamentação é nula *pleno iure* (CF 93 IX). Não pode utilizar-se de fórmulas genéricas que nada dizem. Não basta que o juiz, ao decidir, afirme que defere ou indefere o pedido por falta de amparo legal; é preciso que diga qual o dispositivo de lei que veda a pretensão da parte ou interessado e porque é aplicável no caso concreto". NERY JUNIOR, Nelson; ANDRADE NERY, Rosa Maria de. *Código de Processo Civil Comentado e legislação extravagante*. 10ª ed. São Paulo: Revista dos Tribunais. 2007, p. 391.

Não se pode, em momento algum, olvidar que o processo é um espaço democrático e imprescindível para que se fale em justa composição da lide, em devido processo constitucional e em diversos outros princípios decorrentes de um Estado democrático de direito, em que a ideia matriz é conferir igualdade de oportunidades e de tratamento para as partes.

Assim, o princípio da bilateralidade da audiência impõe tratamento paritário às partes, e qualquer favorecimento irá subverter a ordem jurídica, a qual foi cuidadosamente construída para não beneficiar um em detrimento de outro, daí conter em si também a ideia de imparcialidade. A isonomia processual é requisito mínimo para a busca de uma solução compatível com o devido processo constitucional, garantia da essência do Estado democrático de direito.

7.10. Princípio da economia processual

A economia processual busca a racionalização do processo, com a otimização de seus atos. Circunstância que contempla o ideal de que compete ao Poder Judiciário oferecer o melhor resultado como o menor emprego de esforços e no menor tempo possível. Esta última circunstância, hoje, inclusive, elevada à condição de garantia constitucional, expressa pela inserção na Constituição Federal (art. 5º, LXXVIII) da chamada duração razoável do processo.

Assim, todas as medidas que buscam aproveitar os atos já executados ou impedir que aqueles que não possuam condições de prosseguimento sejam fulminados desde logo, a fim de evitar que verifiquem inúteis futuramente, são medidas que respeitam o princípio da economia processual e contribuem para a maximização dos efeitos dos atos processuais.

Esta proposta não encerra primordialmente a ideia de economia financeira, ainda que esta esteja por via reflexa presente, mas sim, quer evitar o dispêndio de tempo e de qualquer outro elemento que torne ainda mais morosa a prestação jurisdicional, pois seu objetivo primordial é dar maior celeridade e eficiência à prestação jurisdicional, com o menor custo processual possível, permitindo, pois, sejam descartados os atos impertinentes à natureza do processo, reaproveitados outros atos já praticados em feitos análogos ou invalidados, recomenda, por igual, a coletivização das demandas sempre que possível, dentre outras circunstâncias.

Desse modo, a busca pela efetividade do processo é também uma busca pela economia processual, tendo em vista que quanto mais eficiente o processo se revelar, maior economia processual haverá.[82]

---

[82] Vale trazer a lição de Humberto Theodor Júnior: "O princípio da economia processual vincula-se diretamente com a garantia do devido processo legal, porquanto o desvio da atividade processual para os atos onerosos, inúteis e desnecessários gera embaraço à rápida solução do litígio, tornando demorada a prestação jurisdicional. Justiça tardia é, segundo a consciência geral, justiça denegada. Não é justo, portanto, uma causa que se arrasta penosamente pelo foro, desanimando a parte e desacreditando o aparelho judiciário perante a sociedade". THEODORO JÚNIOR, Humberto. *Curso de Direito Processual Civil*. 50ª ed. v. I. Rio de Janeiro: Forense, 2009, p. 33.

8. Competência

8.1. Competência internacional

Ao dar início à disciplina do tema referente à competência, o CPC, desde logo, fixa os limites da jurisdição nacional, estabelecendo, na verdade, sob o rótulo desta, temas pertinentes à soberania nacional, pois fixa critérios para determinar as causas que podem ou devem atuar os juízes nacionais.[83]

Nessa linha, é definido que as causas que envolvam réu domiciliado no Brasil, que estabeleçam obrigação que deva ser cumprida no território nacional, que contemple fato ocorrido ou ato praticado no Brasil, bem como aquelas referentes a imóveis aqui localizados estão sob o pálio da jurisdição nacional.

Isso, como com facilidade se percebe, não diz respeito ao fracionamento da jurisdição que é matéria essencial à competência, como se verá, mas temas referentes à soberania do Estado nacional, pois fixa a subordinação das hipóteses ao juiz indígena.

É fixado também, por outro lado, mas sempre na linha de afirmação da soberania nacional, que a causa ajuizada em tribunal estrangeiro não induz a litispendência e não inibe que a autoridade judiciária brasileira conheça da mesma, circunstância que, mais uma vez, reafirma a independência do juízo nacional.

Assim posto o tema, conclui-se que a despeito de estar o tema inserido no capítulo da competência, em realidade disciplina a jurisdição brasileira nas causas que enumera.

---

[83] Em sentido similar, MARINONI, Luiz Guilherme; MITIDIERO, Daniel. *Código de Processo civil Comentado artigo por artigo*. São Paulo: Revista dos Tribunais, 2010. Comentários ao artigo 91.

8.2. Competência interna

8.2.1. Compreensão inicial

O estudo do tema referente à competência jurisdicional deve necessariamente ter por início a compreensão de que nem todo juízo – sempre – poderá atuar em qualquer hipótese. Entretanto, "todos os juízes exercem jurisdição, mas a exercem numa certa medida".[84] Existem, pois, em verdade, limites no exercício jurisdicional. Efetivamente, o exercício da jurisdição, para efeitos de buscar maior efetividade, é organizado a partir de determinados critérios fixadores de áreas de atuação. Há, pois, um fracionamento do poder jurisdicional entre juízes e tribunais.

Assim, certos juízos atuam somente em determinados setores e, por óbvio, não em outros. Nessa linha, o juiz estadual limita sua possibilidade de atuação ao Estado federado em que está investido de jurisdição. Se, p. ex., São Paulo, sua atuação é restrita ao espaço geográfico deste Estado, excluídos, portanto, os demais. Se juiz federal, poderá atuar somente na região nacional em que exerce sua atividade.

Como se vê, o tema referente à competência estabelece condicionantes de atuação, e esta circunstância encontra suporte na possibilidade jurídica de ocorrer fracionamento da jurisdição. Assim, a jurisdição, embora única, como pressuposto de eficiência, pode ser partilhada entre órgãos do Poder Judiciário para melhor desempenho da administração da justiça.

Realmente, ainda que a jurisdição seja única, a ideia básica para sua fragmentação tem origem no desejo de obter maior efetividade no desempenho da atividade jurisdicional, pois é entendimento pacificado que tanto melhor serão os resultados, quanto maior for partilhada a atividade jurisdicional. Há, pois, franco posicionamento em favor do fracionamento da atividade jurisdicional, em face dos benefícios que se identificam a partir dos pressupostos de definição da área de regência dos órgãos jurisdicionais.

Nessa linha, comumente encontra-se em sede doutrinária a afirmativa de que a competência é a medida da jurisdição. O alcance da atividade jurisdicional, a partir deste pressuposto, se dá em razão da matéria, em razão do território, em razão do valor e em razão da hierarquia, ou seja, dependendo destas condicionantes, o órgão jurisdicional terá ou não competência funcional para exercer sua atividade fim.

---

[84] CARNEIRO, Athos Gusmão. *Jurisdição e Competência*. 17ª ed. São Paulo: Saraiva, 2010, p. 73.

Isso representa a ideia de que são estabelecidos limites de atuação para os órgãos jurisdicionais, sejam estes monocráticos ou colegiados. Sua aptidão funcional, é pois, por regra, restrita a setores, e não universal.

Nessa medida, quando se fala em competência de um órgão jurisdicional se esta a falar, exatamente, dos limites impostos àquele órgão e, como registrado, isto se dá através da fixação de certos critérios, vale dizer, se certo juízo (seja juiz singular ou juízo colegiado) possui ou não aptidão funcional para deliberar em torno daquela causa, em face de determinados critérios.

Assim, pode-se afirmar que determinado juízo será ou não competente em razão dos critérios da matéria a ser apreciada, do território em que é exercida esta atividade, em razão do valor da causa e em razão da hierarquia do órgão.

Cumpre, também, registrar que a competência interna é disciplinada a partir de critérios objetivos, funcionais e territoriais. O critério objetivo leva em conta quer o valor da causa, quer a matéria. O critério funcional atenta para as funções desempenhadas pelo juízo, e o critério territorial leva em conta o espaço geográfico de alcance da jurisdição.[85]

Atento a estas circunstâncias, o Poder Judiciário se organiza por áreas de especialização, tais como Justiças Estadual e Federal. Dentre destes segmentos, encontramos outras linhas de especialização, como trabalhista, eleitoral e militar. Desse modo, dentro dos segmentos de especialização do Poder Judiciário, igualmente ocorre o fatiamento da jurisdição.

No plano do direito nacional, as chamadas regras de competência vêm enunciadas tanto pela Constituição Federal, quanto pelo Código de Processo Civil e Regimentos Internos dos Tribunais. Isto quer dizer que o operador atento, para definir a competência de um juízo, deverá, necessariamente, consultar tais ordenamentos.

8.2.2. Critério objetivo

8.2.2.1. Competência em razão da matéria ("ratione materiae")

A competência em razão da matéria se dá a partir da identificação de temas, ou seja, da identificação de matérias de direito distintas. As-

---

[85] Em linha de princípio similar, p. ex., ARRUDA ALVIM. *Manual de Direito Processual Civil*. 17ª ed. São Paulo: Revista dos Tribunais, 2012, p. 303.

sim, considerando a especialização das matérias jurídicas, também se especializa o juízo.

Há, nessa medida, p. ex., juízos com competência criminal e competência cível, vale dizer, certos juízes atuarão somente em razão de matéria criminal, e outros, somente em razão de matéria cível.

Dentro do gênero matéria cível, surgem as espécies do tipo responsabilidade civil, família, sucessões, contratos etc. Merecendo, por decorrência, juízos especializados em temas contratuais, de direito de família, de responsabilidade civil etc. Há, pois, vinculação estreita entre a matéria de direito e a competência do juízo.

Define-se, assim, a área de atuação do juízo em razão da natureza do direito posto em causa, dizendo-se que a atividade jurisdicional em determinado juizado está limitada àquele segmento de especialização, não dispondo o juízo, portanto, de competência para atuar em outros.

A competência *ratione materiae*, voltada ao interesse público, é absoluta e, pois, indisponível.[86]

Acaso, entretanto, venha a ocorrer eventual decisão prolatada por juiz incompetente em razão da matéria, padecerá esta do vício de absoluta nulidade, sendo, por decorrência, insuperável a mácula de que é portadora, vez que a especialização se dá em razão do interesse público na busca da eficiência da atuação jurisdicional e, portanto, como afirmado, matéria indisponível.

8.2.2.2. Competência em razão do valor

Outro critério objetivo que define a possibilidade de fixação da competência é o valor da causa. De fato, embora o CPC não expresse hipóteses, autoriza que normas de organização judiciária disciplinem a questão.

Assim, a União, os Estados-Membros e o Distrito Federal, através das respectivas organizações judiciárias, estabelecerão, cada qual no seu segmento de atuação, os critérios de valor que definem a área de atuação dos seus órgãos do Poder Judiciário.

Nessa linha, cumpre referir que a competência em razão do valor fixado no CPC é relativa, prorrogável e deve vir arguida por Exceção, não podendo, pois, ser conhecida de ofício. Entretanto, naquilo que diz respeito aos Juizados Especiais Federais, por força da Lei nº 10.259/2001, esta é absoluta, podendo, portanto, ser conhecida de ofí-

---

[86] CARNEIRO, Athos Gusmão. *Jurisdição e Competência* ..., p. 278.

cio, em qualquer tempo e grau de jurisdição, não admitindo prorrogação.

Um dos temas que mais responde presente nas discussões que envolvem fixação da competência do juízo em razão do valor é a questão vinculada à atuação dos Juizados Especiais. Realmente, a atuação destes se encontra limitada por valor certo, fixado pela Lei nº 9.099/95, em 40 salários mínimos. Isto, entretanto, quer dizer que as causas até este valor poderão, e não necessariamente deverão ser processadas perante o Juizado Especial, pois a chamada Justiça Comum também possui competência concorrente para processá-las e julgá-las. Aqui se defere opção ao jurisdicionado para que decida pelo juízo que entender conveniente.

Por derradeiro, cumpre relembrar, em face da diversidade de tratamento, a distinção antes apontada entre o tratamento dispensado pela área federal à competência dos Juizados Especiais, em que o tema não comporta modificação, e àquele da área estadual na qual é aceita prorrogação.

8.2.3. Critério territorial

8.2.3.1. Competência em razão do território (ratione loci)

A jurisdição também é fracionada em razão do território, ou seja, em razão da área física e não temática de atuação do juízo.

Esta área de incidência da atividade jurisdicional ocorre, por regra, em sintonia com limites geográficos da Federação, dos Estados-Membros ou dos Municípios.

Assim, o Poder Judiciário Federal tem sua área de competência territorial definida nos termos da organização judiciária federal e da competência dos Tribunais Superiores, destacando que a Justiça Federal se encontra fracionada em regiões no que diz respeito aos Tribunais Regionais.

O Poder Judiciário Estadual, de sua parte, encontra-se organizado em razão das comarcas existentes que, grosso modo, estão em sintonia com a região dos municípios integrantes do Estado-Membro.

De outro lado, há casos em que cidades que são capitais de Estados se encontram divididas internamente em regiões, caso de São Paulo, Porto Alegre e outras que tais, onde também há atuação regionalizada do juízo.

Desse modo, os juízos terão a medida de sua competência definida por limites geográficos estabelecidos em razão do segmento do Poder Judiciário em que atuam. A Federação em regiões formadas por Estados-Membros, estes em municípios e estes ainda, em alguns casos, em regiões internas, definindo o fracionamento territorial da atividade jurisdicional, conforme seus limites geográficos. Nesta linha, temos, p. ex., na área federal, o Tribunal Regional Federal da 4ª Região, cuja competência territorial abrange os Estados de Rio Grande do Sul, Santa Catarina e Paraná. No que tange ao município de Porto Alegre, capital do RS, este está dividido internamente em regiões e dispõe, pois, de foros regionais dentro da comarca.

Dessa maneira, pode-se afirmar que o juiz estadual tem competência apenas na área formada pelo município (comarca) ou municípios em que atua ou, em outra hipótese, o juiz que atua em certa região de cidade terá competência territorial apenas para aquela região, e não em todo limite territorial do município, vez que os limites geográficos definem a área de incidência da atividade jurisdicional de que está investido.

Impende, ainda, referir que os tribunais superiores (STF, STJ, TST, TSE e STM) têm competência sobre todo o território nacional.

Na definição da competência territorial, na qual ocorre a fixação da sede da medida judicial, o legislador leva em consideração o domicílio das partes, o local do fato ou o local onde foi praticado determinado ato.[87] Portanto, define a competência em razão de conveniência das partes ou interessados, cujo propósito é gerar comodidade ao cidadão no trato de seus conflitos e/ou interesses. Assim, como regra, a doutrina reconhece esta espécie de competência como relativa, o que equivale a definir a possibilidade de sua prorrogação, ou seja, admite a hipótese de ser superada esta pré-definição da sede se as partes desse direito declinarem, quer expressa, quer implicitamente.

8.2.4. Critério funcional

8.2.4.1. Competência em razão da função do julgador

Essa espécie de regra de fixação de competência atende aos critérios da especialidade das funções desempenhas pelos juízes, sejam estes de primeira ou segunda instância ou ainda de instância extraordi-

---

[87] Referência oportuna de FUX, Luiz. *Curso de Direito Processual Civil*. Rio de Janeiro: Forense, 2011, p. 81.

nária. Nesta medida, o critério para definição da competência opera no plano horizontal e no plano vertical e leva em linha de conta a função do órgão jurisdicional. No plano horizontal, a competência funcional divide-se entre juízes do mesmo grau de jurisdição, e a vertical, entre juízes de graus de jurisdição diversos.

Isso representa que a distribuição das tarefas entre juízes de primeiro grau e tribunais integram a chamada competência hierárquica ou funcional. Há, pois, além da definição da competência *ratione materiae* e *ratione loci*, a exigência de que o juízo esteja igualmente habilitado em razão da função que desempenha para apreciação da causa. Assim, por exemplo, nas hipóteses de ação rescisória, apenas os tribunais é que titulam competência funcional e hierárquica para processá-las e julgá-las. É, como se sustenta, competência funcional hierárquica originária dos tribunais. Igualmente, nas hipóteses recursais, por regra, os órgãos com competência funcional para reapreciar a causa, em face do efeito devolutivo integrante do recurso, são os tribunais.

Importante, pois, sempre voltar atenção sobre a fonte normativa que disciplina esta espécie de definição e são fontes habilitadas à definição da competência hierárquica ou funcional a Constituição Federal, as normas de organização judiciária, quer federal, quer estadual, os Regimentos Internos dos Tribunais e, evidentemente, o Código de Processo Civil.[88]

8.3. Incompetência absoluta e relativa

O tema referente à incompetência absoluta diz respeito à impossibilidade de o juízo atuar de modo válido neste ou naquele feito judicial. Isso decorre sempre que constatada a falta de sintonia entre o órgão jurisdicional e a atividade a ser desenvolvida. Deve haver, pois, adequação entre o juízo e o propósito da atividade jurisdicional.

As regras que disciplinam esta necessária afinidade entre juízo e propósito da atividade levam por suporte a mais-valia do interesse público e, por decorrência, têm incidência cogente.

---

[88] Interessante e útil sistematização da competência funcional consta do *Curso de Processo Civil* de Carlos Alberto Alvaro de Oliveira e Daniel Mitidiero. *Op. cit.*, p. 253 e ss. em que os autores apresentam que a "a função exercida no processo determina, em regra de forma automática, a competência para o julgamento posterior. Decorre da interligação de: (a) juízos; (b) processos; ou (c) fases do procedimento ou atividades nele desenvolvidas".

Assim, acaso o juízo atue quando absolutamente incompetente esta circunstância redundará em invalidade dos atos decisórios praticados, vez que a competência do juízo nesta proposição é improrrogável, pois como dito tutela o interesse público, portanto indisponível aos figurantes da relação processual.

Emolduram-se nas hipóteses de incompetência absoluta do juízo aquelas definidas em razão da matéria, outras estabelecidas em razão da função, bem como as postas em razão da pessoa e, também, as editadas em razão do valor da causa, se de menos para mais. Assim, p. ex., o juízo criminal não pode decidir matéria da competência do juízo cível; o juízo de primeiro grau não pode decidir matéria privativa do segundo grau de jurisdição; a justiça estadual não pode decidir questão de competência da justiça federal. Entretanto, se qualquer destas hipóteses ocorrer, restará contaminado irremediavelmente o ato de caráter decisório praticado, em face da hierarquia do vício, pois representa atentado à ordem pública.

Quanto ao processamento, a incompetência absoluta do juízo deve ser arguida, em preliminar, na resposta do réu, ou mais precisamente, na contestação. Porém, acaso isto não ocorra, também está o juízo autorizado de ofício a declinar da competência.

Já a incompetência relativa, ao contrário da absoluta, é prorrogável, na medida em que as regras que definem a atuação do juízo levam em linha de conta o interesse das partes, podendo, assim, estas transigirem a respeito da disciplina imposta, já que as normas são dispositivas.

A competência relativa, por conseguinte, comporta modificação por vontade dos interessados, quer esta vontade seja manifestada antes de estarem em juízo, quer após já ter sido provocado o exercício da jurisdição.

Por disposição das partes, ocorre anteriormente a existência do processo quando, p. ex., em contrato, é procedida a eleição de foro. Após o surgimento do processo, ocorre quando a parte que deveria fazê-lo deixa de apresentar a exceção correspondente, restando, em face da omissão, a competência prorrogada.

Hipótese das mais comuns diz respeito à incompetência territorial entre foros regionais. Efetivamente, se o juízo competente é de certa região da comarca, porém a demanda vem de ser ajuizada em outra e se o demandado deixa de apresentar inconformidade na eleição do juízo, via exceção declinatória, resta a competência originária modificada, especialmente por não caber ao juízo declinação de ofício,[89] segundo entendimento, inclusive sumulado, pelo STJ.[90]

8.4. Modificação da competência

Existem critérios que ensejam a modificação da competência originária, transformando aquele juízo que em tese seria incompetente em competente (art. 102, CPC). Esta situação se configura somente nas hipóteses de incompetência relativa e pode ocorrer quando há conexão (art. 103, CPC), continência (art. 104, CPC), prevenção (art. 106, CPC) ou foro de eleição.

Assim, cumpre examinar cada qual das figuras que ensejam a possibilidade de modificação da competência originária.

8.4.1. Conexão

Reputam-se conexas as demandas que tenham um vínculo através da identidade de objeto ou causa de pedir. O objeto é o pedido, e a causa de pedir é representada, grosso modo, pelos fatos e fundamentos jurídicos daquele. Parcela da doutrina sustenta que a lei disse menos do que devia,[91] pois entende também caracterizada a conexão quando há identidade de partes entre uma e outra demanda. Amplia, desse modo, a possibilidade de configurar conexão.

Independentemente dessa discussão, a verdade é que para a configuração da conexão basta ocorrer identidade de um dos elementos destacados pela lei, ou seja: do pedido ou da causa de pedir.

Dessa maneira, em havendo ações vinculadas em face de conexão, deverá ser operacionalizada a reunião destas para julgamento único, com modificação de competência de uma delas em favor da outra, com

---

[89] Ressalva-se desta posição a disciplina imposta para as hipóteses de cláusula de eleição de foro em contrato de adesão, quando, então, por exceção, face o reconhecimento de nulidade da cláusula, poderá o juízo declinar da competência de ofício. É a disciplina que se encontra no artigo 112, parágrafo único, CPC. No particular fazemos coro a adequada observação de PINHO, Humberto Dalla Bernardina de. *Direito Processual Civil Contemporâneo*. 4ª ed. São Paulo: Saraiva, 2012, p. 213, onde refere que a exceção está mitigando a Súmula 33, do STJ e que melhor teria sido que o legislador se referisse expressamente às relações de consumo e fizesse a opção pelo foro do domicílio do consumidor, do que abrir a exceção que abriu.

[90] Verbete 33 da Súmula do STJ: "A incompetência relativa não pode ser declarada de ofício".

[91] Nessa linha, p. ex., NERY JUNIOR, Nelson; ANDRADE NERY, Rosa Maria de. *Código de Processo Civil Comentado*. 7ª ed. São Paulo: Revista dos Tribunais, 2003.

o propósito de evitar decisões colidentes e em atenção, evidentemente, ao princípio da economia processual.

Na conexão, há juízos concorrentemente competentes. Portanto, a forma de fixar a competência de um em detrimento de outro se opera através da prevenção, como se verá.

Oportuno também registrar que a conexão não ocorre entre causa julgada e causa pendente. É necessário que ambas estejam pendentes de julgamento, vez que se uma delas, ainda que presentes os elementos caracterizadores da conexão, já estiver julgada, desnatura o propósito do instituto que enseja a modificação da competência, e a independência do juízo deve prevalecer.[92]

8.4.2. Continência

A continência, de sua parte, resta configurada quando entre duas ou mais demandas houver identidade de partes e de causa de pedir, desde que o objeto de uma, por ser mais amplo, abranja o da outra.

Aqui, diversamente da conexão, exige-se simultaneamente a presença dos elementos caracterizadores do instituto. Efetivamente, é necessário para configurar a continência que a um só tempo exista identidade de partes e causa de pedir, sendo também cogente que o objeto de uma demanda seja mais amplo que o da outra, ou seja, uma causa, por ser de menor espectro, está contida na outra.

A continência, em verdade, é uma espécie de conexão, tanto é verdade que as consequências de uma e outra são idênticas e se concretizam através da modificação originária da competência.

É exemplo da configuração da continência a existência simultânea de demanda indenizatória em que se postula dano material e outra na qual se postula dano material e moral com base no mesmo fato. Assim, por ser o objeto da segunda mais amplo do que o da primeira, considera-se esta contida naquela e, por decorrência, caracteriza-se a continência autorizadora da modificação da competência originária.

Quer a conexão, quer a continência, podem ser definidas de ofício ou a requerimento das partes (art. 105, CPC). No particular, há divergência doutrinária, entendendo uma corrente de pensamento que

---

[92] Nessa linha, p. ex., CARNEIRO, Athos Gusmão. *Jurisdição e Competência*. 17ª ed. São Paulo: Saraiva, 2010, p. 116, com suporte em orientação do STJ, inclusive através do enunciado 235; "A conexão não determina a reunião dos processos, se um deles já foi julgado".

se trata de faculdade do magistrado[93] e outra entendendo que é dever por ser matéria de ordem pública.[94] Entendemos, com a devida vênia de posição diversa, que ainda que o dispositivo passe a ideia de que é faculdade do magistrado, em face de sua redação, estão presentes princípios norteadores de maior hierarquia, tais a economia processual e a segurança jurídica para evitar decisões conflitantes. Assim, não nos parece ser faculdade do juízo, mas dever.

8.4.3. Foro de eleição

Define-se como foro de eleição aquele contratado pelas partes, e esta hipótese revela-se possível quando a questão for relacionada ao território ou valor da causa (art. 111, CPC). Desse modo, podem as partes escolher o foro de eventual conflito futuro. Aqui, entretanto, oportuno destacar que se trata de eleger o foro, e não o juízo perante o qual se processará eventual e futuro conflito decorrente de determinado negócio jurídico. Foro, grosso modo, é a comarca, e juízo representa o órgão judicante. Uma comarca poderá ter vários juízos competentes, e não cabe às partes escolher perante qual deles querem litigar, sob pena de violação da garantia processual-constitucional do juízo natural (art. 5º, LIII, CF).

A possibilidade da escolha, nos limites da autorização legal, refere-se à comarca, e não ao juízo, na medida em que este, por disposição constitucional, é indisponível às partes.

Assim, o foro de eleição também é causa de modificação da competência, porém com a particularidade que esta decorre de opção prévia das partes. Por ser opção pré-processual, deve constar expressamente do instrumento do negócio jurídico para que tenha validade e defina o alcance da escolha na relação entre as partes, inclusive, para efeitos de vincular herdeiros e sucessores. Quer isto dizer que a escolha não é universal, mas individual e regulada expressamente para cada negócio jurídico efetivado.

A eleição de foro, contudo, não pode configurar privilégio injustificado de uma parte em detrimento de outra,[95] com o propósito de dificultar acesso ao Poder Judiciário, sob pena de invalidade por vio-

---

[93] MARINONI, Luiz Guilherme; MITIDIERO, Daniel. *Código de Processo Civil Comentado*. 2ª ed. São Paulo: Revista dos Tribunais, 2010, apontamentos ao artigo 105.

[94] NERY JUNIOR, Nelson; ANDRADE NERY, Rosa Maria de. *Código de Processo Civil Comentado*. 10ª ed. São Paulo: Revista dos Tribunais, 2007, apontamentos ao art. 105.

[95] Nessa linha, adequada a lembrança de CARNEIRO, Athos Gusmão. *Jurisdição e Competência*. 17ª ed. São Paulo: Saraiva, 2010, p. 120.

lação da garantia constitucional-processual do acesso à justiça (art. 5º, XXXV, CF).

Hipótese, aliás, por vezes presente nos chamados contratos de adesão, onde um dos contratantes se vê constrangido a aceitar a imposição do outro, configurando, além de violação constitucional, clara ausência de liberdade contratual, vez que rompido o necessário equilíbrio e, por decorrência, viciada resulta a opção, máxime em matéria referente a relações jurídicas de consumo se presente a hiposuficiência de uma das partes em relação à outra.

8.4.4. Prevenção

A prevenção (art. 106, CPC) não é causa de modificação da competência, mas sim de fixação desta, vez que serve como critério para definir a atuação de juízes abstratamente de igual competência. Efetivamente, quando dois juízes forem competentes para processar e julgar a mesma causa, aquele que conhecer (despachar) desta em primeiro lugar torna-se prevento, fixando definitivamente a competência para a causa.

Há algum dissenso em torno da real compreensão da expressão "despachou em primeiro lugar". Certa orientação entende deva se tratar de pronunciamento judicial positivo,[96] tal qual a determinação da citação e não mero despacho ordinatório e, em sentido diverso, existe corrente que sustenta que qualquer espécie de pronunciamento torna o juízo prevento.

Em nosso sentir, qualquer pronunciamento torna o juízo prevento, vez que na harmonização do teor das disposições que regulam a prevenção (arts. 106 e 219, CPC), a citação válida aparece como uma das espécies possíveis, contudo não a única. Com efeito, a disciplina específica do tema não estabelece qualquer restrição hermenêutica, e a citação válida é efetivamente espécie de pronunciamento apto a gerar prevenção, como também o são os despachos e/ou decisões judiciais antecedentes à citação, tais como a determinação para emenda da inicial ou o indeferimento de antecipação de tutela sem audiência da parte contrária.

---

[96] NEGRÃO, Theotonio; GOUVÊA, José Roberto. *Código de Processo Civil*. 40ª ed. com colaboração de BONDIOLI, Luis Guilherme Aidar. São Paulo: Saraiva, 2008, Nota 1, p. 251.

9. Atos processuais

O processo busca um fim, pretende atingir uma meta, portanto é teleológico. Sabemos que o processo se apresenta com três espécies de tutelas distintas: (a) o processo de conhecimento, que busca a certeza em torno do direito; (b) o processo de execução que busca a realização do direito, e (c) o processo cautelar, que busca oferecer segurança ao direito. Cada qual das hipóteses possui uma disciplina interna no seu desenvolvimento. Essa disciplina interna, que marca a sucessão dos passos a seguir durante a existência do processo, define-se como procedimento.

Assim, pode-se definir o processo como a busca de um propósito, e o procedimento, como a sucessão dos passos internos a serem dados para alcançar o fim colimado.

No desenvolvimento do processo, os passos a serem seguidos são praticados pelos figurantes da relação processual – juiz, Ministério Público, partes (autor/réu), terceiros interessados, auxiliares do juízo (escrivão, oficial de justiça) – e são chamados de atos processuais. Portanto, todos os figurantes da relação processual, cada qual dentro de suas características e forma de atuação, praticam atos processuais, os quais são identificados com as condutas desenvolvidas no seio do processo, com o fito de criar, extinguir ou modificar situações processuais.

Este capítulo é dedicado, exatamente, ao estudo dessas condutas, ou seja, dos atos processuais. Como se apresentam? De que espécie são? Quem pode ou deve praticá-los? Quando devem ser praticados? Estas, dentre outras, as questões a serem enfrentadas.

Assim, sem perder de vista a arguta observação de Liebman[97] de que a imensa variedade de atos processuais existentes não permite uma definição única e precisa em torno de suas variações, podemos, modo geral, classificá-los em atos das partes, atos do juízo e atos dos auxiliares do juízo, afora, evidentemente, os atos do Ministério Público na

---

[97] In: *Manual de Derecho Procesal Civil*. Trad. MELENDO, Santiago Sentis. Buenos Aires: EJEA, 1980, n. 100.

condição de *custos legis*, os quais são equiparados aos atos das partes, ainda que modalidade própria e especial.

9.1. Atos das partes

Os atos das partes são declarações de vontade unilaterais ou bilaterais e têm por propósito constituir, modificar ou extinguir direitos processuais. Estes se apresentam de três conteúdos distintos: postulatórios, instrutórios e dispositivos.[98]

9.1.1. Atos postulatórios

Os atos definidos como postulatórios são aqueles através dos quais as partes procuram obter um pronunciamento judicial. Através destes as partes formulam requerimentos ao juízo, na expectativa de provocar uma consequência no seio do processo. São inúmeros os exemplos e dentre estes podemos destacar a Petição inicial, a contestação, o recurso, a denunciação da lide, dentre tantos outros.

Desfrutam os atos processuais das partes, em face de sua disponibilidade, de eficácia imediata, salvo a desistência da ação que carece de homologação jurisdicional, segundo se vê da disciplina legal pertinente à espécie (art. 158, parágrafo único, CPC). A eficácia imediata, evidentemente, não quer dizer que o resultado almejado será lançado, mas sim que o ato se considera consumado, uma vez praticado pela parte.

9.1.2. Atos instrutórios

Os atos instrutórios são todos aqueles cujo propósito é aportar no processo algum tipo de prova, com o fito de convencer o juízo da procedência em torno de uma alegação. São exemplos desta espécie a juntada de rol de testemunhas, juntada de documento e outros similares.

Cumpre, entretanto, destacar que por vezes o ato instrutório se revela complexo, haja vista que simultaneamente configura ato postulatório, tal qual o requerimento para produção de uma prova pericial. Postulatório porque contém requerimento, e instrutório porque propõe prova.

---

[98] Nessa linha, p. ex., BAPTISTA DA SILVA, Ovídio Araújo. *Curso de Processo Civil: processo de conhecimento*. v. 1. 5ª ed. São Paulo: Revista dos Tribunais, 2000, p. 198/199.

9.1.3. Atos dispositivos

São definidos como atos dispositivos aqueles em que a parte abdica de algum direito ou vantagem processual, tal qual a desistência da ação, a renúncia a recurso, a desistência de algum prazo, dentre outras variações.

Importante, ainda, destacar que os atos das partes podem ter caráter comissivo ou omissivo. Comissivos são as condutas positivas, e omissivas, as negativas. Qualquer destas produz reflexos processuais. Note-se, p. ex., o ato o omissivo de não contestar, acarretando a consequência processual da revelia ou deixar transcorrer *in albis* prazo recursal, acarretando a preclusão. Ambas as condutas negativas são aptas a produzir relevantes resultados no processo e são identificadas como atos processuais omissivos.

9.2. Atos do Ministério Público

O Ministério Público atua de duas formas no processo civil:[99] como órgão agente e como órgão interveniente. Como órgão agente, desempenha a função de parte e como órgão interveniente, atua em nome da ordem jurídica. Seja numa ou noutra das hipóteses pode praticar atos postulatórios, instrutórios e dispositivos, tal qual as partes.[100]

9.3. Atos do juiz

O juiz, grosso modo, pratica no processo atos de três espécies distintas, ou seja, sentenças, decisões interlocutórias e despachos (art. 162, CPC).

9.3.1. Sentença

É o ato através do qual o juiz dita o direito do caso concreto, com ou sem exame de mérito. São classificadas como *terminativas* ou *defi-*

---
[99] Ver, sobre atuação mais detalhada do Ministério Público no processo civil, tópico próprio constante deste livro.
[100] Sobre a atuação e intervenção do Ministério Público no processo não criminal, consultar capítulo próprio neste livro.

nitivas. Aquelas não enfrentam o mérito, e estas apreciam o mérito da causa, total ou parcialmente.

Reforma posterior a edição do CPC, através da Lei nº 11.232/2006, alterou, dentre várias outras modificações, o § 1º do artigo 162 do CPC, cambiando a definição de que sentença *é o ato pelo qual o juízo põe termo ao processo, decidindo ou não o mérito da causa* para *o ato do juiz que implica alguma das situações previstas nos artigos 267 e 269 do CPC*, portanto consagrando a ideia de que as sentenças efetivamente são terminativas ou definitivas.

As primeiras reflexões sobre o tema sinalizam a existência da ideia de que se promoveu a revisão no conceito de sentença, deixando esta de ser um ato através do qual o juízo põe termo ao processo[101] e passando a ser um ato onde o juízo, ao decidir, configura: (a) a extinção do processo, sem exame de mérito; ou (b) a resolução do mérito da causa, sem pôr termo ao processo.

Dito de outro modo: nem sempre a sentença – agora através de sua nova concepção legal – cumpre e esgota integralmente o ofício jurisdicional, vez que após a sentença seguirá a fase de cumprimento.

Assim, resulta claro o propósito inicial da revisão promovida: desconstruir a ideia de que a sentença é sempre um ato final, na medida em que, hoje, ao contrário de ontem, se permite a prolação de sentença (em sentido amplo) sem que isto represente o encerramento: (a) da causa; e (b) do processo, na instância que se encontra.

As razões que levaram à revisão do conceito da sentença como ato final, longe de dúvidas, concentraram-se na ineficiência absoluta que ao longo dos anos revelou a sentença condenatória, como ato jurisdicional (in)capaz de realizar o direito. Afora a opção de duvidosa eficiência de adotar a dualidade conhecimento-execução, como e enquanto ações autônomas, circunstância consagrada no sistema de 1973 em sua concepção originária.

Com efeito, a sentença condenatória como resultado da disputa judicial se revelou inapta para outorgar o bem da vida, haja vista sua absoluta incapacidade de promover alterações fáticas na roda-viva da existência. Realmente, examinando de forma crítica a ação condenatória, verifica-se que esta representou um verdadeiro combustível à falta de efetividade do processo na ótica do jurisdicionado, haja vista que, após longa batalha judicial, no mais das vezes em instâncias judiciais

---

[101] Sobre o tema a doutrina, modo geral, apontou a circunstância de que a sentença não possuía a capacidade de por termo ao processo, muito embora a lei assim o dissesse, eis que após a prolação desta outros atos se sucediam. Entretanto, o propósito da ideia estampada no § 1º revogado, vênia concedida, representava a hipótese do juízo, em sua instância, encerrar o debate da causa.

diversas, o autor, ao ver a demanda julgada procedente, ainda assim não adquiria capacidade de gozar de seu direito, pois este, embora reconhecido pelo Estado, lhe era assegurado desprovido de capacidade executória e, por decorrência, remetendo-o para uma nova demanda, cujo objeto era – exatamente – a realização do direito de que era titular.

Certamente, ser titular de um direito sem ter a capacidade de exercê-lo de maneira efetiva equivale a não tê-lo!

A sentença condenatória de então, em realidade, apenas "declarava" que o autor tinha razão, pois não possuía qualquer capacidade autônoma de execução, ou seja, a qualidade de promover alteração fática por si só.

Não foram poucas as críticas que sofreu em sede de doutrina, exatamente em razão da sua absoluta ineficiência como forma de resolução definitiva dos conflitos, haja vista que representava apenas o pressuposto declarativo indispensável à realização prática do direito, quando na realidade ao cidadão interessa, mais do que tudo, o gozo efetivo do direito de que é titular, independentemente de eventual conteúdo que se possa identificar nesta ou naquela decisão.

A exposição de motivos do Projeto que originou a Lei nº 11.232/05 deixa claro seu propósito de enfrentar a ineficiência da sentença condenatória enquanto simplesmente declarativa de direito. "Com efeito: após o longo contraditório no processo de conhecimento, ultrapassados todos os percalços, vencidos os sucessivos recursos, sofridos os prejuízos decorrentes da demora (quando menos o *damno marginale in senso stretto* de que nos fala Italo Andolina), o demandante logra obter ao fim a prestação jurisdicional definitiva, com trânsito em julgado da condenação da parte adversa. Recebe então a parte vitoriosa, de imediato, sem tardança maior, o 'bem da vida' a que tem direito? Triste engano: a sentença condenatória é titulo executivo, mas não se reveste de preponderante eficácia executiva. Se o vencido não se dispõe a cumprir a sentença, haverá iniciar o processo de execução, efetuar nova citação, sujeitar-se a contrariedade do executado mediante 'embargos', com sentença e a possibilidade de novos e sucessivos recursos".

Observa a mesma exposição de motivos que a dicotomia conhecimento/execução importava na paralisação da prestação jurisdicional.

Efetivamente, da forma como estava posta a disciplina legal, esta lançava o vencedor para um novo e doloroso *iter* procedimental, cujo propósito era exatamente o de retirar o direito do estado de hipótese e fazê-lo incidir no mundo dos sentidos.

Frente a esta realidade, promoveu-se urna cirurgia teórica na concepção da – tida anteriormente, por necessária – independência conhecimento/execução. Aboliu-se a autonomia da relação processual executiva e passou esta a ser apenas urna fase do processo de conhecimento. Ou seja, o processo – agora – passou a ter, além das fases postulatória, probatória e decisória, também a fase executiva. Desapareceu, pois, como regra, a execução *ex intervallo* e emerge a ideia de que a unidade conhecimento/efetivação (*rectius* execução) contribuirá decisivamente para a realização prática do direito, vez que esta é consequência natural da cognição, independentemente de nova ação e, por decorrência, não sujeita aos desdobramentos processuais de urna nova demanda. Trata-se, portanto, de execução *sine intevallo*!

Assim, como primeira impressão, é possível afirmar que a reforma, nos limites aqui debatidos, cingiu-se a duas circunstâncias: (a) estabeleceu que a sentença não será sempre o ato final do processo, na instância em que se encontra; e (b) suprimiu a autonomia da execução, transformando esta em fase do processo, ou seja, introduziu aquilo que parcela qualificada da doutrina vem definindo como processo sincrético.

9.3.2. Decisão interlocutória

É o ato pelo qual o juiz, no curso do processo, decide questão incidente. Questões incidentes são aquelas que ocorrem no decorrer da demanda, e o juízo é chamado a decidir aos efeitos de dar sequência ao desenvolvimento do procedimento na busca da decisão final. Assim, todo e qualquer incidente ou dúvida que venha a ocorrer deve ser decidido com o fito de pôr fim a eventuais embaraços com o propósito de preparar a causa para alcançar o momento da sentença.

Nessa medida, é possível afirmar que todo e qualquer ato do juiz de conteúdo decisório que ocorre na demanda, não sendo sentença, é decisão interlocutória, atacável via recurso de agravo (art. 522, CPC).

É exemplo de decisão interlocutória aquela que indefere a produção de determinada prova requerida, igualmente a que declara intempestiva a resposta do réu, ou a que defere a antecipação de tutela ou liminar, dentre tantas outras hipóteses possíveis durante a vida do processo.

9.3.3. Despacho

É o ato pelo qual o juiz, de ofício ou a requerimento, promove o andamento do processo, dando-lhe curso normal, tais como designação de audiência, intimação de testemunhas, intimação das partes para depoimento pessoal, encaminhamento de quesitos para resposta do perito, dentre inúmeras hipóteses. São, na realidade, atos de conteúdo decisório rarefeito[102] e que não implicam qualquer espécie de prejuízo aos figurantes da relação processual, vez que, no mais das vezes, são procedimentalmente naturais à espécie da causa e decorrentes do princípio do impulso oficial. Os despachos, em face de sua natureza, ao contrário das decisões interlocutórias e sentenças, são irrecorríveis. Se, entretanto, o seu conteúdo é potencialmente apto a gerar prejuízo a qualquer, não se trata de despacho, mas de decisão interlocutória.

9.4. Atos dos auxiliares do juízo

Os atos dos auxiliares do juízo podem ser classificados em atos de movimentação, atos de documentação, atos de comunicação e atos de execução.

9.4.1. Atos de movimentação

São atos praticados pelo Escrivão e seus auxiliares (escreventes) e que têm por objeto imprimir movimentação ao processo, tais como conclusão dos autos ao juiz, remessa ao contador do foro, expedição de mandados etc.

9.4.2. Atos de documentação

São atos praticados pelos auxiliares do juízo onde estes instrumentalizam episódios ocorridos e atestam sobre atos, fatos ou documentos. Assim, p. ex., nesta categoria se emolduram as certidões, quer dos Escrivães, quer dos Oficiais de Justiça, nas quais estes esclareçam certas circunstâncias, tais como o transcurso de um prazo sem manifes-

---

[102] Parcela expressiva da doutrina aponta a absoluta ausência de qualquer espécie de conteúdo decisório nos despachos. Neste sentido, p. ex., MARINONI, Luiz Guilherme; MITIDIERO, Daniel. *Código de Processo Civil comentado artigo por artigo*. 2ª ed. São Paulo: Revista dos Tribunais, 2010, p. 195.

tação das partes ou a ausência do réu no local indicado para eventual intimação.

9.4.3. Atos de comunicação

Consistem nas citações e intimações. Normalmente praticados pelo Escrivão ou pelo Oficial de Justiça. Escrivão com auxílio do correio. Oficial de Justiça por mandado.

9.4.4. Atos de execução

São aqueles atos ordinariamente atribuídos ao Oficial de Justiça e praticados fora da serventia judicial, em cumprimento a mandado. P. ex., busca e apreensão de documento ou coisa, prisão, penhora, recolhimento de bem.

10. Do tempo e prazos dos atos processuais

Os atos processuais não podem ser praticados ao alvedrio de qualquer dos figurantes da relação jurídica processual. Devem, pois, respeitar o procedimento imprimido, face à natureza do processo.

Nessa perspectiva, cumpre observar que os atos processuais, por não se constituírem em conduta arbitrária, mas disciplina teleológica, são praticados conforme rito fixado e no tempo determinado – exatamente – pelas disposições internas do processo.

Portanto, existem momentos próprios para a prática dos atos, superados os quais, por regra, opera-se a perda da oportunidade oferecida. Assim, p. ex., há tempo determinado para apresentação de contestação, de recurso ou até mesmo para apresentar rol de testemunhas, dentre tantas outras hipóteses.

O tempo disponibilizado pelo sistema para a prática de determinado ato é definido como prazo. Prazo é, por conseguinte, o tempo disponível para que o ato processual venha a ser praticado validamente, sob pena de, não ocorrendo a prática do ato no período definido, configurar-se a preclusão, a qual representa, em *ultima ratio*, a perda de oportunidade procedimental.

Nesse contexto, o prazo conta com um determinado momento para início de sua contagem, ortodoxamente denominado de *dies a quo* (termo inicial) e também um momento para encerrar seu decurso chamado *dies ad quem* (termo final).

Aliás, tudo, no processo, tem seu tempo, inclusive no que diz respeito ao horário (art. 172, CPC) e dias (art. 173, CPC) para a prática dos atos processuais em geral, os quais serão, como regra, praticados nos dias úteis e no espaço de horário entre seis e vinte horas,[103] não se

---

[103] Este horário não deve ser confundido com o horário do expediente forense. Assim, os atos processuais internos a serem praticados por petição, tipo recursos e resposta do réu, devem ser praticados dentro do expediente forense regulado pela lei de organização judiciária local, conforme se vê do § 3º do artigo 172, CPC.

Lições sobre
TEORIAS DO PROCESSO – Civil e Constitucional

praticando, portanto, nas férias, domingos e feriados reconhecidos por lei.[104]

Essa regra sofre exceções disciplinadas pela própria lei, tais como se o ato teve seu início antes das vinte horas, e sua transferência prejudicar a diligência ou causar grave dano à parte (§ 1º, art. 172, CPC). Nesta hipótese, poderá o ato ser concluído fora do horário legal (que não deve ser confundido com expediente forense local!), desde que iniciado antes. Igualmente, se o ato se reveste de urgência, poderá ser praticado fora dos dias e horário legais, desde que previamente autorizado pelo juízo e, evidentemente, respeitada a garantia constitucional da inviolabilidade do domicílio (art. 5º, XI, CF). São exemplos, a citação para evitar perecimento de direito, o arresto, sequestro, penhora, busca e apreensão, separação de corpos e outras hipóteses que reclamem a mesma e agilidade.

Duas outras questões de ordem pragmática merecem registro: (1) a questão referente às chamadas férias forenses. Hoje, embora o CPC (art. 174) faça referência a elas, o fato é que a Emenda Constitucional 45 de 2004 vedou a existência destas, determinando que a prestação jurisdicional seja ininterrupta (art. 93, XII, CF). Entretanto, tem-se revelado uma prática correta e justa o fato de os Tribunais emitirem atos suspendendo os prazos forenses no período das festas de fim de ano (desde antes do Natal até após o fim do ano). Assim, ainda que inexista suspensão de prazos, em face da inexistência de férias forenses, ocorre na prática uma exceção a este comando constitucional; (2) horário do expediente forense e horário bancário para preparo. É público e notório que o horário bancário, como regra, não corresponde ao horário forense. Assim, em face da necessidade, por vezes, de efetuar preparo para determinados recursos, a parte poderia restar prejudicada pela diminuição de prazo, por incidência da necessidade de preparo. Entretanto, a questão tem sido bem equacionada por parcela da jurisprudência, permitindo que o preparo seja efetivado no dia útil subsequente, uma vez demonstrada a divergência de horários. Entretanto, por cautela, o preparo deve ser efetuado dentro do horário bancário, ainda que não corresponda ao horário do expediente forense para evitar celeuma em torno da tempestividade do ato.

---

[104] Nas hipóteses de feriados estaduais e municipais, poderá ser necessária a produção da prova de sua existência, a qual deve ser feita mediante apresentação de certidão do teor e vigência da lei local que regula o feriado.

10.1. Espécies de prazos processuais

10.1.1. Quanto à origem

10.1.1.1. Legais

São aqueles expressamente definidos pela lei e não podem ser alterados, vez que de ordem pública, portanto indisponíveis, tanto ao juízo quanto às partes. São exemplos o prazo para resposta do réu, o prazo para recurso, o prazo para arrolar testemunhas, dentre vários definidos de modo expresso. Há, por igual, o prazo legal genérico (art. 185, CPC) que tem incidência quando o juízo não se pronuncia sobre o tempo disponibilizado às partes para a prática de determinado ato e há simultaneamente silêncio da lei. Aplica-se, portanto, sempre que a lei não define o tempo para a prática do ato e igualmente o juízo não fixa tempo para tanto.

10.1.1.2. Judiciais

São aqueles estabelecidos pelo juízo, quando a lei for omissa. Nesta hipótese, há espaço de adequação do juízo, e este fixará prazo razoável, considerando a complexidade do ato a ser analisado. São exemplos, dentre outros, o tempo que o juízo determina para o pronunciamento sobre um documento juntado, sobre o teor de perícia ou sobre informações prestadas pelos auxiliares do juízo, tais como a ausência de testemunha no endereço indicado.

10.1.2. Quanto à alterabilidade

10.1.2.1. Dilatórios

São aqueles fixados em normas dispositivas e que podem ser ampliados ou reduzidos, conforme convenção das partes. Ex: suspensão do processo (art. 265, II, CPC), em que as partes podem, com a concordância do juízo, suspender o transcurso do desenvolvimento do processo (procedimento) por determinado tempo, considerando certas peculiaridades presentes, tais como a presença de interesse de estudar a possibilidade de realizar acordo, mediante transigência mútua.

10.1.2.2. Peremptórios

São aqueles fixados de forma imperativa e que, portanto, são indisponíveis para qualquer dos figurantes da relação processual. Ex: prazo para contestar e recorrer. Não podem as partes e nem mesmo o juízo alterá-los sob nenhum pretexto.

10.2. Curso e contagem dos prazos

10.2.1. Quebra da continuidade

Os prazos, por regra, são contínuos. Não se interrompem (art. 178, CPC). Entretanto existem situações especiais que reclamam igualmente tratamento especial.

10.2.2.1. Interrupção

A interrupção é o instituto jurídico-processual que faz cessar a contagem do prazo a partir de determinado fenômeno. Uma vez configurada a interrupção, despreza-se o período decorrido e tem o prazo, uma vez superada a causa que determinou a interrupção, reaberta a contagem de seu marco inicial, portanto o prazo é devolvido por inteiro. A interrupção ocorre, por exemplo, na hipótese de dedução de Embargos de Declaração (art. 538, CPC).

Com efeito, como o recurso de Embargos de Declaração abre a possibilidade de que a decisão recorrida venha sofrer esclarecimentos e, em certas hipóteses, até mesmo, modificação, isto exibe a circunstância de que a decisão ainda não é definitiva e não sendo definitiva resta claro que não há como entender que tenha decorrido qualquer prazo contra esta, pois ainda não encerrado o julgamento, daí a razão da capacidade dos Embargos de Declaração interromperem o prazo, que somente recomeça se e quando a decisão se tornar definitiva na instância recorrida.

10.2.2.2. Suspensão

A exemplo da interrupção, também existem causas aptas a gerar a chamada suspensão da contagem do prazo, seja este legal ou judicial, dilatório ou peremptório. A suspensão recebe tratamento diverso da interrupção. Realmente, enquanto esta devolve o prazo por inteiro, sobrevindo causa interruptiva e superada esta, devolve-se apenas o restante do prazo. Assim, em caso de resposta do réu no procedimento ordinário, se já havia decorrido 5 dias, devolvem-se apenas os 10 faltantes, considerando que o prazo de resposta é de 15 dias.

Exemplo característico de hipótese de suspensão decorre da superveniência do recesso forense de fim de ano, o qual ocorre costumeiramente entre Natal e Ano Novo. Configurada a hipótese de recesso, suspender-se-á o curso do prazo. Findo o recesso, o prazo recomeçará a correr do primeiro dia útil subsequente ao fim daquele (art. 179,CPC).

10.3. Início e fim de prazo

Na contagem do prazo, a regra é de que se exclui o dia inicial e se inclui o dia final, desde que úteis (art. 184, CPC). Isto representa que o primeiro dia não é considerado e o último é computado.

10.4. Feriado

Como visto, o prazo não inicia se este coincide com feriado e, igualmente, tem-se por prorrogado se este se encerra em feriado, vez que os feriados nas pontas, início e fim, não são computados. Entretanto, se no interregno do prazo ocorre feriado, este integra a contagem, na medida em que apenas as extremidades da contagem são excluídas.

10.5. Publicação eletrônica

Há, contudo, fenômeno mais recente e que decorre da informatização do meio judiciário. Com efeito, as chamadas intimações dos atos judiciais têm sido feitas através de publicações no Diário Oficial eletrônico. Nesta hipótese, ocorre inicialmente a chamada disponibilização, e o prazo passa a contar um dia útil após esta. Ou seja, primeiro ocorre a remessa da nota de expediente para o diário eletrônico, e este ato se chama disponibilização, ainda que neste momento pela rede seu teor se torne público. Tão somente no dia subsequente à disponibilização é que a nota de expediente é considerada oficialmente publicada e, portanto, é desse segundo momento que o teor da decisão ou despacho é considerado publicado, sendo, pois, deste marco que se tem iniciada a contagem do prazo.

Necessário registrar ainda que vivemos o momento de institucionalização do processo eletrônico (*eProc*) e que neste as intimações ocorrem de modo imediato, ou seja, uma vez acessando aos autos do processo eletrônico, considera-se a parte ciente do teor da divulgação (decisão ou despacho) constante dos autos do processo eletrônico e, por decorrência, se dá a parte por intimada e, de imediato, é considerada aberta a contagem do prazo, seja este judicial ou legal.

10.6. Prazos beneficiados

O sistema processual, ainda que sob o peso da discussão de eventual inconstitucionalidade,[105] consagra hipótese de deferimento de prazos beneficiados a determinadas instituições, como o Ministério Público e a Fazenda Pública (art. 188, CPC), computando-se, diz a lei, em quádruplo o prazo para contestar e em dobro para recorrer.

Muito embora a lei fale em prazo em quádruplo para contestar, na verdade deve ser entendido, segundo a melhor recomendação doutrinária, que o espírito da lei consagra a ideia de que em quádruplo é o prazo de resposta, isto engloba, portanto, as demais hipóteses de resposta do réu (art. 297, CPC), ou seja, exceção e reconvenção.

No que se refere ao Ministério Público que, como já registrado, atua de duas formas distintas no processo judicial, podendo tanto desempenhar a função de parte como de fiscal da lei, cumpre registrar que, embora o dispositivo legal refira-se expressamente à condição de parte, o fato é que o benefício alcança a instituição também quando esta desempenha a função de *custos legis*.[106]

Na temática, ainda breves registros devem ser feitos.

Com tal propósito, cumpre destacar que também a Defensoria Pública desfruta de prazo especial, vez que goza do benefício de contar com prazos processuais dobrados, forte no art. 89, I, da Lei Complementar 80/94.

---

[105] Majoritariamente, têm-se considerado constitucionais os prazos especiais do artigo 188, CPC, ainda que, aqui ou ali, sejam encontradas vozes dissonantes.

[106] Nessa linha, p. ex., MARINONI, Luiz Guilherme; MITIDIERO, Daniel. *Código de Processo Civil Comentado*. 2ª ed. São Paulo: Revista dos Tribunais, 2010, p. 209.

Adequado, por fim, destacar que o benefício se aplica exclusivamente aos prazos legais – de qualquer espécie – e, por decorrência, não aos judiciais.

Outra hipótese de prazo diferenciado acolhido pelo sistema e que se percebe com clareza da leitura do art. 191, CPC, diz respeito àquela que regula a atuação de litisconsortes com procuradores diversos, estabelecendo que estes desfrutam de prazo dobrado para contestar, para recorrer e, de modo geral, para falar nos autos.

Isso quer dizer que não é a simples hipótese da existência de litisconsórcio, seja este passivo ou ativo, que defere prazos diferenciados. É indispensável que, além da existência de litisconsortes, seja agregada a circunstância da presença de procuradores diversos, pois o dispositivo tem por finalidade evitar prejuízo às partes, em face da diversidade de procuradores com atuação independente, embora a eventual presença de interesses comuns frente ao adversário.

Na temática, de relevo destacar o verbete 641 da Súmula do STF, o qual estabelece que "não se conta em dobro o prazo para recorrer, quando só um dos litisconsortes haja sucumbido". Em face deste posicionamento do STF, resta claro que, para efeitos de recurso, outro requisito é agregado ao eventual deferimento de prazo em dobro para recorrer. Ou seja, além da necessidade da existência de litisconsórcio e de procuradores diversos, também resta necessário ocorra sucumbência, parcial ou total, dos litisconsortes.

Cabe, aqui, entretanto, observar que não é razoável exigir que exista recurso efetivo dos sucumbentes, mas sim e simplesmente que sejam sucumbentes, ou seja, haja para os litisconsortes, em tese, interesse recursal. A inexistência de interesse recursal litisconsorcial invalida o prazo dobrado.

Contudo, isso não condiciona o deferimento de prazo em dobro à dedução efetiva de recurso do litisconsorte, na medida em que tal exigência seria impor ônus descabido, pois sujeitaria sempre os litisconsortes ao monitoramento da conduta processual de seu litisconsorte, o que se revela, no mínimo, exigência descabida.

Oportuno, também, seja grifado que não é necessário que a parte que pretenda se valer do prazo beneficiado pela circunstância de existirem litisconsortes com procuradores diversos manifeste previamente seu desejo de desfrutar do benefício. Cabe, pois, praticar os atos dentro do prazo e este modo automático ser admitido pelo juízo, pois benefício legal indiscutido.

11. O Ministério Público

11.1. Antecedentes necessários à compreensão da atividade do Ministério Público na sociedade contemporânea

Por mais curioso que pareça, a posição do Ministério Público no Estado contemporâneo ainda atormenta alguns juristas, mormente quando se deparam com a formatação constitucional estabelecida pela Constituição Federal de 1988 que, diversamente de determinados momentos históricos no próprio Brasil, e a concepção de outras nações, não o vinculou substancial ou formalmente a qualquer dos chamados Poderes de Estado.[107]

Diante deste quadro, também cumpre indagar, antes de oferecer resposta ao questionamento anterior, por que o Ministério Público não se encontra vinculado a qualquer dos Poderes de Estado, em torno dos quais foi concebida a organização política tradicional.

A resposta é única: não se encontra vinculado a qualquer dos Poderes, exatamente porque a concepção da organização política do Estado mudou. Não existe mais, em realidade, o Estado descrito por Monstesquieu, em seu festejado estudo intitulado o *Espírito das Leis*.[108]

---

[107] Sobre o enquadramento do Ministério Público junto a Poderes do Estado ver, p. ex., as Constituições brasileiras de 1934, 1946, 1967 e Emenda Constitucional de 1969. Em Portugal, informa CANOTILHO, J. J. Gomes. *Direito Constitucional*. 6ª ed. Coimbra: Almedina, 1993, p. 767, integrar o Ministério Público o Poder Judiciário. Comunicações do Segundo Encontro Internacional de Magistrados, publicação do Sindicato dos Magistrados do Ministério Público, CANOTILHO, J. J. Gomes. *O Estatuto do Magistrado e as perspectivas futuras do direito*. Coimbra: Almedina, 1978. Na Itália, ensina Mario Vellani, igualmente o Ministério Público faz parte do Poder Judiciário, *in: Il pubblico ministero nel processo i profilo storico*. Bologna: Nicola Zanichelli Editore, 1965, *passim*; especialmente, contudo, §§ 153 e 193. Posição não de todo estranha no Brasil, pois neste torrão também houve quem entendesse que o Ministério Público deveria integrar o Poder Judiciário, tal como José Dilermano Meireles, ex-Procurador-Geral de Justiça do Distrito Federal e Territórios, *in: Revista do Ministério Público do Distrito Federal e Territórios*. v. 1, Brasília, 1985.

[108] A partir deste notável estudo, passou-se a atribuir a Montesquieu a ideia inspiradora da formatação política do Estado. Todavia, oportuno esclarecer que, em verdade, Montesquieu não concebeu ou gerou esta organização, mas, apenas constatou a existência destas funções nas comunidades organizadas. *In: O Espírito das Leis*. Charles Louis de Secondat, baron de la Brède et

Esta concepção se encontra absolutamente superada e não mais atende as funções que a sociedade hodierna reclama do Estado moderno.

Agora, no século XXI, a ideia de Estado é diversa daquela do século XVII e que inspirou os estudos de Monstesquieu. Em realidade, as funções clássicas do Estado outras foram acrescidas e traduzidas, se não pela criação formal de novos poderes, sim pela concepção de instituições permanentes, as quais também desempenham funções da essência do Estado.

A sociedade continua a reclamar a elaboração de leis; tarefa da função legislativa. Reclama também a aplicação da lei; tarefa da função judiciária. Reclama, por igual, que o administrador aja consoante determina a lei, mas além disso tudo, o Estado contemporâneo também reclama que, em pé de igualdade, se promova a defesa da ordem jurídica, do regime democrático, das liberdades públicas constitucionais e outras tarefas atribuídas ao Ministério Público, que não é e não se preocupa em ser o quarto Poder como certa feita pretendido por Alfredo Valladão.[109] Em verdade é ele, e isto precisa ser bem compreendido, uma instituição, sem a qual, neste momento histórico, a sociedade teria dificuldade de conviver, prova maior de que, assim como os Poderes formalmente constituídos, também esta instituição, hoje, integra a essência do Estado, pouco importando se tenha a designação formal de Poder ou não, pois é certo que, tais como aqueles, sob o ponto de vista material, desempenha função essencial à existência do Estado, com independência e harmonia em relação aos próprios Poderes e demais instituições permanentes que compõem o Estado. Exerce, portanto, parcela da soberania estatal e guinda seus órgãos à condição de agentes políticos, tais como os membros dos Poderes formalmente constituídos.

Com esta concepção moderna de Estado e compreendendo claramente a missão institucional do Ministério Público, o legislador constituinte de 1988, quiçá, por vez primeira, a partir da compreensão da ideia moderna de Estado, deu o primeiro passo, elevando hierarquicamente, sob o ponto de vista material, a instituição do Ministério Público à mesma alçada dos Poderes, pois não o vinculada a qualquer deles, dotando-o com independência funcional e administrativa e em Capítulo destacado, do Título IV[110] da Constituição Federal.

---

de Montesquieu, coleção Pensamento Político, Brasília: UNB, trad. Fernando Henrique Cardoso e Leônico Martins Rodrigues, 1982. Livro Décimo Primeiro.

[109] *In: Ministério Público*: quarto Poder do Estado, e outros estudos jurídicos. Rio de Janeiro: Freitas Bastos, 1973.

[110] O Título Quarto da Carta Magna, trata da organização dos Poderes. Neste, o Capítulo Primeiro é dedicado ao Poder Legislativo; o Capítulo Segundo, ao Poder Executivo; o Capítulo Terceiro, ao Poder Judiciário; e o Capítulo Quarto, às Funções Essenciais à Justiça, sendo que dentre estas, a Seção Primeira é dedicada ao Ministério Público.

A partir dessa compreensão, foi possível, com clareza invulgar e sem precedentes, conceituar "Ministério Público", definindo sua missão institucional no Estado brasileiro, quando, no artigo 127 da Carta Magna, foi dito que "O Ministério Público é instituição permanente, essencial à função jurisdicional do Estado, incumbindo-lhe a defesa da ordem jurídica, do regime democrático e dos interesses sociais e individuais indisponíveis".

Na realidade, ainda que o comando constitucional defina a compreensão da natureza da instituição, disse um pouco menos do que devia, aos estabelecer que o Ministério Público é essencial à função jurisdicional do Estado, pois, em verdade, é, hoje, essencial à formatação política do Estado contemporâneo.

Cumpre agora, para uma perfeita assimilação da proposta constitucional, decompor o dispositivo referido, com o fito de definir o papel institucional do Ministério Público no cumprimento de suas múltiplas tarefas na sociedade.

11.2. Ministério Público em sentido estrito

A expressão *Ministério Público* se constitui em ideia composta, e seus termos, individualmente considerados, expressam uma gama de significados, cuja variação recomenda que se os analise, primeiramente, de forma isolada, para, ao depois, partindo da identificação individual, passar à compreensão da soma destes.

O vocábulo *ministério* é equívoco e de difícil compreensão isoladamente, tanto que para os lexicólogos ou filólogos possui vários significados. Tais como (1) incumbência, (2) função, profissão, (3) função de ministro, (4) tempo durante o qual se exerce tal função, (5) conjunto de ministros, (6) parte da administração dos negócios do Estado, atribuída a cada ministro, (7) prédio onde funciona o serviço público correspondente, (8) secretaria de Estado.[111]

Já os *Vocabulários Jurídicos* nos ensinam que o termo *ministério* vem do latim – *ministerium* – e que em sentido amplo significa ofício, cargo ou função.[112]

Público, segundo vocábulo da expressão composta Ministério Público, de sua parte, no vernáculo, grosso modo e independentemente

---

[111] Cf. Aurélio Buarque de Holanda Ferreira, *in: Novo dicionário da Língua Portuguesa*. Nova Fronteira.

[112] De Plácido e Silva. Vocabulário Jurídico. v. III. Rio de Janeiro: Forense.

de suas variações, significa aquilo que pertence a todo o povo, considerado coletivamente.

Sob o ponto de vista jurídico, contudo, representa aquilo que é próprio ou pertinente ao Estado, integrando-se neste sentido à autoridade ou ao poder do Estado. Assim, pois, no campo jurídico, o conceito de público não se restringe à ideia de ser coisa de interesse comum ou de interesse coletivo simplesmente, mas à íntima conexão da própria coisa com as finalidades do Estado.

Desta forma, retirando das ponderações acima o quanto de pertinente há entre o significado dos vocábulos e a expressão composta por estes, conclui-se que esta representa um ofício integrante da essência do Estado.[113]

11.3. Instituição permanente

Quando o legislador constituinte definiu o Ministério Público como *instituição permanente*, consagrou a ideia de que este é um dos órgãos que compõem perenemente o Estado, e esta é a tese cerne que contempla a definição, à qual equivale a organismo integrante da essência permanente do Estado.

Delegaram-lhe, outrossim, funções que, ao lado das clássicas funções legislativas, executivas e judiciárias, foram definidas como essenciais à função jurisdicional e, desta forma, contemplou o órgão com parcela da soberania estatal,[114] tal qual qualquer das funções compreendidas formalmente como poderes. Portanto, ratificou ideia já existente, todavia, desta feita, no patamar e com a veemência necessária à concepção do Estado atual, fazendo o Ministério Público responsável pela defesa da ordem jurídica, do regime democrático e dos interesses sociais e individuais indisponíveis.

11.4. Essencial à função jurisdicional do Estado

Ao enfrentar a questão da essencialidade do Ministério Público junto à atividade jurisdicional do Estado, Mazzilli[115] faz oportuna e

---

[113] Em sentido similar, PONTES DE MIRANDA. *Comentários a Constituição de 1967*. Tomo IV. São Paulo: Revista dos Tribunais, p. 323/5.

[114] Neste sentido, MAZZILLI, Hugo Nigro. *O Ministério Público na Constituição de 1988*, p. 47.

[115] Idem. p. 48/9.

curiosa observação, ao aduzir que o legislador constituinte, a um só tempo, disse mais e menos do que devia. Disse mais exatamente porque não é em todos os feitos que se tem identificada a necessidade de atuação ministerial e disse menos exatamente porque não é apenas junto à função jurisdicional do Estado que atua o Ministério Público, vez que este possui diversas tarefas institucionais divorciadas da atividade jurisdicional.

Com efeito, é sabido que o Estado Ministério Público, na forma da legislação processual, tem sua atuação marcada pela presença do interesse público ou em razão da qualidade da parte ou ainda por determinação da lei. No que diz respeito ao interesse público, sempre houve em doutrina e jurisprudência a tendência de identificar a necessidade de intervenção do órgão ministerial, não em todas as demandas (onde, indiscutivelmente, há uma espécie de interesse público), mas em certos conflitos onde se destaca um interesse público diferenciado pela relevância da lide. Não diverge a questão no tocante à legitimidade de atuação do Ministério Público pela qualidade da parte, uma vez que apenas em certas hipóteses também estará autorizada a instituição a atuar, seja como órgão agente, seja como órgão interveniente.

Assim, p. ex., a simples presença dos dois limitadores de atuação da instituição no processo, constantes do inciso III do artigo 82 do CPC (interesse público e qualidade da parte), demonstra que a essencialidade da atuação ministerial não é indiscriminada, mas, em verdade, se circunscreve a certas demandas privilegiadas por política legislativa do Estado; todavia, o Estado assim procedeu em razão dos altos valores sociais postos em causa, daí resultar plenamente justificada a superlativa vigilância deste na outorga do direito através de suas instituições.

Oportuno, outrossim, destacar que o Ministério Público não é órgão de atuação exclusivamente processual, pois, dentre suas missões institucionais, encontra-se uma gama infindável de atribuições extraprocessuais, algumas, em certa medida, não conhecidas pela sociedade. Assim, por exemplo, quando desenvolve inquérito civil, fiscaliza fundações, prisões e delegacias de polícia. Por igual, quando procede ao exame das habilitações de casamento ou homologa acordos ou ainda quando estabelece os compromissos de ajustamento de conduta. Nesta senda, nota-se que o teatro de operações do Ministério Público se alarga e extrapola a órbita judicial, daí ter dito o legislador constituinte menos do que devia, na medida em que a instituição também é essencial em tarefas não jurisdicionais a ela incumbidas e, por decorrência, a organização política do Estado contemporâneo.

Contudo, quer o legislador tenha dito mais ou menos do que devia, o fato é que ao dizer que o Ministério Público é instituição essencial à função jurisdicional, com isto definiu o propósito de que, ausente o órgão, na sua faixa processual de atuação, a justiça não se faz de modo completo,[116] ou melhor dito, vênia concedida, se faz de forma viciada, daí decorrendo necessária invalidade não somente processual.

Desta forma, a ausência do Ministério Público nas demandas em que se reclama sua atuação, agente ou interveniente, não importa somente em nulidade, com suporte em lei ordinária,[117] mas em verdadeira inconstitucionalidade, pois o propósito da essencialidade à função jurisdicional encerra a ideia de tornar a presença do Ministério Público obrigatória por disposição constitucional.

11.5. Defesa da ordem jurídica

A Constituição Federal, como já destacado, incumbiu ao Ministério Público, dentre outras atribuições, a defesa da ordem jurídica.

Para bem compreender o desempenho dessa tarefa ministerial, necessário se faz, antes de mais nada, que seja entendido precisamente o conceito de ordem jurídica.

Nesta medida, observa Canotilho[118] que: "O Estado de direito é um Estado constitucional. Pressupõe a existência de uma Constituição que sirva – valendo e vigorando – de *ordem jurídica-normativa fundamental* vinculativa de todos os poderes públicos". Não diverge desta orientação, modo genérico, Paolo Biscaretti di Ruffia,[119] ao identificar na Constituição a ordenação jurídica suprema do Estado. De sua parte, Norberto Bobbio[120] ensina que um ordenamento jurídico se constitui num sistema.

Do conjunto das lições trazidas à colação, emerge com clareza a ideia de que o ordenamento jurídico fundamental está representado, no Brasil, pela ordem jurídica constitucional. A ordem jurídica constitucional, por sua força normativa – para usar expressão cunhada por

---

[116] Assim J. CRETELLA JÚNIOR. *Comentários à Constituição*. v. VI. 2ª ed. Rio de Janeiro: Forense Universitária, p. 395.

[117] Art. 246 do CPC, p. ex.

[118] *Direito Constitucional...*, p. 360.

[119] DI RUFFIA, Paolo Biscaretti. *Direito Constitucional*. Trad. Maria Helena Diniz. São Paulo: Revista dos Tribunais, 1984, p. 3.

[120] BOBBIO, Norberto. *Teoria do Ordenamento Jurídico*. Trad. Maria Celeste C. J. Santos. 6ª ed. Brasília: UNB, 1995, p. 80.

Konrad Hesse[121] –, baliza todo o sistema infraconstitucional, o qual integra, modo secundário, o ordenamento jurídico fundamental.

Desta forma, competindo ao Ministério Público a defesa da ordem jurídica, pode-se afirmar, longe de dúvidas, que compete a este a *defesa da ordem constitucional* onde quer que esta se encontre ameaçada. Assim, pois, sempre que a ordem jurídica constitucional estiver ameaçada, sem a incidência de qualquer limitador de atuação, compete ao Ministério Público a tomada da medida necessária, seja ela jurisdicional ou não, para garantia do império desta mesma ordem.

Também compete ao Ministério Público, agora com a incidência dos limitadores de atuação pertinentes à legislação infraconstitucional, a defesa do sistema jurídico – que em última análise importa na defesa da ordem jurídica –, exigindo, no seu campo de legitimação, a adequada e correta aplicação da lei, tenha ela a hierarquia que tiver.

Assim, por derradeiro, neste tópico, cumpre finalizar, destacando que, quando o legislador constituinte outorgou ao Ministério Público a defesa da ordem jurídica, incluiu no rol de suas atribuições a defesa da Constituição, em qualquer nível e perante qualquer órgão, sem limitação de órbita de atuação, pois aparece a instituição como verdadeiro garante da ordem jurídica, e a ordem jurídica fundamental é a constitucional. Outrossim, já nos sistemas infraconstitucionais – naturalmente derivados ou recepcionados pelo sistema constitucional – existem limitadores de atuação (qualidade da parte e interesse público) que, por integrarem exatamente estes sistemas infraconstitucionais, deverão servir de baliza à atuação ministerial, seja como órgão agente ou órgão interveniente.

11.6. Defesa do regime democrático

Também o Ministério Público foi incumbido da defesa do regime democrático e, igualmente, para bem compreender esta missão institucional, antecedentemente deve ser compreendida a ideia de regime democrático. Nesta linha de pensamento, oportuno destacar que, segundo ensinamentos de Norberto Bobbio,[122] na teoria da democracia confluem três tradições históricas: a) teoria aristotélica; b) teoria medieval e c) teoria moderna.

---

[121] HESSE, Konrad. *A força normativa da Constituição*. Trad. Gilmar Ferreira Mendes. Porto Alegre: SAFE, 1991.

[122] *In: Dicionário de Política*. Trad. Luís Guerreiro Pinto Cacais, João Ferreira, Gaetano lo Mônaco, Renzo Dini e Carmen C. Varriale. Brasília: UNB, verbete *Democracia*, p. 319 e ss.

Na teoria clássica, também conhecida como aristotélica, a democracia se distingue das demais formas de governo, na medida em que esta aparece como o governo do povo, de todos os cidadãos, ou mais precisamente o governo de todos aqueles que gozam dos direitos de cidadania. Ao passo que, na monarquia, o governo é de um só e, na aristocracia, o governo é de poucos.

Na teoria medieval, de origem romana, prossegue Norberto Bobbio, surge a democracia apoiada na soberania popular, na base da qual há a contraposição de uma concepção ascendente a uma concepção descendente da soberania conforme o poder supremo deriva do povo e se torna representativo ou deriva do príncipe e se transmite por delegação do superior ao inferior.

Na teoria moderna, conhecida como teoria de Maquiavel, nascida com o Estado moderno na forma das grandes monarquias, segundo a qual as formas de governo são essencialmente duas: a monarquia e a república, e a antiga democracia nada mais é do que uma forma de república (a outra é a aristocracia), na qual se origina o intercâmbio característico do período pré-revolucionário entre os ideais democráticos e os ideais republicanos, e o governo genuinamente popular é chamado, em vez de democracia, de república.

Posto isto, cumpre observar que, seja qual for a tradição de pensamento político mais adequada à definição e compreensão de democracia, o certo é que todos, conforme se viu da breve referência histórica, estão voltados para a soberania popular, daí decorrendo a clássica concepção do ideal democrático do mundo ocidental de que a democracia é *o governo do povo, pelo povo e para o povo*.[123]

Contudo, em face da impossibilidade pragmática da realização de um governo composto pelo povo de forma direta, colocando em prática efetiva a soberania popular, modernamente foi abandonada a democracia ideal tal como concebida no seu nascedouro e ganhou terreno a ideia de *democracia representativa*, a qual, hoje, até mesmo cede lugar para uma fórmula mais aperfeiçoada da teoria da representação democrática, que é a chamada *democracia participativa*. Contudo, sempre presente a tese da legitimação através da manifestação do povo, fazendo valer, sempre, a doutrina da soberania popular.[124]

---

[123] Informa César Saldanha Souza Júnior (*A crise da democracia no Brasil*. Rio de Janeiro: Forense, 1978, p. 14) que a consideração de que a democracia é o governo do povo e para o povo, vem de Aristóteles (*in: Política*). Contudo, foi Lincoln (*in: Lincoln's Address at Gettysburg*, pronunciado em 19.11.1863) quem, acrescentando o elemento *pelo povo*, aperfeiçoou a fórmula clássica.

[124] Evidentemente, não constitui escopo debater a democracia ou formas de governo, mas tão somente fazer alguma referência à compreensão da democracia, para, ao depois, traçar um vínculo e definir aquilo que significa defesa do regime democrático, como atribuição do Ministério Públi-

O regime democrático é, exatamente, o sistema que adota tais princípios e sempre que estes, de alguma forma, forem ameaçados ou violados caberá ao Ministério Público, como verdadeiro defensor da democracia, agir, com o fito de impedir a violação, assegurando, assim, o pleno exercício das garantias democráticas insculpidas na Constituição e, em última análise, assegurando a higidez do regime democrático brasileiro na medida em que este decorre de um Estado de Direito.

Assim, para tornar concreta a atuação do Ministério Público em defesa do regime democrático, diz Mazzilli[125] que é mister que tome a instituição, por exemplo, medidas tais como a propositura de mandado de injunção, quando a falta da norma regulamentadora impeça o exercício dos direitos e liberdades constitucionais e das prerrogativas inerentes à nacionalidade, à soberania e à cidadania. Deve, por igual, exercer rigorosa fiscalização no processo eleitoral, valendo-se das medidas necessárias para assegurar imparcialidade e isonomia, como também deve fazer valer o pluralismo político instituído, fazer valer a independência dos Poderes de Estado, dentre tantas outras possibilidades de defesa do regime democrático que somente a riqueza do caso concreto será capaz de ensejar identificação.

Deve, por igual, exercer rígido controle do cumprimento do devido processo legislativo, vez ser este decorrência da democracia representativa, propondo perante o Poder Judiciário as medidas necessárias à assepsia ética na formação das leis. Deve, pois, promover a invalidade daquelas viciadas e que, em verdade, pelo modo deturpado de formação, violaram o dever de fidelidade dos representantes para com o povo e que, por decorrência, se revelam inconstitucionais por violação do regime democrático.

11.7. Defesa dos interesses sociais e individuais indisponíveis

O ordenamento jurídico em geral possibilita a vida em sociedade. O sistema jurídico brasileiro, como sabido, é um sistema positivo em que as várias normas existentes devem conviver. A propósito da unidade do ordenamento jurídico, observou Norberto Bobbio[126] que "na realidade os ordenamentos jurídicos são compostos por uma infinida-

---

co. Daí, a ausência de distinções entre democracia formal e substancial ou mesmo maior debate em torno da ideia sempre sedutora de que democracia representa igualdade de oportunidades sociais, jurídicas e econômicas.

[125] *O Ministério Público na Constituição de 1988*, p. 50/1.

[126] *A Teoria do Ordenamento Jurídico*. 6ª ed. UnB: Brasília, 1995, p. 37.

de de normas, que, como as estrelas no céu, jamais alguém consegue contar".

Diante desta afirmação, pode ser indagado: quantas e quais são as normas do ordenamento jurídico brasileiro? Ninguém sabe! Os juristas em geral queixam-se que são muitas, mas assim mesmo criam-se novas, em nível federal, estadual e municipal. Parece, até mesmo, que não se pode deixar de criá-las para satisfazer a cada vez mais variada e intrincada vida social.

Outrossim, disse alguém alhures que o ordenamento jurídico brasileiro se divide em dois grandes grupos. O primeiro, das normas que se cumprem, e o segundo das normas que caem no esquecimento e não se cumprem.

Independentemente destas ponderações, a verdade é que todo o convívio social está assentado no ordenamento, e este contempla normas que regulam, em tese, situações jurídicas individuais e disponíveis pelos sujeitos de direito, tais as relações de crédito e débito ou as relações entre o locador e o locatário dentre tantas outras hipóteses existentes. Ao lado destas, existem normas que regulam situações jurídicas individuais indisponíveis e situações jurídicas socializadas que transcendem as pessoas individualmente consideradas; são exemplos das primeiras as que regulam a relação jurídica matrimonial e as que disciplinam a possibilidade de interdição. São, outrossim, exemplos das segundas, aquelas que tutelam o meio ambiente ou os consumidores difusamente considerados.

Os interesses individuais disponíveis, por regra, não integram a órbita de atuação ministerial. Todavia, já os chamados interesses individuais indisponíveis e os interesses sociais integram o campo de atuação preponderante do Ministério Público, competindo-lhe a defesa ativa ou interventiva destes, observada, evidentemente, a disciplina de compatibilidade do artigo 129 da Constituição Federal, cuja enumeração das funções institucionais é meramente exemplificativa, vez que – até mesmo – o inciso IX do dispositivo sob análise escancara tal interpretação.

Na defesa destes interesses, encontramos um dos fatores que definem o perfil do Ministério Público. Efetivamente, é sabido que o Poder Judiciário oferece como garantia a imparcialidade, e o assegurar da imparcialidade pressupõe jurisdição inerte.

Diante deste quadro – onde o exercício da jurisdição, com o fito de garantir imparcialidade, aparece desprovido de iniciativa – restaria, sempre que violado ou ameaçado de violação direito individual indisponível ou direito social, um vazio no sistema, haja vista que os direitos individuais disponíveis são perseguidos pelos próprios titulares, ao passo que os direitos individuais indisponíveis e os direitos sociais ficariam (por vezes) órfãos de iniciativa. Com o fito de não comprometer a imparcialidade do Estado-Juiz e nem deixar ao desabrigo parcela dos direitos consagrados no ordenamento jurídico, foi conferido legitimidade ao Estado-Ministério Público para a tutela de tais interesses, daí sua legitimação em nível constitucional para o patrocínio destes, com verdadeira superação da velha fórmula constante do artigo 6º do CPC, em que apenas ao titular do direito se confere legitimidade para sustentá-lo.

11.8. Atuação e intervenção do Ministério Público no processo não criminal

11.8.1. Considerações gerais

É conhecida a afirmativa do grande Calamandrei ao tentar definir a atuação do Ministério Público no processo. Disse, o incomparável advogado e jurista peninsular, que "Entre todos os cargos judiciários, o mais difícil, segundo me parece, é o do Ministério Público. Este, como sustentáculo da acusação, devia ser tão parcial como um advogado; como guarda inflexível da lei, devia ser tão imparcial como um juiz. Advogado sem paixão, juiz sem imparcialidade, tal é o absurdo psicológico no qual o Ministério Público, se não adquirir o sentido do equilíbrio, se arrisca, momento a momento, a perder, por amor da sinceridade, a generosa combatividade do defensor ou, por amor da polêmica, o objetividade sem paixão do magistrado".[127]

Longe de querer mensurar as dificuldades dos juízes, advogados e promotores no processo ou fora deste, na medida em que cada um destes figurantes da cena judiciária possui mazelas próprias de sua atividade respectiva, mas apenas com o fito de demonstrar a complexidade das formas de atuação do Ministério Público no processo de natureza não criminal, foi trazida à colação a celebérrima afirmação de Calamandrei.

Efetivamente, figura curiosa esta, por vezes, também definida como *parte imparcial* e que levou o também grande Carnelutti[128] a sustentar que detinha uma posição intermediária entre Juiz e Parte. Disse

---

[127] In: *Eles, os juízes, visto por nós, os advogados*. 6ª ed. Lisboa: Clássica, p. 59.
[128] *Instituciones del Proceso Civil*. trad. Santiago Sentis Melendo. Buenos Aires: EJEA, v. I, p. 305.

o mestre italiano, em tom de perplexidade, que o Ministério Público representa uma figura ambígua que não se situa facilmente nos quadros de teoria geral.

De Carnelutti e Calamandrei aos tempos atuais, dúvidas foram dissipadas e novas questões surgiram, mas certamente a maior dificuldade na apresentação do tema referente à atuação do Ministério Público no processo, hoje, não é mostrar o que ele efetivamente é, mas dissolver as imagens falsas e distorcidas que muita gente, por absoluto desconhecimento, aceita como retrato fiel, aliás denúncia já feita pelo incomparável Roberto Lyra, 1937, em sua monografia intitulada *Teoria e Prática da Promotoria Pública*.[129]

Contudo, possível afirmar que, modo genérico, o Ministério Público atuará no processo como órgão agente, cuja tarefa se desdobrará em parte *pro populo* e substituto processual. Atuará também como órgão interveniente, hipótese em que seu desiderato institucional se centralizará na sua condição de fiscal da lei.

11.8.2. Órgão agente

Na concepção da organização política do Estado, ao Poder Judiciário foi outorgada a tarefa institucional de exercer a jurisdição.

Conceituar e compreender jurisdição, como anteriormente já visto, é ainda hoje tarefa árdua à ciência jurídica, muito especialmente em face de seus desdobramentos, em que a referida atividade estatal aparece ora sob o enfoque contencioso, ora sob o enfoque voluntário, também definido como administrativo e, por decorrência deste desdobramento, acirradas discussões vêm ocorrendo em doutrina.[130]

Todavia, independente da natureza do ato e independentemente de eventuais debates científicos, qualquer das orientações ao definir certo ato como jurisdicional reconhece como da essência deste a imparcialidade. Com efeito, a presença de um terceiro imparcial, *terzietà*

---

[129] Publicação da 2ª edição com atualização ortográfica e notas de autoria de Sérgio Gilberto Porto e Tupinambá Pinto de Azevedo. Porto Alegre: Sergio Antonio Fabris Editor/Escola Superior do Ministério Público, 1989.

[130] Sobre a natureza jurídica dos atos de jurisdição voluntária há extraordinária polêmica no país. Em torno desta consultar, p. ex., MARQUES, José Frederico. *Ensaio sobre a Jurisdição Voluntária*. Saraiva: São Paulo, 1959, onde o autor defende o caráter administrativo dos atos. Já defendendo o caráter jurisdicional dos mesmos, em sentido oposto, portanto, p. ex., PRATA, Edson *Jurisdição Voluntária*. São Paulo: Leud, 1979. LUCENA, João Paulo. *Natureza Jurídica da Jurisdição Voluntária*. Porto Alegre: Livraria do Advogado, 1996 e PORTO, Sérgio Giberto. Jurisdição voluntária: atividade administrativa ou Jurisdicional? *Estudos Jurídicos* 38/105. São Leopoldo: Unisinos, 1983.

na expressão de Mauro Cappelletti, é aquilo que mais caracteriza o ato jurisdicional.

Assim, em hipótese alguma pode o Estado-jurisdição ter sua imparcialidade comprometida, sob pena de resultar descaracterizada a natureza do próprio ato e resultar injustificada sua existência, daí se afirmar que a jurisdição – com o fito de ter garantida a imparcialidade – é inerte.

Contudo, não pode este mesmo Estado omitir-se frente a determinadas situações que tem o dever de solver. Não podendo renunciar ao dever de agir e nem mesmo podendo outorgar iniciativa à jurisdição, pena de comprometer sua imparcialidade, legitimou outra instituição integrante de sua estrutura política para a tomada de iniciativas, e esta instituição é o Ministério Público.

Desta forma, como consequência da inércia dos órgãos judiciários e frente à necessidade de o Estado agir em determinadas hipóteses, foi legitimado o Ministério Público para fazê-lo ou exercer o direito de agir do Estado.

Quando o Estado-Ministério Público age ou mais precisamente toma iniciativa de provocar a jurisdição, está a desenvolver atividade de natureza processual na tutela de determinados interesses[131] e, exatamente, por estar a tomar iniciativas de índole processual, diz-se que está a atuar como órgão agente.

Na condição de órgão agente, em razão da natureza dos interesses tutelados, o Ministério Público poderá agir tanto como parte *pro populo*, como na condição de substituto processual, exatamente por não tolerar o Estado eventuais ameaças ou violações a certos direitos objetivos que pela inércia da jurisdição ou ausência de legitimados resultariam órfãos e vítimas da organização estatal, daí nascer parcela da faixa de atuação ministerial, através de uma legitimação ordinária para a tutela destes interesses ou direitos cuja asseguração é atribuição do próprio Estado.

Existem outras hipóteses em que o direito, embora personalizado, também deflagra a atuação ministerial, exatamente porque o Estado quer de forma superlativa tutelá-los, e, em face desta opção, legitima extraordinariamente o Ministério Público.

---

[131] Até aqui, propositada e cuidadosamente, foi evitado o uso da expressão *interesse público*, vez que será esta objeto de discussão adiante e por não parecer oportuno antecipar qualquer debate tal cautela foi adotada. O presente tópico, em verdade, tem apenas por escopo identificar as razões de existência e o que representa a condição de órgão agente para o Ministério Público.

Na tutela de direitos personalizados atuará como substituto processual e na tutela de interesses não personalizados atuará como parte *pro populo*, ambas as formas espécies do gênero órgão agente. Na primeira hipótese, haverá legitimação extraordinária e na segunda, legitimação ordinária.

11.8.3. Parte *pro populo*

Na condição de parte *pro populo*, o Ministério Público atua como órgão da própria ordem jurídica, interpretando o interesse geral, pois, em certos casos, como já destacado, onde pode haver contraposição do direito público ao privado, o Estado não tolera que a inércia dos titulares singulares deixe sem atuar a proteção legal e, por conseguinte, age como Ministério Público, no ofício de fiscalizar e estimular a incidência do ordenamento jurídico material.

Nesta medida, propõe demandas, cuja finalidade é a de fazer incidir o aparelho jurídico-legal na tutela dos interesses em favor da sociedade, com o fito de preservar exatamente os chamados interesses públicos. São exemplos, dentre vários, a ação de nulidade de casamento (art. 1.549, CC); ação rescisória (art. 487, III, CPC) e ação de extinção de fundações (art. 1.204, CPC).

11.8.4. Substituto processual

O ordenamento processual brasileiro adotou, modo ordinário, o princípio de que ninguém pode, em nome próprio, pleitear direito alheio. Contudo, excepcionou, ao admitir a possibilidade de ressalva legislativa.

Com efeito, o artigo 6º do CPC, com nítida alma peninsular, definiu a chamada legitimação ordinária, ao estabelecer que somente o titular do direito material afirmado é que poderá invocar a proteção jurisdicional em seu favor. Todavia, este mesmo dispositivo, desconsiderando, em determinadas hipóteses, o dogma da titularidade do direito material afirmado, admite que o não titular venha a juízo, em nome próprio, postular direito alheio ou como observa Calamandrei "hace valer en juicio un derecho ajeno en nombre propio".[132]

Quando ocorre a hipótese de que aquele que não é e nem se afirma titular da relação jurídica de direito material vá a juízo em nome

---

[132] In: *Instituciones de Derecho Procesal Civil*. v. II. Trad. Santiago Sentis Melendo. Buenos Aires: EJEA, 1973, p. 382.

próprio postular direito alheio, dá-se a fenômeno da substituição processual, o qual é pacificamente admitido em doutrina desde que Chiovenda,[133] irretorquivelmente, demonstrou que nem sempre o titular da relação jurídica processual é igualmente titular da relação jurídica substancial deduzida.

Para bem compreender o fenômeno, vênia permitida, é necessário que se identifiquem com clareza meridiana dois planos distintos no campo da ciência do direito: plano processual e plano material.

Necessário também que se admita a absoluta autonomia do direito processual em relação ao direito material, vale dizer: entender o direito processual como público, subjetivo, autônomo e abstrato.

Frente a estas premissas, hoje indiscutidas na ciência processual moderna, possível a identificação e diferenciação da relação jurídica de direito material da de direito processual. Esta, basicamente, formada pelos figurantes autor – juiz – réu. Aquela, de sua parte, pelos titulares de certa relação de direito material, tais como o vínculo jurídico que une credor e devedor ou locador e locatário. A primeira existente em fase pré-processual e nem sempre controvertida. A segunda, somente existente após a provocação jurisdicional.

Na configuração do instituto jurídico da substituição processual, pois, ocorre "uma descoincidência subjetiva, ativa ou passiva, entre o autor ou réu da relação processual e a quem se afirme pertencer a relação de direito material subjacente", consoante lição do saudoso Mário Aguiar Moura.[134] Assim, em realidade, na substituição processual, identifica-se a figura do substituído e do substituto. Aquele titular da relação material e este, da relação processual.

Nesta linha, cumpre – agora – ressaltar que o Ministério Público, ao atuar como órgão agente, por vezes, o faz como substituto processual. Atua no sentido de preservar um interesse pessoal e particular, mas cuja defesa é necessária à preservação da ordem jurídica.

Oportuno grifar que, ao contrário da atuação como parte *pro populo*, em que age na preservação dos interesses de todos, aqui o faz em favor de um particular. Todavia, assim procede porque o interesse deste particular se revela relevante à manutenção da ordem jurídica.

Identifica-se, verdadeiramente, o interesse público na preservação de certos direitos privados que repercutem profundamente na vida so-

---

[133] In: *Principios de Derecho Procesal Civil*. t. II. Trad. Jose Casais y Santaló. Madrid: Reus, 1977, § 36.

[134] Substituição processual. In: *Digesto de Processo*. v. 5. Rio de Janeiro: Forense, 1988, p. 259.

cial, daí, pois, a necessidade de o Estado agir na garantia de tais direitos ou interesses.

Aparece o Ministério Público apenas como parte formal, pois ao provocar a jurisdição, o direito que põe em causa não lhe pertence, mas sim, ao substituído, tal como na hipótese em que venha propor ação de alimentos em favor de necessitado.[135]

Identifica-se no exemplo com absoluta clareza que o direito posto em causa pertence à determinada pessoa e não, evidentemente, ao Ministério Público. Este, na realidade, consoante imposto pela natureza do próprio instituto da substituição processual, somente está legitimado em deduzir as pretensões retroalinhadas em razão de legitimação extraordinária facultada pela lei, pois induvidosamente o direito material não lhe pertence.

Assim, a substituição processual, como se pode compreender, representa verdadeira superação da proposta prioritária do artigo 6º do CPC, na medida em que se constitui em legitimação extraordinária admitida em razão da natureza do direito a ser posto em causa e uma das formas de atuação do Ministério Público como órgão agente, máxime em tempos de direitos transindividuais.

11.8.5. Órgão interveniente

Como visto no item anterior, na condição de órgão agente, o Ministério Público surge como parte e ordinariamente na condição de sujeito ativo da relação processual. Nesta posição, em tese, apresenta-se parcializado, na medida em que atua na defesa de certo interesse, seja ele geral ou particular. Nesta condição, compõe um dos polos da relação jurídica processual e patrocina demanda, cujo interesse a ser defendido vem definido, ainda na fase pré-processual, em razão da natureza jurídica do direito a ser posto em causa.

Contudo, como órgão interveniente, não atua, nem mesmo em tese, parcializado. Com efeito, oficia no estrito cumprimento das normas jurídicas, na chamada condição de fiscal da lei (*custos legis*).

Ensina, nesta medida, Cândido Rangel Dinamarco[136] que "o que caracteriza o *custos legis* é (...) uma circunstância completamente alheia ao direito processual: ele não é vinculado a nenhum dos interesses em causa. No plano do direito material, o fiscal da lei não se prende ao

---

[135] Nessa linha, v. PORTO, Sérgio Gilberto. *Doutrina e Prática dos Alimentos*. 4ª ed. São Paulo: Revista dos Tribunais, 2011, p. 100.

[136] In: *Fundamentos do Processo Civil Moderno*. São Paulo: Revista dos Tribunais, 1986, p. 328.

interesse de nenhuma das partes conflitantes: ele quer que a vontade estatal manifestada através da lei seja observada (...)".

Por estas circunstâncias, assume a posição de patrocinador da defesa imparcial do cumprimento da lei. Desvinculado, pois, dos interesses das partes.

Para bem desempenhar esta relevante tarefa, deve estar sempre atento ao atuar das partes e do juízo, na medida em que tanto aquelas, como este, estão sujeitos ao fiel cumprimento da lei, daí a razão pela qual deve ser admitido a intervir sempre que caracterizada ou definida sua necessária participação na questão posta à apreciação jurisdicional, sob pena de nulidade processual (arts. 84 e 246, CPC) e flagrante inconstitucionalidade (art. 127, CF), pois órgão essencial à função jurisdicional do Estado.

Cumpre, assim, observar que, na condição de fiscal da lei, também o Ministério Público está a tutelar interesse público, no entanto não através do exercício do direito de ação, mas exercendo função processual anômala, cuja finalidade é de assegurar a correta aplicação da lei justamente por intermédio da relação jurídica processual, daí não integrar a angularização desta, pois sua posição diferenciada representa o superar da formatação clássica de relação jurídica processual, na medida em que não é sujeito desta. Em verdade, não é parte, nem juiz. Não é parte porque não pede nem contra si é pedida a atuação jurisdicional e não é juiz pela simples razão de não ser investido de jurisdição, muito embora com atuação imparcial.

Essa atuação processual *sui generis* provoca perplexidade à ortodoxia e não se enquadra facilmente no campo da teoria geral do processo civil, a qual firmou base – sempre – em cima da construção de que os figurantes processuais, também chamados de sujeitos da relação processual, ou são partes ou juiz.

Contudo, vênia deferida, o equívoco está em tentar enquadrar a função ministerial de *custos legis*, como se função ordinária fosse, quando, na verdade, é, como se disse, função processual extraordinária, não sujeita ao padrão ordinariamente concebido.

Desta forma, a atuação ministerial na condição de órgão interveniente, no plano das relações processuais, se define como anômala, fugindo, pois, dos quadros ordinariamente concebidos. Nem por isto, sem poderes, ônus ou deveres próprios dos sujeitos da relação processual e atinentes a sua tarefa institucional.

11.8.6. Ministério Público, interesse público, natureza da lide e qualidade da parte

A fórmula concebida para determinar a necessidade da intervenção do Ministério Público em processo alheio leva por suporte uma de duas premissas: (a) a existência de imposição legal para que o órgão intervenha ou (b) a identificação da presença de *interesse público* na demanda, evidenciado este pela qualidade da parte ou natureza da lide.

A primeira premissa não oferece dificuldade à interpretação, vez que basta a opção legislativa tornando cogente a intervenção para que esta se torne necessária, ou seja, havendo lei expressa que determine a intervenção torna-se, por evidente, obrigatória, como no caso da modificação introduzida no CPC pela Lei nº 9.415/96, que determina a intervenção ministerial nas ações que envolvam litígios coletivos pela posse de terra rural (art. 82, III, CPC). A segunda premissa, todavia, tem provocado verdadeira polêmica doutrinária e jurisprudencial em torno da compreensão da perfeita noção do interesse público capaz de gerar a indispensável convocação do órgão à fiscalização da demanda, sob pena de nulidade (arts. 84 e 246, CPC) e, como já registrado, mais recentemente, importa, até mesmo, em flagrante inconstitucionalidade por violação do disposto no artigo 127 da Carta Federal, que considera o Ministério Público essencial à função jurisdicional do Estado.

Desta forma, cumpre preliminarmente aduzir que o interesse público, em sentido amplíssimo, está presente em toda e qualquer demanda, circunstância que – em tese – tornaria obrigatória a intervenção do órgão em todas as causas que aportassem aos tribunais. Porém, não é a este interesse público geral e irrestrito que se refere o inciso III, do artigo 82 do CPC, mas sim, a um interesse público balizado ou pela qualidade da parte ou pela natureza da lide, portanto refere-se a um interesse público particular e diferenciado, o qual, todavia, não se encontra definido em nenhum diploma legal.

Nesta medida, conceituar, não o interesse público de cunho geral, mas o interesse público constante do inciso III do artigo 82 do CPC, é tarefa árdua, em torno da qual observou Alcides de Mendonça Lima que: "Os requisitos são extremamente amplos e genéricos. A aferição é essencialmente subjetiva tanto da parte, para promover a intimação do agente da entidade, como do juiz para determinar, quer deferindo aquele pedido, quer o fazendo de ofício. A doutrina sem diretriz precisa e segura; a jurisprudência se mostra hesitante, (...). Tudo gera a situação de incerteza sob o guante da possível nulidade do feito".[137]

Como se vê, a opção pela forma genérica, estabelecendo apenas como limitadores de intervenção a natureza da lide ou a qualidade da parte, cria, em tese, muito embora os limites impostos, a necessidade de a instituição atuar em hipóteses indefinidas de causas, em face das evidentes dificuldades em aferir a presença deste interesse diferenciado e especial. Na realidade, nada obstante os limitadores de atuação impostos, ainda assim, o interesse público constante do inciso III do artigo 82 do CPC, se encontra próximo dos chamados conceitos jurídicos indeterminados.

Todavia, aos efeitos de bem compreender a ideia esposada pelo ordenamento processual, pode ser sinalizado no sentido de que tal valor jurídico diz com o interesse de toda a sociedade, não se identificando com este necessariamente o interesse subjetivo do Estado individualmente considerado, enquanto pessoa de direito público, mas sim, algo mais amplo representado pelo interesse da sociedade politicamente organizada, da qual as entidades estatais se constituem apenas em órgão. O interesse público, pois, mesmo quando somente evidenciado pela natureza da lide ou qualidade da parte, é interesse geral e *impessoal*, transcendendo, pois, a figura do Estado.

E quando está em jogo no processo o interesse da sociedade politicamente organizada?

Quando, pela natureza da lide ou qualidade da parte, a solução da causa influir por via direta ou reflexa nas relações da sociedade jurídica e politicamente organizada, em face da possibilidade de ser atingida sua estrutura ou essência, como, *v.g.*, nas demandas em que está em causa à soberania de qualquer dos Poderes do Estado. Aqui, evidentemente, a causa reclama intervenção ministerial não pela qualidade da parte, mas pela natureza da lide.

O interesse público, do artigo 82 do CPC, é, em verdade, um interesse público superlativo, cuja presença reclama cuidados especiais da sociedade, daí legitimar uma instituição do Estado a fiscalizar a correta aplicação da lei, por ser esta manifestação de vontade legítima da própria sociedade.

Conceituar, modo definitivo, as demandas em que tal circunstância diz presente é tarefa por demais abrangente e de duvidoso resultado, esta a razão pela qual, postas as premissas em torno da compreensão

---

[137] In: *Ministério Público, Direito e Sociedade*. Porto Alegre: SAFE, 1986. Ensaio *Ministério Público e o Interesse Público*, p. 23.

do interesse público enunciado no artigo 82 do CPC, cumpre ao intérprete identificá-las e, como decorrência, atender o comando legal.

Nesta linha, contudo, resulta nova dificuldade a ser enfrentada, ou seja, responder a indagação de identificar a quem cabe dizer, se em determinada demanda, há ou não interesse público capaz de ensejar a intervenção ministerial.

Compete ao Judiciário ou ao próprio Ministério Público definir a necessidade de sua intervenção?

Há divergência doutrinária em torno da matéria;[138] todavia há, de outro lado, um consenso jurisprudencial sobre a questão no sentido de que uma vez identificado o interesse público deverá o juízo intimar o órgão para que este se pronuncie; não havendo, outrossim, obrigatoriedade em torno da necessidade da intervenção efetiva. Resultando como consequência desta linha de orientação, a posição de que compete ao Ministério Público definir sua efetiva participação ou não, em razão de sua absoluta soberania e independência.

Porém, se houver divergência em torno da necessidade da intervenção ministerial, como resolvê-la?

Na hipótese de o órgão do Ministério Público requerer intervenção e o juízo indeferi-la, deverá aquele deduzir recurso de agravo contra decisão, eis ter esta natureza interlocutória. Assim também, se a parte, com o fito de prevenir nulidade, requer seja intimado o órgão ministerial, e o juízo indefere, deverá esta, pela mesma razão, apresentar recurso de agravo.

Se, porém, o juízo entende presente a necessidade de intervenção, e o órgão do Ministério Público, de sua parte, entende não haver na causa interesse que reclame sua atuação? Como já registrado anteriormente, a simples intimação do órgão afastará qualquer possibilidade de nulidade, segundo sólido entendimento jurisprudencial.

Assim, emerge como corolário da polêmica a afirmação de que a intervenção do Ministério Público, vênia concedida, é *obrigatória*, nas causas em que esteja presente *interesse público qualificado* em razão de uma parte ou das partes ou ainda em face da natureza da lide, pena de padecer o processo de nulidade no plano infraconstitucional e de vício no plano da constitucionalidade.

---

[138] Entendendo ser das atribuições do Poder Judiciário a definição da presença ou não do interesse público, TERESA ALVIM. *In: RePro* 3/136. Em sentido contrário, conferido poder discricionário ao Ministério Público para a avaliação da necessidade de intervenção ou não, ARRUDA ALVIM NETO, José Manoel. *Código de Processo Civil Comentado.* V. III/375 e MONIZ DE ARAGÃO, Egaz Dirceu. *Comentário ao CPC.* v. II, 10ª ed. Rio de Janeiro: Forense, 2004, p. 301.

12. Invalidades processuais

12.1. Observação preliminar

Ao iniciar o estudo das invalidades processuais,[139] o primeiro registro que deve ser feito é que estas não se confundem com as nulidades disciplinadas pelo Código Civil (arts. 166/184). Neste, as nulidades dos atos jurídicos se apresentam de dois modos distintos: ou são nulos ou anuláveis. Estes podem ser convalidados; aqueles não. A segunda observação fundamental é de que "o sistema das nulidades existe, no direito, para evitar que o ato inválido produza efeitos programados".[140]

Postos esses esclarecimentos iniciais, cumpre destacar que Código de Processo Civil adotou regime próprio e embora em alguma medida assemelhado na definição das espécies com o Código Civil deste diverge. Efetivamente, ainda que exista mais de uma classificação apresentada pela doutrina,[141] parece-nos razoável – máxima vênia – classificar as invalidades processuais[142] como atos: a) inexistentes,[143] b) absolutamente nulos, c) relativamente nulos e d) irregulares.

---

[139] Terminologia por nós adotada como preferencial, em face de sua maior abrangência conceitual, consoante destaca DALL'AGNOL JÚNIOR, Antonio Janyr. *Invalidades Processuais*. Porto Alegre: LeJur, 1989, p. 16.

[140] Ensinamento esclarecedor de WAMBIER, Teresa Arruda Alvim. *Nulidades do processo e da sentença*. São Paulo: RT, 1997.

[141] Conforme nota 3, p. 238, de Maroroni e Mitidiero, as teorias sobre as invalidades processuais apresentam na doutrina as seguintes classificações: a) nulidades cominadas e nulidades não cominadas; b) nulidades absolutas, nulidades relativas e anulabilidades; c) nulidades absolutas e nulidades relativas. In: *Código de Processo Civil (comentado artigo por artigo)*. 2ª ed. São Paulo: Revista dos Tribunais, 2010. Nelson Nery Júnior e Rosa Maria de Andrade Nery classificam as invalidades processuais como a) nulidades de forma e b) nulidades de fundo. As nulidades de forma se subdividem em nulidades absolutas e relativas. As de fundos sempre serão nulidades absolutas. Admitem, ainda, a existência de atos processuais irregulares. In: *Código de Processo Civil Comentado*. 7ª ed. São Paulo: Revista dos Tribunais, comentários ao art. 243.

[142] Não exatamente como integrante da classificação das invalidades, mas como mais uma possibilidade a ser considerada como capaz de ensejar reconhecimento de invalidade, ver José Maria Rosa Tesheiner naquilo que diz respeitos aos vícios definidos pelo ilustre jurista como transrescisórios. São estes aqueles que, em face da gravidade do vício, não ficam sujeitos aos efeitos

Assim definida a classificação dos atos processuais, cumpre registrar que o sistema das invalidades é também regido pelos princípios da relevância das formas, da causalidade e do prejuízo. Deste modo, necessário examinar o significado e propósito dos princípios e o conteúdo das espécies.

12.2. Princípios

Os princípios balizam a compreensão de fenômenos jurídicos e devem ser considerados como um todo. Não há, pois, interpretação ou aplicação isolada de princípio, mas sim compreensão sistêmica do conjunto existente.

Desse modo, conhecer os propósitos dos princípios é fundamental para entendimento da teoria das invalidades processuais, mas ainda é mais relevante entender e compreender o conjunto de princípios como um sistema apto a gerar o resultado adequado na aplicação da teoria. Isto representa que um princípio é temperado pelo outro, e o conjunto deles é que dá o norte adequado à correta aplicação da teoria.

Essa observação inicial é absolutamente pertinente à aplicação da teoria das invalidades processuais, pois é do conjunto de princípios que se extrai o espírito do sistema[144] e apenas com a visão do todo e compreensão dos propósitos será possível extrair a perfeita aplicação da disciplina legal estabelecida pelo CPC.

12.2.1. Princípio da relevância das formas

O princípio da relevância das formas, também, por vezes, designado princípio da legalidade das formas, tem por objeto preservar o modo prescrito para a prática dos atos processuais. A inobservância da forma por meio da qual um ato deverá ser realizado importa em vício passível de invalidade. Entretanto, como observa Antonio Janyr Dall'Agnol Junior: "Análise mais cuidadosa, porém, revela que a rele-

---

da decadência. *In: Pressupostos processuais e nulidades no processo civil*. São Paulo: Saraiva, 2000, p. 283 e ss.

[143] Os atos inexistentes, em verdade, são aqui por nós incluídos como espécie das invalidades exclusivamente para efeitos didáticos, pois não são atos jurídicos e o que não é não pode nem mesmo ser invalidado.

[144] Nessa linha BOBBIO, Norberto. *Teoria do Ordenamento Jurídico*. 6ª ed. UnB: Brasília, 1995, p. 159.

vância das formas não é absoluta, conforme se extrai de regras como as do art. 154 ou as que integram o Capítulo das nulidades, no CPC".[145]

Posto isso, necessário compreender exatamente o significado da expressão *formas processuais*. Esta "deve ser compreendida tecnicamente como as condições de tempo, lugar e modos de praticarem-se e exprimirem-se os atos processuais".[146]

Nessa medida, pode ser afirmado que, quando desconsideradas quaisquer das condições de tempo, lugar ou modo, o ato processual apresenta vício passível de invalidade, vez que estas condições devem ser respeitadas para higidez processual do ato.

Entretanto, esta posição deve ser temperada pela ocorrência de prejuízo e pela circunstância de que o beneficiário não tenha contribuído para o vício, sob pena de, nesta última hipótese, ocorrer a clássica configuração de *venire contra factum proprium*, ou seja, aquele que deu causa ao vício se beneficiar de sua conduta imprópria, possibilidade repelida pela ordem jurídica.

12.2.2. Princípio da causalidade

O processo, como visto, é teleológico, e o procedimento, organizacional. Assim, no curso do processo, respeitado o procedimento que disciplina a sucessão dos atos processuais, se um ato é praticado em desrespeito à forma imposta (tempo, lugar e modo), esta circunstância provoca a contaminação dos atos subsequentes, ou seja: sendo o processo concretizado através do procedimento que é uma sucessão de atos, se o antecedente é nulo, nulo também será o consequente (art. 248, CPC), como regra. Contudo, esta não é uma imposição absoluta e comporta flexibilização com o espírito do sistema, o qual, antes de qualquer reflexo, visa a preservar a prática de atos que, embora levados a efeito de modo irregular, tenham atingido sua finalidade.

Diante desse quadro, o sistema delegou ao juízo a tarefa de declarar quais atos consequentes são atingidos pelo vício do antecedente (art. 249, CPC), determinado àqueles que serão repetidos ou retificados.

12.2.3. Princípio da finalidade (ou do prejuízo)

As ideias de finalidade e prejuízo, ainda que, por vezes, sejam tratadas como princípios diversos, não oferecem dificuldades para serem

---

[145] In: *Invalidades Processuais...*, p. 70.

[146] Assim, GOMES, Fábio. *Comentários ao Código de Processo Civil*. v. 3, do processo de conhecimento. São Paulo: Revista dos Tribunais, 2000, p. 19.

agrupadas conceitualmente num único primado, vez que, em *ultima ratio*, contemplam a tese de que somente haverá nulidade a ser reconhecida se ocorrer comprometimento do propósito da justa composição da lide. Assim, unificar as balizas prejuízo/finalidade, para que se reconheça uma invalidade é necessário que o ato irregular gere prejuízo concreto (arts. 154 e 249, § 1º, CPC), ou seja, não tenha atingido sua finalidade (art. 244, CPC).

Desse modo, ainda que um ato não tenha sido praticado conforme a diretriz legal, se atingiu sua finalidade, não há razão para a decretação da nulidade, tal como, p. ex., a citação de réu de forma não prescrita, porém tendo este comparecido tempestivamente e contesta ação, o ato citatório cumpriu sua finalidade e, por decorrência, não acarretou prejuízo algum às partes ou à justa composição da lide. O vício, portanto, somente adquire relevo se gerar prejuízo. Acaso não acarrete dano, não há razão de ser este declarado, com a consequente desconstituição do ato e esta posição em tempos de grave morosidade da prestação jurisdicional é de extremo relevo, na medida em que invalidar atos e repeti-los, por certo, representa alongar a existência do conflito, circunstância tanto repelida pela garantia constitucional-processual da razoável duração do processo (art. 5º, LXXVIII, CF), quanto pelo princípio da economia processual que apregoa o aproveitamento dos atos praticados.

Só haverá, portanto, de ser reconhecida nulidade se a violação a forma comprometer os fins do processo que é o da justa composição da lide, e esta posição é válida, quer o vício caracterize na teoria nulidade relativa ou absoluta.[147]

12.3. Espécies de invalidades processuais

As espécies de invalidades processuais são: a) inexistência; b) nulidade absoluta; c) nulidade relativa e d) irregularidade.[148] Tais espécies de invalidades decorrem de vícios, é oportuno que se registre, de forma e de conteúdo do ato. Com efeito, observa com correção Fábio Luiz Gomes que: "A nulidade, por outro lado, não decorre somente dos vícios de forma, pois esta, por mais extensão que se dê ao termo,

---

[147] Assim GOMES, Fábio. *Teoria Geral do Processo Civil*. 5ª ed. São Paulo: Revista dos Tribunais, 1997, p. 230.

[148] Alinhado com essa orientação, p. ex., encontra-se GOMES, Fábio. *Teoria Geral do Processo Civil*. 5ª ed. São Paulo: Revista dos Tribunais, 1997, p. 221.

penas pode incluir os elementos extrínsecos do ato. E, além da forma externa, o ato é dotado de conteúdo, que é a sua substância. Ainda que formalmente perfeito, o ato será nulo caso desprovido do conteúdo que lhe é inerente".[149]

Exemplo característico da nulidade por ausência de conteúdo do ato é a decisão jurisdicional destituída de fundamentação. Com efeito, nesta hipótese, o juízo não apenas viola a ordem jurídica por desrespeito a garantia constiucional-processual (arts. 93, IX, CF e 458, II, CPC) do dever de fundamentar que é da essência do Estado de Direito, como desnatura o ato por ausência de conteúdo, tornando inviável que este cumpra sua finalidade. Há, pois, duplo vício. Um por violar a ordem jurídica e outro por violar a essência do próprio ato.

Assim, ao se discorrer sobre as espécies de invalidades, estar-se-á considerando que os vícios dos atos processuais podem decorrer da forma como praticados ou da deformação do conteúdo destes.

12.3.1. Inexistência

O chamado vício da inexistência refere-se à inexistência jurídica e não material do ato, o qual pode existir fisicamente, mas não juridicamente. Como registrado em nota anterior, é aqui incluído apenas para efeitos de sistematização do estudo, vez que aquilo que não existe nem mesmo pode ser anulado. Deve, simplesmente, ser desconsiderado.

Assim, está-se a tratar de um ato que, embora fisicamente existente, seja portador de um vício de tamanha envergadura que o torna completamente imprestável para sua finalidade, pois ausente requisito vital que o impede de ser reconhecido como juridicamente existente, sendo, inclusive, impossível de ser convalidado e até mesmo de ser anulado, devendo, simplesmente ser declarado inexistente e, portanto, ignorado.

Encontram-se exemplos variados na doutrina, entretanto um dos mais clássicos diz respeito à hipótese de sentença proferida por juiz já aposentado, portanto não investido de jurisdição. A jurisdição, como sabido, é da essência da judicatura, isto quer dizer que sem ela o ato resta desnaturado, ou seja, juridicamente inexistente, embora materialmente possa estar presente no seio de um processo.

---

[149] *Teoria Geral do Processo Civil*. 5ª ed. São Paulo: Revista dos Tribunais, 1997, p. 224.

12.3.2. Nulidade absoluta

A nulidade absoluta restará caracterizada quando a norma violada visa a preservar interesse de ordem pública,[150] portanto o critério para identificação da nulidade absoluta repousa na natureza do interesse patrocinado pela norma. Assim, se a norma visa à tutela de interesse público e vem a ser desrespeitada, estamos diante de vício insanável e, por decorrência, invalidade que necessariamente deverá ser reconhecida, uma vez presente alguma espécie de prejuízo.

Nessas hipóteses, o juízo é o primeiro fiscal da higidez jurídica do ato e deverá decretar a nulidade de ofício, vez que vício insanável. Por vezes a nulidade vem expressada, por vez não. Portanto, não se deve identificar nulidade absoluta apenas com a presença de cominação, vez que poderá haver desrespeito a norma de ordem pública sem que o legislador tenha expressamente apontado a consequente nulidade, mas esta decorre da compreensão da natureza da norma.

São exemplos dessa espécie de invalidade processual absoluta: a não intervenção do Ministério Público, em processo cuja sua atuação é obrigatória (arts. 84 e 246, CPC); a prática de atos por juiz absolutamente incompetente (art. 113, § 2º, CPC) e ausência de citação do réu (art. 214, CPC), a violação do dever de fundamentar as decisões judiciais (arts. 458, II, CPC, e 93, IX, CF), processo fraudulento (art. 129, CPC), dentre tantos outros previstos pela ordem jurídica. São, como se pode perceber, por vezes, nulidades absolutas e cominadas, ou seja, aquelas que vêm expressamente declaradas pela lei,[151] mas não necessariamente sempre cominadas, como observa com precisão Antonio Janyr Dall'Agnol Júnior: "Outro equívoco (sempre presente no sistema positivo, por suposto) encontradiço com frequência nos manuais, com a devida vênia, é o que concerne à indistinção, quando não à identificação, entre nulidade cominada e nulidade absoluta: por vezes, entre nulidade não cominada e nulidade relativa, (...)".[152]

Assim, as nulidades absolutas têm por escopo preservar o interesse público e aparecem, por vezes, expressamente consagradas e em outras oportunidades não. Em qualquer das hipóteses, entretanto, são tidas por absolutas e não passíveis de convalidação se presente prejuízo.

---

[150] Nessa linha, a lição de GALENO LACERDA ao fixar critérios para identificação das invalidades processuais e escrever uma das páginas mais importantes do direito processual brasileiro em seu consagrado estudo intitulado *Despacho Saneador*. 2ª ed. Porto Alegre: SAFE, 1985, p. 124.

[151] Nessa linha, com clareza invulgar, DALL'AGNOL JÚNIOR, Antonio Janyr. *Invalidades Processuais*. Ob. cit., p. 62.

[152] Idem, p. 63.

12.3.3. Nulidade relativa

A nulidade relativa se configura quando a norma violada tutela preferencialmente interesse privado, diversamente da nulidade absoluta que preserva prioritariamente interesse de ordem pública. A nulidade relativa por trazer embutida a preservação de interesse preferencialmente particular é passível de convalidação, vez que o interesse é disponível às partes. Não pode ser reconhecida de ofício e, por decorrência, depende de requerimento da parte interessada.

É exemplo característico o tema referente à competência territorial. Esta é fixada em atenção aos interesses das partes e, portanto, cabe a estas arguirem a incompetência do juízo na primeira oportunidade que se pronunciarem nos autos. Devem, inclusive, fazê-lo pela via da exceção de incompetência, sob pena de preclusão e, por decorrência, restar prorrogada a competência, tornando, assim, competente o juízo que originalmente era incompetente. Considera-se, na hipótese, se houver silêncio, convalidado o vício originário.

Entretanto, se as partes apontaram a incompetência e ainda assim o juízo não a reconhecer e sendo caso efetivamente de incompetência territorial, os atos praticados são tidos por inválidos, vez que imposto prejuízo à parte que foi impedida de desfrutar de sua prerrogativa de juízo previamente fixado e, portanto, violada a garantia constitucional-processual do juízo natural (art. 5º, LIII, CF).

Cumpre, ainda, registrar, conforme destaca Antonio Janyr Dall'Agnol Júnior,[153] que as nulidades relativas, tais quais as absolutas, podem ser expressamente cominadas ou não. Confiram-se, p. ex., as hipóteses dos artigos 11, parágrafo único, 13, I, CPC, dentre outras.

12.3.5. Irregularidade

A irregularidade é vício de menor monta que não chega a comprometer o ato e, por decorrência, é incapaz de gerar prejuízo à parte. Entretanto, objetivamente, ocorre uma desconsideração à disciplina procedimental, porém livre de sanção maior. É como se fosse uma norma em branco no que diz respeito a eventual consequência pelo desrespeito. Representa, apenas, uma ausência de boa técnica na prática do ato processual.

São exemplos de mera irregularidade o uso de abreviaturas (art. 169, § 1º, CPC) e o uso de idioma estrangeiro (art. 156, CPC). Com efei-

---

[153] DALL'AGNOL JÚNIOR, Antonio Janyr. *Invalidades Processuais*. Ob. cit., p. 65.

to, a ordem processual veda tanto o uso de abreviaturas, como o uso de idioma estrangeiro. Entretanto é comum encontrar em petições abreviaturas tais como *Exmo., Sr., Dr.*, dentre outras que tais, bem como a citação de doutrina estrangeira e nem por isso se averbam de inválidos os atos, pois são simples irregularidades incapazes de viciar os atos a ponto de nulificá-los, haja vista que cumprem seus objetivos.

13. Processo e procedimento

Questão fundamental para a perfeita compreensão do sistema de operação do direito judiciário, diz respeito à ideia de processo e procedimento, vez que são instrumentos disponibilizados pela ordem jurídica para a concretização do direito.

O direito material, sabe-se, é realizado de forma voluntária (quando o obrigado espontaneamente cumpre seu dever; p. ex., o devedor paga por iniciativa sua a dívida) ou de modo forçado (quando aquele que se afirma titular de direito se vê forçado a agir judicialmente). Esta última hipótese se concretiza através da jurisdição, e o meio pela qual a jurisdição atinge seu propósito é, justamente, o processo e no seio deste habita o procedimento.

Assim, o processo é o instrumento através do qual atua a jurisdição para satisfação do fim pretendido. E o procedimento é a disciplina interna ao processo que organiza a sucessão dos atos para atingir o fim pretendido. O procedimento, portanto, é identificado como o caminho que deve ser seguido na busca de um resultado. O *iter* que deve ser percorrido para atingir o fim. Já o processo, por si só, é finalístico, ou seja, caracteriza-se pela busca de um propósito determinado. O processo é, pois, teleológico, e o procedimento, estrutural.

13.1. Tipos de processos

O direito processual civil conta, basicamente, com três espécies de processo: (a) o processo de conhecimento, (b) o processo de execução e (c) o processo cautelar.

13.1.1. Processo de Conhecimento (Livro I, CPC)

O desiderato do processo de conhecimento é de definir o direito, portanto é declarativo. Seu escopo é, pois, definir conteúdo e/ou titularidade do direito controvertido. Declara a quem pertence o direito, imprimindo certeza em torno de seu conteúdo e titularidade. Faz verdadeira averiguação do direito afirmado na inicial promovendo, como afirmam os juristas peninsulares, seu *accertamento*.

A título de exemplo, para efeitos de compreensão de modo objetivo, podemos destacar a hipótese da existência de uma demanda indenizatória por dano moral. A sentença ao apreciar o caso definirá, gerando certeza, se efetivamente houve dano e se este resulta no dever de indenizar. Antes do processo de conhecimento não havia certeza; após o processo e sentença de procedência definitiva, com trânsito em julgado, nasce a certeza jurídica em torno do direito e de seu titular, em face da atividade declarativa inerente ao processo de conhecimento.

13.1.2. Processo de Execução (Livro II, CPC)

O propósito do processo de execução é de realizar o direito, retirando este de seu estado de hipótese e o fazendo incidir no mundo fático. Realiza o direito através de atos materiais, tais quais, p. ex., a expropriação de bens para satisfação de crédito.

Hoje podemos identificar duas espécies de processo de execução: o autônomo e o sincrético. O autônomo decorre de título extrajudicial, ou seja, a certeza em torno do direito que se busca realizar já se encontra antecedentemente definida pela existência de título extrajudicial decorrente de negócio jurídico, tal qual, p. ex., notas promissórias vinculadas a contrato de compra e venda, e o sincrético decorre de certeza judicial e faz valer direito proveniente de reconhecimento jurisdicional, fazendo cumprir o disposto pela decisão jurisdicional.

Contudo, quer o processo de execução seja autônomo, quer sincrético, ambos claramente buscam realizar o direito. Isto quer dizer que, embora a fórmula clássica – hoje superada – da separação absoluta de conhecimento e execução, instituída pelo CPC de 1973 em sua concepção original, ainda persiste o propósito ideológico do processo de execução que é o de realizar o direito. Ambos, portanto, tratam de dar efetividade prática ao direito, através de atos materiais concretos e determinados.

13.1.3. Processo Cautelar (Livro III, CPC)

O fim do processo cautelar é de assegurar resultado útil ao processo de conhecimento e/ou ao processo de execução, oferecendo segurança ao direito controvertido.

Podemos ilustrar o tema com a figura do Arresto (arts. 813 e ss., CPC). Esta é uma medida tipicamente cautelar que visa a resguardar temporariamente de perigo de dano o direito à realização do direito de crédito, quando, p. ex., o devedor sem domicílio certo tenta se ausentar. O que se busca resguardar é a realização do direito de crédito, daí à medida que autoriza sejam arrestados bens suficientes para satisfação do crédito em risco.

Como se vê, a medida cautelar tem por fito assegurar o direito à tutela de ressarcimento de crédito. Atua, pois, para garantir resultado útil do direito de crédito, preservando este frente iniciativas do devedor, cuja natureza expõe a risco o direito do credor, atingindo assim claramente a finalidade do processo cautelar que é de assegurar direito.

Enquanto o processo de conhecimento define o direito e o de execução o realiza, o cautelar, de sua parte, quando necessário, tem por propósito preservá-lo. Todos, entretanto, devem respeitar aquilo que a Constituição Federal definiu como sendo o "devido processo legal", o qual, entretanto, a nosso sentir, melhor seria definido como o devido processo constitucional, sendo este entendido como o respeito ao conjunto de garantias constitucional-processuais contempladas, expressa ou implicitamente, pela Constituição Federal.

13.2. Procedimentos

O procedimento, como já visto, é o caminho para atingir um fim[154] e é nitidamente organizacional. Configura-se pelo encadeamento lógico dos atos para a prestação jurisdicional buscada através do processo e é marcado pela sucessão de atos para atingir o propósito do processo, seja este de conhecimento, de execução ou cautelar.

Assim, pode-se afirmar que o procedimento se amolda ao processo, considerando a natureza deste, portanto encontramos no sistema processual varias espécies de procedimentos. Estes vêm disciplinados pelo CPC de modo genérico, chamado de procedimento comum (art. 272, CPC), que se subdivide em ordinário (art. 274, CPC) e sumário (art. 275, CPC). Ou ainda, os especiais, constantes do Livro IV, CPC, ou

---

[154] Nessa linha, sempre oportuna a lição de Carnelutti, ao observar que "La palabra 'procedimiento', la cual denota a idea de avanzar de um acto a outro como se procede, um paso tras outro, hacia la meta". CARNELUTTI, Francesco. *Sistema de Derecho Procesal Civil*. v. IV. Buenos Aires: Uteha, item 613.

de leis esparsas (p. ex., Lei de Alimentos, Lei do Mandado de Segurança, dentre outras).[155]

O procedimento, portanto, imprime o rito a ser seguido na busca do fim, adequando-se à natureza do processo. Estabelece um encadeamento lógico na sucessão dos atos processuais, sejam estes das partes, do juiz ou dos auxiliares do juízo. A soma dos atos isolados forma o procedimento ou, como diz Carnelutti: "De esta forma se comprende que lós actos singulares reunidos en el procedimiento se representen, más bien que como partes de un todo, como fases de un desarrollo o como etapas de un camino".[156]

O procedimento comum ordinário, p. ex., vem desdobrado em fases: fase postulatória, fase instrutória, fase decisória e fase recursal (esta última existente apenas para alguns!). Nas fases, internamente são praticados atos diversos. Na postulatória, apresentação da petição inicial, resposta e réplica. Na instrutória, audiência, com oitiva das partes e testemunhas e, por vezes, perícias. Na decisória, sentença e, finalmente, na recursal, apresentação das inconformidades recursais compatíveis, tudo com o propósito de atingir o fim colimado pela espécie de processo: ou certeza, ou realização ou asseguração do direito.

13.3. Procedimentos especiais

Há, como visto, no Livro IV do CPC, os chamados procedimentos especiais que, em realidade, organizam a prestação jurisdicional de demandas específicas.

Efetivamente, o sistema processual prevê, tanto no livro IV do CPC, como em Leis extravagantes, a existência de demandas que reclamam, em face da sua natureza, procedimento particular, chamado, modo genérico, de especial.

Foram emoldurados como procedimentos especiais porque contemplam "ações" que não se amoldam às fórmulas genéricas dos demais processos, pois reclamam iniciativas inerentes a particular natureza do direito material controvertido, tais como a necessidade de decisões liminares e sentenças mandamentais, hipóteses ordinariamente não presentes ao tempo da instituição do CPC de 1973.

---

[155] Nessa linha de exposição também, dentre outros, FUX, Luiz. *Curso de Direito Processual Civil*. Rio de Janeiro: Forense, 2001, p. 209.

[156] CARNELUTTI, Francesco. *Sistema de Derecho Procesal Civil*. v. IV. Buenos Aires: Uteha, item 613.

Sobre a natureza dos procedimentos especiais, observam com pertinência Marinoni e Mitidiero que os "procedimentos especiais são aqueles em que o direito material aparece com maior destaque na conformação do formalismo processual (...) A especialidade do procedimento no Código Buzaid (1973-1994) estava ligada à previsão tópica de técnicas processuais diferenciadas para organização do processo para determinadas espécies de litígios".[157] Ou seja, os procedimentos especiais, sejam os do CPC, sejam os de leis extravagantes, possuem organização procedimental própria e particular para cada espécie de demanda.

Essa orientação de especializar os procedimentos decorre das diversas espécies de necessidades que envolvem o direito material, daí a razão de poder ser afirmado que no processo de conhecimento o procedimento se amolda a natureza do direito posto em causa. Isto faz nascer o critério de definição procedimental pela exclusão, ou seja, as demandas do processo de conhecimento, por regra, são processadas pelo procedimento comum, em qualquer de suas espécies, salvo se merecerem atenção especial, face à natureza do objeto litigioso. Assim, as demandas seguirão procedimento especial se incluídas expressamente no Livro IV do CPC ou se contempladas em lei extravagante, caso contrario se processarão pelo rito comum, seja este ordinário ou sumário.

Adequado, ainda, destacar que os procedimentos especiais se dividem em procedimentos de jurisdição contenciosa e voluntária, todos com rito e propósito específico, sendo aqueles os pertinentes a existência de conflito e estes referentes à convergência de interesses. Como sabido e debatido no curso deste trabalho, há sério dissenso doutrinário em torno da natureza jurídica dos procedimentos de jurisdição voluntária. Adotamos, pelas razões já expostas, a posição que outorga jurisdicionalidade aos atos de jurisdição voluntária.[158]

---

[157] *Código de Processo Civil*. 2ª ed. São Paulo: Revista dos Tribunais, 2010, p. 818.
[158] Sobre o tema, ver capítulo específico no curso desta obra.

14. Elementos identificadores das demandas individuais

A concepção clássica do instituto da coisa julgada leva por suporte a teoria dos *trea eadem*,[159] pela qual se considera que toda demanda proposta em juízo necessariamente há de se identificar pelas partes, pedido e causa de pedir. Assim, individualizam-se as *ações judiciais* a partir destes dados, havendo identidade entre uma demanda e outra se entre elas houver igualdade de partes, pedido e causa de pedir.[160]

Acaso haja absoluta identidade dos três elementos antes referidos entre uma e outra demanda, e se uma delas já estiver definitivamente julgada, ou seja, com sentença de mérito transitada em julgado, dir-se-á presente o instituto da coisa julgada ou – como prefere a orientação portuguesa, referendada pela Lei de Introdução ao Código Civil (art. 6º, § 3º) –, estaremos diante do caso julgado.[161]

Dessa forma, na concepção ortodoxa do instituto da coisa julgada, imprescindível a perfeita compreensão antecedente dos conceitos de

---

[159] Em torno da questão, informa E. D. Moniz de Aragão (Conexão e Tríplice Identidade, *in: AJURIS*, 28/72) que: "Precisamente em 1864, há mais de um século, o comendador Matteo Pescatore, Professor Emérito de Leis na Real Universidade de Turim e Conselheiro da Corte de Cassação de Milão, no famoso, e hoje raro, livro Sposizione Compendosa della Procedura Civile e Criminale nelle some sue ragioni e nel suo ordine naturale com appendici di complemento sui temi principali di tutto il diritto giudiziario, editado em Turim pela UTET (Unione Tipografico-Editrice Torinese), divulgou a muito aludida, mas nem sempre lida, doutrina a propósito della continenza di causa". Nesta, encontra-se a tese da tríplice identidade para caracterizar a coisa julgada, ainda hoje adotada no Brasil e na Itália.

[160] Esta posição nos parece ainda aceitável no processo individual, vez que concebida exatamente para este. Entretanto, no plano do processo coletivo está a merecer reflexão no sentido de identificar exatamente quais elementos são necessários para configuração da identidade entre demandas naquilo que diz respeito da presença de coisa julgada material. Em nosso sentir, apenas dois destes elementos originários necessitam estar presentes no plano das demandas coletivas, ou seja, para efeitos de coisa julgada material entre uma e outra demanda basta que entre elas exista identidade de pedido e causa, excluindo-se, pois, a identidade de partes.

[161] REIS, José Alberto dos. Eficácia do caso julgado em relação a terceiros. Conferência feita na Ordem dos Advogados, Lisboa, em 23.04.41, extraída do Boletim da Faculdade de Direito da Universidade de Coimbra, v. XVII, anos 1940/1, publicada pela *coleção AJURIS*, nº 19, Edição Histórica, Porto Alegre, 1985.

parte, pedido e causa de pedir, para que seja possível a identificação da ocorrência ou não de tal instituto, uma vez que somente com a precisa identificação daqueles é que resultará possível a averiguação da presença desta, na medida em que a variação de qualquer dos elementos identificadores das *"ações"*[162] implicará a variação da demanda e, por decorrência, na ausência de coisa julgada.

Assim, por óbvio, o presente estudo deve se preocupar com a temática dos elementos identificadores das demandas, pois é a partir deles que será possível definir a concepção de coisa julgada em seu sentido mais clássico.

14.1. Partes

Observa Chiovenda[163] que a determinação do conceito de *parte* não tem apenas importância teórica, mas, sim, é necessária para uma infindável série de questões de natureza prática. Com efeito, desde logo avulta a importância da compreensão da noção de *parte* frente à indispensável constatação, em determinada demanda, de quem é parte e de quem é terceiro, eis que a participação de um e de outro ocorre de forma diversa, gerando, por decorrência, consequências também diversas. Não bastasse tal circunstância, oportuno referir que o conceito de parte serve para individualizar demandas; para declarar quem está sujeito à autoridade de coisa julgada ou se existe ou não litispendência entre uma e outra demanda; se é ou não possível participar do processo através do instituto da intervenção de terceiros; quem pode ser testemunha. Enfim, o conceito de *parte* contribuirá para a elucidação de indeterminável número de situações postas à apreciação jurisdicional.

Contudo, não constitui tarefa simples estabelecer de forma nítida o conceito de parte. Aliás, denuncia com propriedade Nelson Nery Júnior que "o conceito de parte tem proporcionado acirradas e intermináveis polêmicas dentro da doutrina do direito processual civil".[164] Calamandrei, por exemplo, preocupado com a compreensão dessa noção, aduz que as partes são "las personas más importantes del dra-

---

[162] Aqui usa-se a palavra "ações" entre aspas para caracterizá-la no sentido ponteano, qual seja, no sentido de ação de direito processual, de remédio jurídico processual, e não ação em sentido material. A propósito, consultar PONTES DE MIRANDA. *Tratado das ações*. Tomo I. São Paulo: Revista dos Tribunais, 1970, § 23, p. 110.

[163] In: *Princípios de Derecho Procesal Civil*. Tomo II. Madrid: Reus, 1977, p. 5.

[164] In: *princípios fundamentais:* teoria geral dos recursos. São Paulo: Revista dos Tribunais, 1990, p. 82.

ma judicial, el protagonista y el antagonista, cuyo contraste dialéctico constituye la ocasión y la fuerza motriz del proceso.[165]

Há, inclusive, quem de forma objetiva resume ser a parte apenas o figurante do processo, em posição ativa ou passiva,[166] ou, ainda, somente àqueles que são tidos por os componentes do litígio.[167] Há, por outro lado, quem – para conceituar *parte* – deriva para a concepção de *justa parte*, introduzindo a noção de que se identifica o conceito de parte através da constatação da capacidade de ser parte e da legitimidade para agir.[168]

Todavia, a ideia mais difundida na doutrina encontra suporte em Chiovenda, quando afirma que: "El concepto de parte derivase del concepto de proceso y de relación procesal; es parte el que demanda en nombre propio (o en cuyo nombre es demandada) una actuación de ley, y aquel frente al cual ésta es demandada".[169] Porém, a simples ideia de *sujetos del conflicto* necessariamente deve ser esclarecida, máxime diante da aguda observação de Carnelutti, que afirmou "Ciertamente, el nombre de parte se emplea en el código promiscuamente, tanto en sentido material como en sentido procesal".[170] Assim, com razão Calamandrei ao aduzir que constitui "premisa elemental: que la cualidad de parte se adquire, con abstracción de toda referencia al derecho sustancial, por el solo hecho, de naturaleza exclusivamente procesal, de la proposición de una demanda ante el juez: la persona que propone, adquire sin más, por este solo hecho, la calidad de partes del proceso que con tal proposición se inicia; aunque la demanda sea infundada, improponible o inadmisible (circunstancias todas ellas que podán tener efecto sobre el contenido de la providencial), basta ella para hacer que surja la relación procesal cuyos sujetos son precisamente las partes".[171]

Efetivamente, não há por que embaralhar os planos do direito e, por consequência, não há motivo para se confundir o conceito de titu-

---

[165] *In: Instituciones...*, ob. cit., p. 287.

[166] DIAS, Maria Berenice. *O terceiro no processo*. Rio de Janeiro: Aide, 1993, p. 69.

[167] BAPTISTA DA SILVA, Ovídio Araújo. *Curso...*, p. 238/239.

[168] GRECO FILHO, Vicente. *Direito Processual Civil Brasileiro*. v. 1. 4ª ed. Saraiva: São Paulo, 1987, p. 131.

[169] *Princípios...* p. 6. Em sentido similar, p. ex. ADOF SCHONKE. *Derecho Procesal Civil*. trad. Leonardo Prieto Castro, refundida por Fairén Guillen. Barcelona: Bosch, 1950, p. 85. LIEBMAN, Enrico T. *Manual de Derecho Procesal Civil*. Trad. Santiago Sentis Melendo. Buenos Aires: EJEA, 1980, p. 66. DINAMARCO, Cândido Rangel. *Litisconsórcio*. São Paulo: Revista dos Tribunais, 1984, p. 6. PINTO, Teresa Arruda Alavim. *Agravo de Instrumento*. São Paulo: Revista dos Tribunais, 1991, p. 189.

[170] *In: Instituciones...*, ob. cit., p. 29.

[171] Idem, p. 297. Em sentido similar, OLIVEIRA, Carlos Alberto Alvaro de. *Alienação da coisa litigiosa*. Rio de Janeiro: Forense, 1984, p. 157.

lar de relação jurídica de direito material com o conceito de parte, eis que este é puramente processual e se encerra na modesta noção de participante ativo ou passivo da relação jurídica processual, dado o caráter autônomo de tal relação frente ao direito material. Oportuno, outrossim, registrar que é possível e desejável que se confunda em determinada pessoa a condição de titular da relação jurídica material com a de integrante de relação jurídica processual; todavia, não se constitui tal hipótese em circunstância indeclinável para a caracterização da ideia de parte, uma vez que perfeitamente viável a definição da condição de parte sem que haja qualquer titularidade de relação material, na medida em que persistirá a condição de parte ainda que seja improcedente a pretensão deduzida em juízo, infundada ou, até mesmo, juridicamente impossível.

Por derradeiro, comporta ainda o registro da existência da noção de *parte complexa,* na doutrina,[172] a qual se configura quando o conceito de parte se estende a várias pessoas, que, consideradas em seu conjunto, assumem a condição de agentes ativos ou passivos no processo. Nessas hipóteses, em tudo e por tudo, no que diz respeito à teoria dos *trea eadem,* valem os argumentos invocados para a definição de parte simples.

14.2. Pedido

O Código de Processo Civil, no Título VIII, Capítulo I, Seção II, dos artigo 286 ao 294, trata do pedido.

Nada mais representa o pedido do que a providência que o autor espera ver atendida pelo órgão jurisdicional.[173] Assim, pois, ele se constitui no objeto da demanda ou, como muito bem assevera Pontes de Miranda, é o que se pede, não o fundamento nem a razão de pedir.[174] O autor, na verdade, ao pedir, formula exigência de subordinação de interesse alheio ao interesse próprio.

Na expressão de Giancarlo Giannozzi: "Petitum (Antrag) voul significare richiesta, domanda in senso streto, 'che ha per restinatario cosi l'òrgano di giurisdizione come la parte contro la quale viene proposta'. Per tale ragione, il petitum costituisce l'oggetto della domanda.

---

[172] Neste sentido, v., dentre outros, Carlos Alberto Alvaro de Oliveira, *in: Alienação* ..., p. 181 e Francesco Carnelutti, *in: Instituciones* ..., v. I, p. 30.

[173] Na linha de pensamento, Alcides de Mendonça Lima, *in: Dicionário...* p. 429.

[174] *In: Comentários* ..., t. IV, p. 32.

Nella teoria dell'identificazione delle azioni per 'identitá dell'oggetto' s'intende appunto l'identitá di petitum".[175]

Como se vê, o pedido se identifica com o objeto da demanda e, nessa medida, interessa à individualização da ação processual, para efeitos de identificação do instituto da coisa julgada, em face da clássica teoria dos *trea eadem*. Todavia, pertinente observar que costuma a doutrina[176] dividir o objeto da demanda em mediato e imediato, sendo aquele o bem jurídico pretendido, e este, a espécie de tutela invocada; ou, dito de outro modo: o autor, ao ingressar em juízo, a um só tempo formula dois pedidos: a) aquele consistente no bem da vida reivindicado – o dinheiro, na ação de cobrança; o imóvel, na ação de despejo – e b) aquele representado pela natureza do provimento jurisdicional que exige ou a modalidade da tutela que pretende – declaratória, constitutiva, condenatória, executiva ou mandamental.[177] [178]

Sendo o pedido, pois, o verdadeiro objeto da demanda, representa aquilo que o autor pretende obter com a prestação da tutela jurisdicional reclamada;[179] é a conclusão lógica da exposição dos fatos e dos fundamentos jurídicos[180] que dão suporte à demanda, dividindo-se o pedido, como se viu, em mediato e imediato. Para os efeitos de individualização de demandas, importa destacar que a variação do pedido, por si só, representa também a variação da ação.

Assim, cumpre observar que, na verdade, o pedido contém dois objetos, e, para que haja perfeita identidade de ações, é necessário que ambos os objetos se identifiquem[181] pois, a variação de um deles importará na variação da demanda e, por decorrência, na impossibilidade da presença do instituto da coisa julgada.[182]

---

[175] In: *La modoficazione della domanda*..., p. 94/5.

[176] Neste sentido, por ex., Moacyr Amaral Santos, in: *Primeiras linhas* ..., 1º v., p. 141; José Frederico Marques, in: *Manual* ..., p. 156 e Clito Fornaciari Júnior, in: *Reconhecimento jurídico do pedido*..., p.77, dentre outros.

[177] Há, ainda, no Brasil, polêmica sobre a classificação das sentenças quanto às cargas de eficácias. Muitos insistem em identificar apenas a existência de sentenças declaratórias, constitutivas e condenatórias; outros, a esta classificação, aditam duas novas espécies, representadas pelas mandamentais e as executivas *lato sensu*. Consultar sobre o tema itens que discutem a classificação das demandas e eficácias das sentenças.

[178] Assim, José Carlos Barbosa Moreira, in: *O Novo Processo Civil* ..., p. 12.

[179] Neste sentido, José Joaquim Calmon de Passos, in: *Comentários* ..., p. 155.

[180] Na linha de exposição, Jacy de Assis, in: *Comentários* ..., Tomo II, p. 125.

[181] No mesmo diapasão, Cintra; Dinamarco e Greinover, in: *Teoria geral do processo* ..., p. 266.

[182] Pouco importa se o pedido seja simples, genérico, alternativo ou sucessivo, pois, para efeitos de coisa julgada, sempre estarão presentes as exigências de identidade absoluta. De outro lado, deixarão de ser examinadas as espécies de pedido supraenunciadas, uma vez que tal análise refoge aos propósitos do trabalho.

14.3. Causa de pedir

O enfrentamento da questão referente à causa de pedir, em face da complexidade do problema, reclama, antes de qualquer outra circunstância, opção correta pelo método de exposição – entendendo-se como tal, ainda com suporte na velha lógica de Port-Royal, "a arte de bem dispor uma sequência de diversos pensamentos, ou para descobrir a verdade quando a ignoramos, ou para prová-la aos outros quando já a conhecemos".[183]

Nessa medida, cumpre observar que o método escolhido – para proporcionar uma leitura compreensiva, e não apenas de aprendizado informativo, e muito menos de distração, consoante ensina Mortimer J. Adler[184] – recomenda que se inaugure a exposição dizendo dos propósitos do estudo em torno da causa de pedir.

Assim, conveniente destacar que a causa de pedir tem por finalidade pragmática permitir a perfeita individualização da demanda e a razão do pedido.[185] No momento em que contribui para individualizar a demanda, em verdade, também contribui para definir os contornos do instituto da coisa julgada, vale dizer: a compreensão do conteúdo e do significado de *causa petendi* importa na definição clara dos limites causais[186] da demanda e, por decorrência, dos limites essenciais da decisão e da extensão da coisa julgada.

Todavia, relativamente à compreensão do que representa a noção de *causa de pedir*, o ponto que mais se presta a dificuldades é justamente a determinação do conteúdo desta, isto "por se achar no âmago do tema comumente designado por identificação das ações, do qual dependem decisivamente vários institutos processuais" – segundo observa José Ignácio Botelho de Mesquita.[187]

A busca da determinação do conteúdo da causa do pedido parte da análise das teorias que disputam a preferência da doutrina em torno da questão. Dentre estas, duas, em especial, merecem destaque: a) a teoria da individualização (*Individualiserungtheorie*) e b) a teoria da substanciação (*Substantiierungstheorie*).

---

[183] WASHINGTON VITA, Luis. *Introdução à filosofia*. 2ª ed. São Paulo: Melhoramentos, 1965, p. 48, § 23.

[184] *In: A arte de ler*. Trad Inês Fortes de Oliveira. Rio de Janeiro: Agir, 1947.

[185] Neste sentido, José Rogério Cruz e Tucci, *in: A causa ...*, p. 130.

[186] Em torno dos limites causais da demanda, v. CAPPELLETTI, Mauro. *La oralidad y las pruebas en el proceso civil*. Trad. Santiago Sentís Melendo. Buenos Aires: EJEA, Buenos Aires: 1972, p. 123.

[187] A *causa petendi* nas ações reivindicatórias. *In: AJURIS*, nº 20 p. 168.

A teoria da individualização sustenta ser bastante – para que se tenha a demanda como adequadamente fundamentada – a afirmação da relação jurídica sobre a qual se estriba a pretensão, constituindo-se, pois, *a causa petendi* na relação jurídica ou no estado jurídico afirmado pelo autor em arrimo a sua pretensão; por exemplo: a existência de relação jurídica de filiação, na demanda investigatória da paternidade; a condição de credor na demanda de cobrança.

Já a teoria da substanciação exige que o autor substancie – fundamente! – a demanda através de um fato ou de um conjunto de fatos aptos a suportarem a sua pretensão (o acidente de veiculo na demanda de reparação de dano, p. ex.), identificando, assim, a causa de pedir como a relação fática posta à análise como suporte da pretensão.[188]

Diante desse quadro, Heinitz conclui que "per causa debbano intendersi quegli elementi di diritto e di fatto che servono ad individuare il petitum, cioè a completarlo e constituire così insieme con esso una determinata pretesa in senso processuale".[189] Giancarlo Giannozzi, de sua parte, ao discorrer sobre a causa de pedir, anota que ela requer "il preciso contenuto di una fattispecie legale che può formare oggetto di un processo".[190] E, de forma objetiva, ensina Redenti que a causa se consubstancia na exposição da matéria litigiosa deduzida perante o juiz.[191]

Nessa luta pela identificação do conteúdo da causa de pedir incorpora-se J. J. Calmon de Passos, ao aduzir que esta "é a resultante da conjugação desse fato, relevante para o direito, da relação jurídica dele derivada e da consequência pretendida no caso concreto".[192]

A evolução do debate fez a doutrina derivar das propostas iniciais, encontradas nas teorias da individualização e da substanciação e, na tentativa de decodificar o conteúdo da causa, detalhou sobremodo este, ao afirmar que "compõem a causa o fato (causa remota) e o fundamento jurídico (causa próxima)".[193] Passou, inclusive, a admitir que o interesse de agir integra a causa.[194] Neste passo, José Ignácio Botelho de Mesquita pondera que "a causa de pedir se compõe dos seguintes

---

[188] Neste sentido, consultar com largo proveito, José Rogério Cruz e Tucci, in: *A causa* ... e José Ignácio Botelho de Mesquita, in: *A "causa petendi"* ...

[189] *I limiti oggettivi della cosa giudicata* ..., p. 165.

[190] *La Modificazione* ..., p. 26.

[191] In: *Breve storia semantica di "causa in giudizio"* ..., p. 7. Causa de pedir. In: *Enciclopédia Saraiva* ..., v. 14/49.

[192] Idem.

[193] CRUZ E TUCCI, José Rogério. *A causa* ..., p. 127.

[194] Idem, p. 138. GRECO FILHO, Vicente. *Direito Processual Civil Brasileiro* ..., 1 vol. p. 83, e CAMPOS, Ronaldo Cunha. Causa de pedir... *Digesto de Processo*, vol. 2, p. 88.

elementos: a) o direito afirmado pelo autor e a relação jurídica de que esse direito se origina; b) os fatos constitutivos daquele direito e dessa relação jurídica; c) o fato (normalmente do réu) que torna necessária a via judicial e, por isso, faz surgir o interesse de agir, ou interesse processual".[195]

Assim, por derradeiro, parece ser atingido, neste momento, o ponto de poder englobar as noções até aqui expostas e, levando-as em conta, aduzir que é tríplice o conteúdo da causa de pedir. Com efeito, as razões que levam o autor a juízo residem: a) na causa próxima, isto é, na relação jurídica afirmada; b) na causa remota, vale dizer, no fato ou nos fatos contrários ao direito; e c) na causa necessária, ou seja, na resistência injustificada à pretensão.

Como se vê, o conteúdo da causa de pedir não se encerra em um único elemento, mas, sim, contempla três circunstâncias que devem estar presentes na compreensão do instituto jurídico da causa de pedir, ou seja: a circunstância jurídica, a circunstância fática e a necessidade de invocar a tutela jurisdicional.

Dessa forma, possível concluir que na soma da causa remota com a causa próxima e o interesse é que, efetivamente, se encontra o suporte da demanda ou a causa de pedir eficiente.

---

[195] Conteúdo da causa de pedir, *Revista dos Tribunais*, 564/49.

15. Sobre os requisitos e eficácias das sentenças

15.1. Os requisitos essenciais das sentenças

É sabido que o artigo 458 do Código de Processo Civil estabelece que são requisitos essenciais da sentença o relatório, a fundamentação e o dispositivo. Também é notório que são tidos como requisitos essenciais ao ato sentencial não somente porque tal o imponha o dispositivo retrocitado, mas sim, porque, antes de tal artigo de lei, o sistema processual consagrado demonstrou serem tais requisitos condicionantes à existência do próprio ato.

Assim, pois, aparece o relatório como requisito essencial porque é nele – usando-se a palavra de Pontes de Miranda[196] – que o juiz conta a história relevante do processo, registrando os principais acontecimentos. É com o relatório que o juiz demonstra às partes que conhece o processo que vai julgar, transferindo a elas, com isso, a segurança e a confiança necessárias ao eventual acatamento da decisão.

No relatório, serão mencionados, necessariamente, os elementos individualizadores da ação. É nele, pois, que se encontrarão as referências ao pedido, à causa de pedir e às partes que integram a demanda, visando à identificação da lide com a sentença que será prolatada.

A exemplo do relatório, também a motivação[197] constitui elemento indispensável à sentença, sendo nela que o magistrado considera, aprecia e sustenta a própria convicção, já que sua decisão não se estabelece por ato de arbítrio, mas resulta de análise. Nesse tópico, diz o julgador de suas razões, aprecia os fundamentos jurídicos do pedido e da resposta do réu. Por vários argumentos justifica-se a existência da motivação da sentença. Esta é ato de vontade, mas não ato de imposição de

---
[196] In: *Comentários ao Código de Processo Civil*. Tomo V. São Paulo: Forense, 1974, p. 87.
[197] Vez que é garantia constitucional processual expressa, segundo atesta o artigo 93, IX, da CF.

vontade autoritária, pois assenta num juízo lógico. Traduz-se a sentença em ato de racionalidade, e de seu acerto devem ser convencidas não somente as partes, como também todos que tiverem acesso à decisão. Portanto, em tese, todos podem conhecer os motivos da decisão, pois somente conhecendo-os terão elementos para se convencerem de seu acerto. Nesse sentido, diz-se que a motivação da sentença redunda de exigência de ordem pública.[198]

Além disso, também o sistema de apreciação das provas adotado por nosso ordenamento processual[199] induz à motivação da sentença, ou seja, nesse sistema, conhecido como da persuasão racional – em que o juiz está adstrito e vinculado à prova integrante do processado – não se admitem as decisões imotivadas nem o uso de argumentos fáticos que não integrem os autos, pois, como dito costumeiramente, o que está fora dos autos está fora do mundo; fora do mundo do juízo no momento de sua decisão. Com isso, resulta claro que não pode o magistrado se valer de dados fáticos que não tenham sido submetidos ao crivo do contraditório, disso decorrendo a necessidade da análise, denominada legalmente de *fundamentos da sentença.*

O terceiro e último requisito da sentença é o dispositivo. Nele, o juízo resolve as questões que as partes lhe submeteram, emitindo o comando em torno da causa apreciada. O dispositivo, também chamado de *decisum,* ou *conclusão,* é a parte da sentença em que o juiz dá verdadeira resposta ao pedido deduzido, pois é nele – nas hipóteses de procedência – que consta, *verbi gratia,* a condenação do réu para que pague; é aí determinada a execução do despejo; ou expedida a ordem para que alguém faça ou deixe de fazer alguma coisa; é também nele que o juiz decreta o divórcio do casal; declara a existência ou inexistência de certa relação jurídica; ou, ainda, conjuga mais de um comando para a satisfação integral de determinada pretensão.

As preocupações em torno do dispositivo da sentença têm adquirido foro de relevo, modo especial por encontrar-se rotineiramente em doutrina a afirmação de que essa é a parte da sentença que adquire autoridade de coisa julgada. A propósito, enriquecedora é a lição de Karl H. Schwab: "La conclusión de subsunción resultante de la constatación de los hechos y de la aplicación del derecho es, pues, lo que pasa en autoridad de cosa juzgada. La resolución no recae sobre el estado de cosas, ni tampoco – desde el punto de vista procesal – sobre el derecho

---

[198] SANTOS, Moacyr Amaral. *Comentários ao Código de Processo Civil.* v. IV. São Paulo: Forense, 1976, p. 435/6.

[199] PORTO, Sérgio Gilberto. Prova: teoria e aspectos gerais no processo civil. In: *Revista Estudos Jurídicos*/UNISINOS, n° 39, p. 5/32, 1984.

material. Lo mismo opina Rosemberg al decir que lo único que pasa en autoridad de cosa juzgada es la conclusión de subsunción, pero no su premisa principal, a la que el tribunal está vinculado por los §§ 562 y 565, II, de la ZPO, nin su premisa menor, las constataciones de hechos, a la que está vinculado el tribunal de casasión por el § 561, II.[200]

Essa, então, a estrutura essencial da sentença: o relatório, em que o juiz registra os principais fundamentos do processo; a motivação, na qual o juízo sustenta as razões de sua decisão; e, finalmente, o dispositivo, pelo qual é expedido o comando da decisão.

15.2. Preponderância e multiplicidade das cargas de eficácias das sentenças

As sentenças possuem conteúdo definido por aquilo que a ciência processual chama de eficácia. A eficácia é, pois, a potencialidade da sentença, sua capacidade de produzir este ou aquele resultado, ou ainda a possibilidade de produzir efeitos.

A sentença de improcedência possui eficácia declaratória negativa, pois nega ao autor o direito postulado, afirmando não desfrutar este do direito material que na inicial afirmara, bem como poderá conter simultaneamente eficácia condenatória quando impõe ao autor os ônus decorrentes da iniciativa infundada. Por conseguinte, a eficácia declaratória negativa define que o efeito de tornar certa a inexistência do direito afirmado pelo autor, e a condenatória, a imposição de sucumbência. Assim, há na sentença de improcedência, duplo conteúdo ou dupla eficácia e a cada eficácia corresponde um efeito determinado.

As sentenças de procedência, igualmente, possuem eficácias e estas são vinculadas à natureza do pedido e causa de pedir. Sobre a natureza delas graça polêmica, pois a divergência se estabelece se as eficácias possíveis se resumem a três hipóteses (declaratória, condenatória e constitutiva), segundo posição mais ortodoxa ou se, em realidade, a estas três duas outras devem ser agregadas (mandamental e executiva *lato sensu*).

Deve-se a Pontes de Miranda a gênese do debate no Brasil sobre a existência das eficácias mandamental e executiva *lato sensu*, agregando

---

[200] *In: El objeto litigioso en el proceso civil.* Trad. Tomas A. Banzhaf. Buenos Aires: EJEA, 1968, p. 195.

aos possíveis conteúdos das sentenças eficácias até então não reconhecidas pela doutrina.[201]

A teoria que estabelece a classificação quinária (portanto, àquela que admite cinco categorias diversas de cargas de eficácias distintas), também mais destacadamente esclarece que inexiste sentença pura, pois toda sentença, no que tange a seu conteúdo seria híbrida, ou seja, possuiria, necessariamente, mais de uma carga de eficácia.

Nesse passo, haverá, por assim dizer, uma preponderância sucessiva entre as cargas de eficácias presentes. Por exemplo, na "ação" chamada constitutiva ocorre acentuação da eficácia constitutiva sobre as demais, por isso mais correta seria averbá-la de preponderantemente constitutiva. Com isto, se está a dizer que, se a "ação" é preponderantemente constitutiva, tal circunstância não exclui a presença da eficácia declaratória, da condenatória, e de outras que tais. Estas, têm, contudo, intensidade mais rarefeita do que aquela que outorga classificação à sentença e que representa aquilo que o autor mais pretende.

Assim, pode-se afirmar que ordinariamente as sentenças possuem multiplicidade de cargas de eficácia, sempre, contudo, uma preponderando sobre as demais e esta que prepondera é que outorgara classificação à sentença, em face, naturalmente, de seu conteúdo mais intenso, o qual, justamente, representa o cerne da pretensão preferencial do autor.

Nessa linha, alinhamo-nos, com a mais respeitosa vênia ao entendimento diverso, que as eficácias possíveis das sentenças de procedência são: declaratória, condenatória, constitutiva, mandamental e executiva *lato sensu*. Bem como, adotamos a orientação de que as sentenças, naquilo que diz respeito a seu conteúdo, não são puras, vez que sempre presentes mais de uma carga de eficácia.

15.3. A efetividade do processo como decorrência do adequado domínio e uso da classificação das sentenças quanto às cargas de eficácias

Após esta breve exposição envolvendo a classificação das sentenças quanto às cargas de eficácias, emerge a necessária indagação relativa às consequências práticas do perfeito domínio de tal construção ou se isto tudo se trata apenas de mera divagação de deleite exclusi-

---

[201] Percebe-se esta orientação com facilidade ao longo de suas obras, mas especialmente se vislumbra com clareza as ideias do jurista em seu valioso *Tratado das Ações*. São Paulo: RT, 1970.

vamente acadêmico? A resposta é clara: há uma correlação precisa e indispensável entre a efetividade da demanda e a perfeita definição de seu conteúdo, resultando, pois, o domínio do conteúdo da sentença em irrecusável técnica na dedução de pretensões.

Realmente, não é possível deduzir pedido adequado e possível (ou prolatar sentença exequível) sem a perfeita compreensão do tema, vez que é impossível construir uma demanda apta a produzir resultados efetivos sem que tenha o operador a clareza do que pode ou não obter do juízo, frente às necessidades identificadas, ou seja, se as necessidades da parte são e estão adequadas às possibilidades do juízo.

Com efeito, ainda na fase pré-processual, é dever do operador postulante identificar aquilo que a parte realmente necessita, descobrir o verdadeiro objeto da demanda, ou aquilo que o autor deseja obter com a sentença, para, ao depois, adaptar a necessidade da parte ao pedido possível. Somente haverá razoabilidade entre a sustentação das necessidades do autor e o pedido deduzido se o profissional que trata da questão descortinar com precisão os caminhos de que dispõe (declaratório, constitutivo, condenatório, executivo e mandamental), para a satisfação do interesse da parte. Isto porque o Estado somente poderá responder a pretensões que se identifiquem com tais conteúdos.

Portanto, pedidos fora de tais conteúdos são pedidos impossíveis e, por decorrência, destituídos de qualquer efetividade, vez que esta está diretamente relacionada com o domínio da técnica dos conteúdos possíveis a serem outorgados à sentença.

O pedido, portanto, deverá ser compatível com as cargas de eficácia que integrarão a sentença pretendida, ou, mais precisamente, deverá o autor – e também o juiz, ao sentenciar – usar comando (verbo núcleo) que caracterize a carga de eficácia preponderantemente querida, *verbi gratia*, se for condenatória, é pertinente o verbo *condenar*; se constitutiva negativa, o verbo *decretar*; se declaratória, o verbo *declarar*; se mandamental, o verbo *ordenar*; e se executiva, por igual, verbo que represente o comando pretendido, vez que são apenas estas as vias processuais abertas à satisfação de interesses conflituosos.

Outrossim, oportuno esclarecer que, na sentença executiva em sentido amplo, também o juízo expede uma ordem, a exemplo da mandamental. Todavia, tais ordens não se confundem, porquanto se distinguem na consequência jurídica. Com efeito, enquanto, na mandamental, o não cumprimento da ordem importa – em tese – na responsabilidade criminal pela prática do delito de desobediência (art. 330 do Código Penal), já na executiva o não atendimento da ordem emanada implica execução forçada, e não responsabilidade criminal.

Assim, de fundamental importância para a operação do processo judicial e efetividade da jurisdição que, desde antes, sejam descortinados os caminhos disponibilizados pela ordem jurídica processual à satisfação do direito. Deve, pois, o autor, ao deduzir pedido, buscar pelas vias disponibilizadas canalizar sua pretensão e, mais do que isto, identificar exatamente quais os conteúdos que necessita buscar para satisfazer sua pretensão, devendo cumular tantos quantos sejam necessários adequados à satisfação da pretensão.

Isso, como dito, impõe ao operador o domínio da classificação das cargas de eficácias, pois somente quando o domínio prévio desta é que resulta possível a construção de uma petição inicial que deve apresentar entre argumentos e pedido congruência, sob pena de pecar pela falta de lógica.Circunstância que em tudo e por tudo se aplica à sentença, pois o juiz, ao sentenciar, especialmente quando acolhe pretensão, deve ter amplo domínio dos caminhos disponíveis para a satisfação do direito resistido e, como visto, estes estão representados e limitados às cinco cargas de eficácias existentes e suas variações.

16. Coisa julgada

16.1. Fundamento jurídico (justificativa e compreensão)

Inexiste, na doutrina, unidade de pensamento sobre o fundamento jurídico do instituto da coisa julgada.[202] Assim, imperioso que se tragam à discussão algumas posições a respeito do tema.

Com esse propósito, cumpre destacar, resumidamente, que várias teorias disputam a preferência da pesquisa. Há quem sustente que a *res iudicata* constitui simples presunção da verdade; outros asseguram tratar-se de uma ficção; e outros, ainda, que se resume em ser mera verdade formal.[203]

Dessa forma, por exemplo, fundados em textos de Ulpiano, juristas da Idade Média identificavam a autoridade da coisa julgada na presunção de verdade contida na sentença. Com efeito, para eles, a finalidade do processo era a busca da verdade; contudo, tinham ciência de que nem sempre a sentença reproduzia a verdade esperada. Porém, não seria por essa circunstância que a sentença – embora injusta, pois em desacordo com a verdade real – deixaria de adquirir autoridade de coisa julgada. Assim, diante da impossibilidade de afirmar que a sentença sempre representava a verdade material, encontravam na ideia de presunção de verdade *(res iudicata pro veritate habetur)* o fundamento jurídico para a autoridade de coisa julgada.

De seu turno, a teoria da ficção da verdade teve em Savigny seu elaborador e – a exemplo da teoria da presunção da verdade –, partiu ele da constatação de que também as sentenças injustas adquiriam

---

[202] Todavia, quanto ao fundamento filosófico, pouco dissenso há, haja vista que se identifica este na segurança jurídica que pretende o instituto oferecer às pessoas, de maneira que possam elas prever e contar com determinado resultado judicial, segundo observa Maria Teresa Marfán Silva, *in: La cosa juzgada administrativa* ..., p. 13.

[203] BAPTISTA MARTINS, V. Pedro. *Comentários ao Código de Processo Civil.* v. 3, 1960, p. 247; ABATIA ARZAPALO, José Alfonso. *De la cosa juzgada en materia civil* ..., p. 40/76 e BOTELHO DE MESQUITA, José Ignácio. *A autoridade da coisa julgada e a imutabilidade da motivação da sentença* ..., p. 17/20, dentre vários.

autoridade de coisa julgada. Dessa forma, aduzia que a sentença se constituía em mera ficção da verdade, uma vez que a declaração nela contida nada mais representava do que uma verdade aparente e, nessa medida, produzia uma verdade artificial. E, em assim sendo, na realidade, reduzia-se a uma ficção.

Já para os adeptos da teoria da verdade formal, seria errôneo falar a respeito de coisa julgada como ficção ou como presunção de verdade, pois o que de mais concreto se podia ter era justamente a *res iudicata*, na medida em que a sentença não declarava a existência ou inexistência de um direito, mas, antes, criava um direito novo, uma verdade formal.

Encontramos, ainda, em Pachenstecher, a chamada teoria da força substancial da sentença; em Hellwing, a teoria da eficácia da declaração; em Ugo Rocco, a teoria da extinção da obrigação jurisdicional; e, em Carnelutti, a teoria da estatalidade do ato.[204]

Contudo, além das considerações já feitas, são dignas de registro especial as posições de Manoel Aureliano de Gusmão[205] – o qual apontava como fundamento do instituto da coisa julgada, tal qual a prescrição, a ordem pública, cuja manutenção requeria não se perpetuassem as incertezas – e a de André Toulemon,[206] que apontava a coisa julgada com a dimensão de fundamento de toda uma civilização, sob o argumento de que "quando a justiça não tem força, a força se inclina por substituir a justiça".

Todavia, muito embora a autoridade de tais orientações, é na construção de Chiovenda e na elaborada por Liebman que, a nosso ver, encontramos os verdadeiros fundamentos do instituto da coisa julgada.

Realmente, Chiovenda entendia que era na vontade do Estado em que efetivamente se encontrava o fundamento da coisa julgada, e que ele consistia na simples circunstância do atuar da lei no caso concreto, na medida em que isso representa o desejo do Estado.[207]

Liebman,[208] de sua parte, ao perquirir sobre as razões do instituto da coisa julgada, não vislumbrou a autoridade deste como mais um efeito da sentença, mas, sim, como uma qualidade que aos efeitos se somava, para torná-los imutáveis.

---

[204] Sobre tais teorias, consultar especialmente exposições de Rodolfo Pablo Magliore, in: *Autoridad de la cosa juzgada* ..., p. 35/95 e Ugo Rocco, in: *L'autoritá della cosa giudicata e i suoi limiti soggettivi* ..., p. 29/187.

[205] In: *Coisa julgada* ..., p. 8.

[206] *Le respect de la chose jugée et la crise* ..., p. 2/5.

[207] *Princípios* ..., p. 444.

[208] In *Efficacia ed autorita della senteza*. Millano: Giuffrè, 1962, *passim*.

Indubitavelmente, a autoridade da coisa julgada não se impõe como efeito da sentença, mas, sim, no entender de Liebman, como uma qualidade, uma virtualidade, uma potencialidade que habita o próprio ato sentencial e nasce com ele, não se concebendo possa existir – em face de sua finalidade e natureza – sem que seja capaz de produzir tal resultado, pois este integra sua essência. A eficácia, que não se confunde com autoridade, é a força que emana da sentença que passou em julgado voltada para um resultado e tem como suporte a estatalidade desse próprio ato.

Assim, na convergência entre a concepção de Liebman, que demonstrou que eficácia e autoridade não se confundem, e a teoria da vontade do Estado, encontramos os fundamentos da coisa julgada.

Dessa forma, pode-se afirmar que, em *ultima ratio*, os fundamentos da coisa julgada, em face de seus propósitos filosóficos de oferecer segurança jurídica, radicam na finalidade inata do ato sentencial de regular definitivamente certa relação jurídica, o qual, por força da vontade do Estado, pode ser imposto perante todos.

16.2. Definição

No teor do § 3º do artigo 6º da Lei de Introdução às normas do Direito Brasileiro[209] e do artigo 467 do Código de Processo Civil, situam-se as *definições legais* do instituto da coisa julgada. Todavia, não se esgota nesses dispositivos a compreensão do tema.[210]

Efetivamente, desde logo, oportuno afirmar que a *res iudicata* reveste um conceito jurídico cujo conteúdo difere do simples enunciado de suas palavras e extrapola os parâmetros fixados pelo legislador.

Na acepção literal dos vocábulos, pareceria, aos menos avisados, que *coisa* significa *objeto*. Todavia, não é essa a noção jurídica que traduz e, sim, a de uma medida de valor que pode ser objeto do direito ou até mesmo a noção de *bem* ou de *relação jurídica*.[211] O adjetivo *julgada*, por seu turno, qualifica a matéria que foi objeto de apreciação judicial.

---

[209] Antes designada e consagrada como Lei de Introdução ao Código Civil, porém com designação alterada pela Lei 12.376/2010.

[210] Nada de novo em tal afirmação, haja vista que Manoel Aureliano de Gusmão já apontara a definição da Lei de Introdução ao Código Civil como deficiente no alvorecer do século, in: Coisa julgada..., p. 17.

[211] Neste sentido, v., por todos, ARAGÃO, Egas Moniz de. *Sentença e coisa julgada*. Rio de Janeiro: Aide, p. 189 e ss.

Como se vê, a definição de *coisa julgada* envolve algo mais que a simples soma de seus termos, pois representa um conceito jurídico que qualifica uma decisão judicial, atribuindo-lhe autoridade e eficácia. Trata-se, em suma, daquilo que, para os alemães, é expresso por *rechtskraft*, ou seja, direito e força, força legal, força dada pela lei.

Assim, por diferir da soma de seus termos e por não se encontrar, nos mais diversos idiomas, vocábulo capaz de traduzir a concepção do instituto, coube aos juristas construir o conceito, o qual tem variado no tempo e no espaço, na medida em que, por exemplo, os pressupostos da coisa julgada do direito norte-americano atual[212] e não coincidem exatamente com a do direito francês,[213] ainda que de propósitos assemelhados. No próprio direito brasileiro é possível identificar ideias diversas em torno das projeções do instituto, dependendo apenas do momento histórico e da doutrina consultada, pois a visualização da primeira metade do século não se identifica com as concepções coevas.

Dessa forma, constata-se que a doutrina, no curso dos tempos, vem expressando diversas conceituações relativamente ao instituto. Assim, por exemplo, Eduardo Couture, afirmou que: "Tratando, pues, de definir el concepto juridico de cosa juzgada, luego de tantas advertencias preliminares, podemos decir que es la autoridad y eficacia de una sentencia judicial cuando no existen contra ella medios de impugnación que permitam modificarla".[214]

Celso Neves, de sua parte, sustenta que "coisa julgada é o efeito da sentença definitiva sobre o mérito da causa que, pondo termo final a controvérsia, faz imutável e vinculativo, para as partes e para os órgãos jurisdicionais, o conteúdo declaratório da decisão judicial".[215]

No campo da conceituação, Guilherme Estellita, por seu turno, observa que "na coisa julgada o que sobreleva a tudo mais e lhe constitui a essência mesma, é a autoridade, é a força, é a eficácia atribuída à decisão judicial. A inadmissibilidade de recursos é apenas um requisito à aquisição daquele poder".[216]

---

[212] FREER, Richard D. *Civil Procedure*. 2ª ed. New York: Aspen Publishers, 2009, p. 533.

[213] V., por exemplo, TOMASIN, Daniel. *Essai sur L'autorité de la chose jugée en matière civile* ..., p. 115 e ROLAND, Henri. *Chose Jugée et Tierce Opposition* ..., p. 168.

[214] *In: Fundamentos del Derecho Procesal Civil*. Buenos Aires: Depalma, 1977, p. 401. No mesmo sentido BATISTA, Zótico. Coisa julgada. *In: Revista dos Tribunais* nº 120/5 e MALTA, C. P. Tostes. Coisa julgada no processo trabalhista. *Coleção Cadernos de Direito Processual Trabalhista*, nº 1, Rio de Janeiro: Trabalhistas, p. 7.

[215] *In: Coisa julgada civil*. São Paulo: Revista dos Tribunais, 1971, p. 443.

[216] *In: Da coisa julgada*. Rio de Janeiro, 1936, p. 9.

De outro lado, há quem entenda ser a conceituação de coisa julgada algo por demais tormentoso, a ponto, inclusive, de ser impossível defini-la.[217]

Todavia, sem perder de vista que o instituto da coisa julgada – para ter aplicação segura – depende essencialmente de uma boa construção científica, parece adequado afirmar que a ele deve ser atribuído um sentido prático. E, sob o aspecto pragmático, se separarmos as ideias de coisa julgada, eficácia e autoridade da sentença, viável se torna a tentativa de conceituação – não, todavia, que seja válida para todos os povos e tempos (!), devido à absoluta dinâmica inerente ao próprio direito.

Assim, a coisa julgada representa *a imutabilidade da nova situação jurídica definida pela sentença*. Essa ideia não se confunde com a de autoridade nem com a de eficácia, como adiante se verá. Como, também, não se confunde com a razão pela qual a nova situação jurídica se tornou indiscutível, na medida em que essa razão representa a impossibilidade de impugnação – de forma eficaz – da decisão proferida, em face da preclusão recursal.

Dessa forma, se antes da sentença transitada em julgado alguém era casado, por óbvio passa, após decisão que julgou procedente demanda de divórcio, ao estado de divorciado, sendo essa, pois, a nova situação jurídica a ser respeitada. Igualmente, se alguém não era credor e, após a decisão, veio a ser credor; ou, se era locatário, e após decisão deixou de o ser.

Não difere a condição jurídica de quem teve sua demanda havida por improcedente. Com efeito, se, antes da sentença, "A" não era credor de "B", e vai a juízo e se afirma credor, tendo sua pretensão desacolhida, essa rejeição faz nascer uma nova situação jurídica – em face do comando prescritivo da sentença, que cria a certeza da inexistência de relação jurídica de crédito e débito entre "A" e "B" – e impede a renovação de discussão eficaz.

16.3. Como autoridade

Bem concebido o propósito do instituto da coisa julgada, que – como oportunamente já observara Savigny e tantos outros – visa basicamente a evitar um estado de perpétua incerteza, poder-se-ia afirmar que nada representaria se não fosse capaz de se revestir de uma virtu-

---

[217] BERMUDES, Sérgio. *Iniciação ao estudo do Direito Processual Civil*. Rio de Janeiro: Liber Juris, 1973, p. 91/2.

alidade especial, qual seja, a autoridade com que se apresenta perante o mundo jurídico.

Com efeito, para a perfeita compreensão daquilo que significa, por si só, essa característica chamada *autoridade,* que é outorgada à coisa julgada, parece adequado partir de uma possibilidade aceitável no sistema processual vigente. Assim, imagine-se, pois, a existência de uma sentença judicial e de um parecer de um jurisconsulto. Tanto aquela quanto este são eficazes, respeitados seus propósitos, na medida em que eficácia não se confunde com autoridade. Todavia, apenas a sentença, após o trânsito em julgado, se impõe como ato de *imperium* do Estado, ao passo que o parecer, por mais qualificado que seja, carece de tal qualidade. Essa virtualidade da sentença, definida por Liebman[218] como uma qualidade, representa a possibilidade de a sentença se impor perante todos, sendo definida pela noção que advém do próprio vocábulo *autoridade* – do latim, *auctoritas*, representando o poder do *auctor*, de se fazer obedecer.

Emerge, dessa forma, com invulgar clareza, que a autoridade da coisa julgada decorre da estatalidade do ato e representa a capacidade vinculativa com que a sentença, após trânsito em julgado, se impõe perante todos; capacidade que é traduzida por uma qualidade essencial e inata à sentença, verdadeiramente uma propriedade intrínseca a ela, e que a torna imutável e indiscutível, representando, na feliz manifestação de Rosemberg,[219] a "exclusão de qualquer novo debate e julgamento sobre aquilo que fora decidido e passara em julgado".

Dois fundamentos coincidem para justificar a autoridade da coisa julgada: um de natureza política ou filosófica, e outro de natureza jurídica. O primeiro reside na opção, feita pelo sistema, de que a partir de certo momento, justa ou injusta, correta ou incorreta, a sentença deverá se tornar indiscutível, conferindo, assim, por decorrência, estabilidade a determinada relação jurídica posta à apreciação, ou, como observa Alfonso Catania, "Auctoritas, non veritas facit legem" – A autoridade, e não a verdade, faz a lei: a sentença vincula as partes não porque seja expressão da verdade ou da justiça, mas porque o legislador atribui à sentença, se passada em julgado, o caráter de escolha definitiva e definitivamente obrigante.[220]

---

[218] *In: Eficácia ...* Trad, Alfredo Buzaid e Benvindo Aires. Rio de Janeiro: Forense, 1945, p. 50. No mesmo sentido Eduardo Couture, *in: Fundamentos ...,* p. 401.

[219] *In: Tratado de Derecho Procesal Civil.* Buenos Aires: EJEA, 1955, § 148.

[220] *Ermeneutica e Definizione del Diritto* (nº 6). *In: Rivista di Diritto Civile,* Ano XXXVI, nº 2, março--abril de 1990, 2ª parte, p. 130, conforme MONIZ DE ARAGÃO, Egas. *Sentença e coisa julgada.* Rio de Janeiro: Aide, 1992, p. 207, nota 429.

No que diz respeito ao fundamento de natureza jurídica, foi ele abordado anteriormente, todavia não é demais repetir que algumas teorias disputam, também aqui, a preferência da doutrina e que, embora o empenho na sustentação de cada qual delas, é certo que a coisa julgada encontra lastro na verdade processual, em sintonia com a corajosa observação de Egas Moniz de Aragão[221] ao asseverar que é preciso afastar da disputa processual a polêmica filosófica sobre a verdade. Efetivamente, a coisa julgada é exclusivamente produto do processo judicial e decorre do império estatal que em certo momento dá um basta à controvérsia, afastando a possibilidade da celeuma seguir acolhida pelo Estado.

16.4. Como eficácia

A eficácia, como anteriormente referido, difere da autoridade,[222] pois representa uma qualidade do que é eficaz. Eficaz, por seu turno, é aquilo que produz um efeito, o qual consiste em resultado, consequência, como anteriormente já registrado.

Em linguagem jurídica, também assim é concebida a ideia de eficácia, uma vez que a eficácia da sentença diz respeito a um resultado; resultado que se traduz pela "energia obrigatória da resolução judicial".[223]

Melhor compreendida a questão, cumpre afirmar que a eficácia representa a energia obrigatória da sentença, ou a capacidade que tem esta para produzir um resultado. Assim, visto está que a eficácia é instituto próprio da sentença em sentido estrito, ao passo que a autoridade pertine tanto a esta quanto à coisa julgada, pois aquilo que determina a produção de resultados é a sentença, e o que torna a decisão imutável e indiscutível é a coisa julgada, a qual possui também uma qualidade, representada pela capacidade de ser imposta perante todos, que é chamada de autoridade.

A autoridade é, assim, pois, repensando parcialmente Liebman, uma qualidade que se agrega não apenas à coisa julgada, mas também

---

[221] *Sentença e coisa julgada...*, p. 206.

[222] Neste sentido, é clara a posição de LIEBMAN. Ainda sobre a sentença e sobre a coisa julgada. In: *Riv. di Dir. Proc. Civile*, 1936, I, p. 237, bem como in: *Efficacia ed autorità della sentenza ...*, § 38, p.112. Elucidativa, por igual, a interpretação que José Ignácio Botelho de Mesquita dá a Liebman em torno da questão, in: *A autoridade da coisa julgada e a imutabilidade da motivação da sentença ...*, p. 24/31.

[223] Conforme PONTES DE MIRANDA. *Comentários ao CPC*. Tomo V. 1974, p. 122.

à sentença e às decisões em geral, pois, se assim não for, não existiriam hipóteses da oponibilidade perante todos, em relação à certa decisão, antes do trânsito em julgado inclusive, como nos casos que envolvem matéria alimentar.

Dessa forma, necessária a identificação de três fenômenos distintos: *a) eficácia da sentença* – representa a capacidade que possui esta de produzir efeitos, através de seus comandos; *b) coisa julgada* – a opção filosófico-jurídica que outorga à decisão jurisdicional a capacidade de torná-la imutável perante todos; e, finalmente, *c) autoridade* – a qual, em face da estatalidade do ato sentencial e da opção política de estabilizar as relações jurídicas, torna a nova situação jurídica, decorrente da sentença, oponível *erga omnes*, estando presente tanto na sentença, quanto na coisa julgada.

Tanto assim é, como anteriormente registrado, que existem sentenças que, embora ainda não tenham provocado o nascimento de coisa julgada, produzem efeitos,[224] e estes, com autoridade, são oponíveis. Por igual, impõe-se no mundo jurídico a decisão já transitada em julgado, através de sua imutabilidade ou, mais precisamente, através da autoridade que habita o instituto da coisa julgada.

Posta desta forma a questão, emerge clara a circunstância de que a eficácia é atributo da sentença, e não da coisa julgada, pois esta não produz efeitos e, sim, apenas torna o ato imutável e indiscutível, na medida em que é a sentença, através de seus comandos, que se mostra capaz de produzir os resultados almejados pela demanda, os quais são representados pela composição das eficácias que habitam o conteúdo da decisão.

Não há, outrossim, razão para confundir efeitos da sentença com função negativa e positiva da coisa julgada, pois enquanto aqueles provocam mudanças ativas, estas se assemelham a uma "eficácia paralisante", ao vincularem o juízo futuro.

16.5. Coisa julgada formal

Existem princípios, no direito, cuja principal preocupação diz com a segurança a ser oferecida às partes em torno do acerto da decisão, bem como levam em consideração certa observação de Jaime Guasp, ao defi-

---

[224] Por exemplo, consoante já referido no próprio texto, nas demandas de cunho alimentar, onde muito embora não tenha ocorrido trânsito em julgado da sentença o demandado já paga alimentos definitivamente, haja vista o caráter da irrepetibilidade destes. Neste sentido, v. Sérgio Gilberto Porto, *in: Doutrina e prática ...*, p. 24.

nir o homem como um animal "insatisfeito por natureza". Dentre estes princípios, temos o do duplo grau de jurisdição, que consagra a possibilidade de revisão das decisões jurisdicionais, cujo suporte, no Brasil, se encontra na organização judiciária estatuída na Constituição Federal.

O princípio adota a orientação de que, por regra, a revisão deve ser feita por órgão jurisdicional hierarquicamente superior àquele que prolatou a decisão originária. Exclui-se de tal sistemática a hipótese oferecida pelo juízo de retratação, próprio das decisões incidentes e presente nos recursos de agravo. Cumpre, ainda, observar que, em determinados casos, está a decisão originária sujeita a reexame de natureza extraordinária.

O duplo grau de jurisdição como e enquanto garantia constitucional se configura como a possibilidade da dedução de recursos de natureza ordinária contra qualquer decisão. Já o juízo extraordinário se caracteriza pela possibilidade de revisão, atendidas determinadas exigências[225] de certas decisões proferidas por Tribunais estaduais, desde que presentes as hipóteses elencadas pelos artigos 102 e 105 da Constituição da República.

O sistema recursal hodierno, portanto, consagrou o princípio de que todas as decisões judiciais – salvo as de mero expediente – são recorríveis. No sistema aparece, assim, o recurso como direito da parte, cabendo a esta – se sucumbente total ou parcial – interpô-lo.

As inconformidades, todavia, devem ser apresentadas em tempo hábil, uma vez que, se dessa forma o legislador não procedesse, disporia o vencido – insatisfeito por natureza, como afirmou Guasp – da possibilidade de invocar a revisão da matéria a qualquer tempo. Tal circunstância, por certo, causaria nefasto prejuízo à convivência social e, de modo destacado, ao ordenamento jurídico que não poderia acertar definitivamente as relações jurídicas, o que, indubitavelmente, daria azo ao nascimento do "estado de perpétua incerteza", como lembrado por Savigny,[226] e desfiguraria os propósitos do instituto da coisa julgada.

---

[225] A dedução de um recurso de natureza extraordinária – seja ele o Recurso Extraordinário propriamente dito que é dirigido ao STF e resume-se na possibilidade de discussão de matéria de ordem exclusivamente constitucional, ou seja, ele, o Recurso Especial que envolve matéria de natureza infraconstitucional e é dirigido ao STJ – não se encerra numa simples manifestação de inconformidade com a decisão do Tribunal recorrido, mas passa por um rigoroso joeiramento em torno de requisitos de admissibilidade. Com efeito, necessário se faz para que a inconformidade de natureza extraordinária venha a ser recebida e processada a configuração de, no mínimo, uma das hipóteses arroladas pela Constituição Federal, bem como o atendimento das exigências do CPC, dos Regimentos Internos e, muito especialmente, dos enunciados da súmula da jurisprudência de ambos os tribunais, conforme a hipótese de recurso.

[226] *In: Sistema del Derecho Romano Actual.* Tomo V. Madrid: Gongora. CCLXXX, p. 167 e ss.

Com o fito de evitar tal situação, a lei fixou prazos à apresentação dos recursos, bem como definiu quais os apelos possíveis, e em que órgãos jurisdicionais devem ser apresentados.

A não apresentação de recurso no prazo estipulado ou o exercício de todos os recursos disponíveis, com o esgotamento da via recursal, acarreta a preclusão. Assim, tendo as partes se conformado com a decisão, e não a tendo impugnado, ou se apenas alguma delas recorreu, exaurindo a possibilidade recursal, a decisão, independentemente da análise do mérito, no processo em que foi proferida, adquire o selo da imutabilidade. A esta imutabilidade dá-se o nome de coisa julgada formal.

Exatamente nessa linha de orientação são as lições de Ernesto Heinitz, quando assevera: "Generalmente nella dottrina si distingue la cosa giudicata in senso formale, della cosa giudicata in senso sostanziale. Per cosa giudicata in senso formale si vuole intendere il fatto che la sentenza non è soggetta ai mezzi ordinari di impugnativa. Il passaggio in giudicato dal punto di vista formale significa solamente che non è piu possibile avere l'annullamento della decisione da parte di un òrgano giurisdizionale superiore. Non ci par dunche esatto il dire che la cosa giudicata in senso formale equivale all'immutabilità della sentenza. Questa immutabiltà va garantita non soltanto attraverso le norme sopra la cosa giudicata in senso formale, ma anche mediante l'irrevocabilità della senteza da parte dello stesso organo giurisdizionale, che ha emanato la sentenza".[227]

Por igual, José Frederico Marques: "A coisa julgada formal resulta da impossibilidade de novo julgamento pelas vias recursais, ou porque este foi proferido por órgão do mais alto grau de jurisdição, ou porque transcorreu o prazo para recorrer sem que o vencido interpusesse recurso, ou finalmente porque se registrou desistência do recurso ou a ele se renunciou".[228]

Também Sérgio Bermudes: "Essa imutabilidade da decisão judicial, no processo em que foi proferida, decorrente da falta de iniciativa recursal da parte, de sua iniciativa tardia, da utilização de alguns recursos suscetíveis de impugnar a decisão e da renúncia de outros, ou ainda, da exaustão dos recursos disponíveis, denomina-se coisa julgada formal, ou mais acertadamente, preclusão".[229]

Em torno do tema, é farta a doutrina, e praticamente não diverge. Isso torna possível afirmar que a coisa julgada formal se constitui no

---

[227] In: Il Limiti oggetivi della cosa giudicata. Pádua: Cedam, 1937, p.3.
[228] In: Manual de Direito Processual Civil, 3º vol. São Paulo: Saraiva, 1975, p. 234.
[229] In: Iniciação ao estudo do Direito Processual Civil, Rio de Janeiro: Liber Juris, 1973, p. 95.

fenômeno que torna a sentença imodificável, no processo em que foi prolatada, em face da ausência absoluta da possibilidade de impugnação da decisão, em razão do esgotamento das vias recursais, quer pelo exercício de todos os recursos possíveis, quer pelo não exercício deles, ou quer, ainda, pela não apresentação de algum, bem como por eventual renúncia ou desistência de interposição.[230] [231]

16.6. Coisa julgada material

O fenômeno da coisa julgada formal, como visto, representa a impossibilidade de impugnação da decisão no processo em que esta foi proferida – frise-se: tão somente no processo em que esta foi proferida. Tal circunstância torna imodificável a decisão, em face da preclusão impugnativa.

A estabilidade da decisão no processo em que foi prolatada aparece como pressuposto lógico e indispensável à configuração do instituto da coisa julgada material, na medida em que apenas após se ter ela tornado imodificável no processo em que foi proferida é que poderá, por via de consequência, também vir a ser imutável e indiscutível perante os demais. Nas palavras de Mário Velalani: "Cosa juzgada substancial y cosa juzgada formal son, pues, dos fenómenos profundamente diversos. Pero entre los dos existe esta vinculación: que la cosa juzgada formal – característica de todas las sentencias, definitivas o no definitivas, de cualquier grado y cualquiera que sea su contenido – e, como se verá también más adelante, el indispensable presupuesto de la cosa juzgada substancial, propia de las sentencias que han decidido sobre el mérito y sobre las condiciones de la acción".[232]

Tal concepção em torno do instituto da coisa julgada material não encontra dissenso doutrinário, desde que bem compreendida sua real dimensão, que não se o confunde com seus próprios limites objetivos. Com efeito, há uma forte tendência doutrinária,[233] ao enfrentar a ques-

---

[230] Neste sentido, p. ex., Wilhelm Kich, in: Elementos de Derecho Procesal Civil..., 1940, p. 257/8, apud FREDERICO MARQUES, José. Instituições de Direito Processual Civil. v. V. Rio de Janeiro: Forense, 1960, p. 41/2.

[231] Cumpre, de outro lado, por isenção científica, registrar o pensamento de Ugo Rocco em torno da distinção que costuma a doutrina fazer sobre coisa julgada formal e material: "La distinzione tra cosa giudicata formale e sostanziale non è percio soltanto inutile ma ache dannosa, perchè può, troppo spesso, generar confusione". In: L'Autorità..., p. 7.

[232] In: Naturaleza de la cosa juzgada. Trad. Santiago Sentis Melendo. Buenos Aires: EJEA, p. 16/7.

[233] P. ex., Liebman, in: Eficácia..., 1984, p. 60; Leonardo Jorge Areal e Carlos Eduardo Fenochietto, in: Manual de Derecho Procesal Civil. Buenos Aires: La Lay, 1966, p. 366; Celso Neves, in: Coisa julgada civil, p. 443/4.

tão da coisa julgada material, em baralhá-la com a questão dos limites objetivos do próprio instituto. Todavia, deve o jurista saber, com precisão, identificar as diferenças das semelhanças e as semelhanças das diferenças.

Nessa medida, cumpre observar que, ao se tentar identificar o fenômeno da coisa julgada material, não se está, a um só tempo, também buscando identificar *o que*, por exemplo, na sentença transitada em julgado adquire autoridade de coisa julgada, pois isso diz respeito aos limites objetivos, enquanto aquilo se refere ao fenômeno que projeta a decisão para além das fronteiras do processo em que esta foi proferida. Assim, não há que se confundir o instituto da coisa julgada material com seus próprios limites objetivos, pois aquele representa exatamente a capacidade que possui a sentença de se tornar imutável e indiscutível perante demanda futura, ao passo que estes representam *o que*, na sentença, adquire imutabilidade, após o trânsito em julgado.

Assim, a coisa julgada material, segundo estabelece o próprio artigo 467, do CPC, se constitui numa qualidade da sentença transitada em julgado – chamada, pela lei, de eficácia – que é capaz de outorgar ao ato jurisdicional as características da imutabilidade e da indiscutibilidade.[234]

Contudo, como já afirmado, a projeção da coisa julgada material diverge da formal, pois, enquanto esta se limita à produção de efeitos endoprocessuais – internos – aquela os lança de forma panprocessual – externa –,[235] motivo por que se impõe perante processos diversos da-

---

[234] Não divergem, sobremodo, da orientação esposada, p. ex., Guilherme Estellita ao aduzir que "Cousa julgada substancial ou material é a eficacia do conteúdo da sentença, isto é, da solução que ela deu à controvérsia suscitada, é o seu efeito característico como ato jurisdicional", in: *Da cousa julgada*: fundamento jurídico e extensão aos terceiros. Tese de Cátedra, Rio de Janeiro, 1936, p. 10; Araken de Assis ao afirmar "a coisa julgada material é eficácia, concentrada, em conformidade aos dizeres da lei, na imutabilidade e na indiscutibilidade da sentença". In: *Eficácia civil da Sentença Penal*. São Paulo: Revista dos Tribunais, 1993, p. 154; Pontes de Miranda *"..., a força material liga-se à indiscutibilidade, como ponto final à frase. Nem se pode voltar a discutir no mesmo processo, nem em outro"*. In: *Comentários ao Código de Processo Civil*. Tomo V, Rio de Janeiro: Forense, 1974, p. 81; Giuseppe Chiovenda "La cosa juzgada en sentido substancial consiste en la indiscutibilidad de la esencia de la voluntad concreta de la ley afirmativa en la sentencia". In: *Princípios de Derecho Procesal Civil*. Madrid: Instituto Editorial Reus, p. 441, § 78, e José Alfonso Abitia Arzapalo "... cosa juzgada formal, igual a inimpugnabilidad; cosa juzgada material, igual a indiscutibilidad". In: *De la Cosa Juzgada en materia civil ...*", p. 87.

[235] A ideia de que as eficácias de coisa julgada formal e material produzem efeitos endo e panprocessual tem encontrado guarida na doutrina deste Luiz Machado Guimarães, in: *Preclusão, coisa julgada e efeito preclusivo, Estudos de Direito Processual Civil*. Rio de Janeiro: Jurídica e Universitária, 1969. Assim, também, C. P. Tostes Malta. Coisa julgada no processo trabalhista. In: *Coleção Cadernos de Direito Processual Trabalhista* nº 1, Edições Trabalhistas, 1987, p. 8; Dos Santos Macedo, Alexander, in: *Da eficácia preclusiva panprocessual dos efeitos civis da sentença penal*. Rio de Janeiro: Lúmen Juris, 1989 e Egas Moniz de Aragão, in: *Sentença e coisa julgada*. Rio de Janeiro: Aide, 1992, p. 218.

quele em que se verificou, tornando inadmissível novo exame do assunto e solução diferente a respeito da mesma relação jurídica, seja por outro, seja pelo mesmo juízo que a apreciou.

A projeção para outros processos, como visto, se dá através da configuração da coisa julgada material e esta classicamente produz efeitos através dos chamados limites objetivos e subjetivos. Estes dizem respeito a *quem* está sujeito à autoridade da coisa julgada e aqueles tentam definir *o que,* na sentença, se torna imutável. No plano dos litígios individuais, por regra, somente as partes estão sujeitas a autoridade da coisa julgada e se torna imutável através da sentença, como já registrado, a nova situação jurídica decorrente da decisão.

A doutrina também refere à existência de limites temporais e limites territoriais para a coisa julgada material. O primeiro define o tempo da eficácia da decisão, fixando a partir de quando esta produz efeitos e que momento da existência da relação jurídica restou regulado. Já os limites territoriais dizem respeito a critérios de competência do juízo e não nos parece que configurem hipótese de limites a serem atribuídos à coisa julgada.[236]

16.7. A dupla função da coisa julgada

O instituto da coisa julgada material desempenha funções específicas no plano do ajuste das relações jurídicas. Estas são definidas por parcela qualificada da doutrina como sendo a função negativa e a função positiva ou, ainda, como querem alguns, os efeitos positivo e negativo da coisa julgada.

Realmente, segundo informa Liebman,[237] a coisa julgada possui, no mínimo, dupla função.

O mesmo Liebman credita a Keller a identificação da dupla função do instituto da coisa julgada material, na medida em que este demonstrou que de duas maneiras distintas se pode fazer uso da coisa julgada: a) para impedir a repetição da mesma demanda e b) para vincular o juízo futuro à decisão já proferida. Na primeira hipótese, se está diante da função negativa e, na segunda, frente à função positiva.

Hoje, embora sejam feitas algumas observações em sentido diverso, tem fácil trânsito em significativa parte da doutrina a aceitação da

---

[236] Para aprofundar o tema consultar, dentre outros estudos, PORTO, Sérgio Gilberto. *Coisa Julgada Civil.* 4ª ed. São Paulo: RT, 2011.

[237] LIEBMAN, Enrico Túlio. *Eficácia e autoridade da sentença.* Rio de Janeiro: Forense, 1945, p. 55.

existência das funções negativa e positiva do caso julgado – para usar uma expressão de sabor português – e são elas compreendidas como fenômenos distintos.

A função negativa se caracteriza como um impedimento, verdadeira proibição, de que se volte a redecidir no futuro a questão já decidida. A função positiva, de sua parte, vincula a decisão pretendida à outra já proferida. Em síntese: "No primeiro caso, o dever é de *non facere*, *non agere*, não discutir; no segundo caso, o dever é de *facere* ou *agere*, tomar como subsistente a solução julgada".[238]

Assim, também, Celso Neves, ao asseverar que: "A função da coisa julgada é, pois, dúplice: de um lado define, vinculativamente, a situação jurídica das partes; de outro lado, impede que se restabeleça, em outro processo, a mesma controvérsia. Em virtude da primeira função, não podem as partes, unilateralmente, escapar aos efeitos da declaração jurisdicional; por decorrência da segunda, cabe a qualquer dos litigantes a *exceptio rei iudicatae*, para excluir novo debate sobre a relação jurídica decidida".[239]

Dessa forma, possível definir que a doutrina reconhece à coisa julgada uma qualidade ou virtude impeditiva, vale dizer, cria ela a impossibilidade de que venha a existir novo julgamento envolvendo a demanda já apreciada. A isso, denomina-se função ou efeito negativo. Contudo, resulta viável também a circunstância de que um dos litigantes pretenda se valer do que foi decidido em novo julgamento, ou, dito de outra forma, pode ser que um dos demandantes queira fundamentar (substanciar) nova pretensão exatamente na coisa julgada. Essa possibilidade é designada como função ou efeito positivo da coisa julgada.

---

[238] CASTRO MENDES, João de. *Limites objectivos do caso julgado em processo civil*. Lisboa: Atica, 1968, p. 39. Em sentido similar também MÁRIO VELLANI: "En apoyo a la denominada función negativa de la cosa juzgada, esto es, del vinculo a no sentenciar ya sobre el que fue tema del precedente fallo, se ha observado que "la obligación de juzgar conforme, abriendo el camino a una nueva decisión en la cual el juez puede, de hecho, modificar la precedente, no constituye defensa segura contra la amenaza a la certeza del derecho, amenaza temible no sólo en orden al derecho sino también en orden hecho (...). cuando una parte vinculada por la cosa juzgada proponga igualmente tal demanda en un posterior proceso, impone al juez declararle improponible (o por los motivos antes indicados de ajustarse cuando sea llamado en cambio a pronunciarse sobre relaciones dependientes de la decidida). Esta denominada función negativa de la cosa juzgada, que por lo demás también en otros ordenamientos jurídicos domina el proceso civil, opera, pues, en nuestro derecho positivo haciendo improponible, entre los sujetos para los cuales el fallo se impone como dato indiscutible, toda acción tendiente a obtener una ulterior declaración de certeza de la misma relación, y no solamente improponible la misma acción hecha valer en el anterior juicio". VELLANI, Mario. *Naturaleza de la cosa juzgada*. Trad. Santiago Sentís Melendo. Buenos Aires: EJEA, 1963, p. 157/8/9/60.

[239] NEVES, Celso. *Coisa julgada*. São Paulo: Revista dos Tribunais, 1971, p. 489.

Assim, embora inexista uniformidade de opiniões em torno das funções da coisa julgada, parece irrebatível, modernamente, que ela efetivamente possui a virtualidade de impedir um novo julgamento eficaz e que essa capacidade se define como sendo sua função negativa; ao passo que a função positiva representa a capacidade de vincular o juízo futuro à decisão anterior e esse quadro encontra suporte, como se viu, em abalizada doutrina.[240]

---

[240] Some-se a doutrina já destacada SOUZA, Miguel Teixeira de. Objeto da sentença e o caso julgado material (estudo sobre a funcionalidade processual). *In: Revista Forense* n° 292/123.

17. A cognição no Processo Civil

O tema referente à cognição no processo civil envolve, em *ultima ratio*, o alcance do conhecimento do juízo das questões de fato e de direito em face da espécie de demanda em que atua, ou seja, o que e em que medida o juízo pode considerar, analisar e valorar ao decidir.

Para bem compreender o debate referente à cognição no processo civil, como técnica processual apta a atender as finalidades das espécies de processo disponíveis no sistema, deve-se novamente destacar que o processo de conhecimento tem função declarativa, ou seja, tornar certo o direito controvertido, o processo cautelar tem por escopo oferecer segurança ao direito litigioso e o de execução permitir a realização do direito.

Assim, é certo que o juízo nem sempre pode conhecer e decidir sobre tudo, pois deve sempre adequar sua atividade a natureza do debate e nesta medida proferir seu julgamento. Portanto, em face desta premissa, são estabelecidos os limites da cognição no processo civil ou, dito de outro modo, a cognição define o alcance da atividade jurisdicional.

Esse tema, como dito, é definido como a cognição da atividade jurisdicional e esta irá operar considerando as variáveis da natureza do processo e do direito posto em causa.

Nessa linha, tome-se como exemplo – para efeitos de compreensão do fenômeno da cognição – a hipótese em que esta sofre clara limitação. É o caso da demanda expropriatória, onde a matéria admitida a debate limita-se a erros formais e preço.[241] Ainda que o expropriado entenda que seu imóvel não preenche os requisitos para a finalidade em que foi desapropriado, este tema não poderá ser objeto de debate e não pode o juízo dele conhecer ou sobre ele se pronunciar, pois a demanda, em face de sua natureza e propósito, sofre limitação na extensão dos temas admitidos ao debate judicial. Quando isto ocorre se diz que estamos

---
[241] Nesse sentido v. art. 20 do Decreto-Lei 3.365/41.

frente a uma demanda de cognição sumária quanto a extensão, pois ocorre limitação no alcance das matérias objeto de debate.

Desse modo, identificam-se algumas hipóteses de limitação do conhecimento do juízo, daí a doutrina identificar a chamada cognição sumária e a cognição plenária,[242] nesta não incidindo limitações e naquela sim.

17.1. Espécies de cognição

A cognição, conforme explicitado se apresenta de forma sumária e de forma plenária. Ambas, entretanto, se subdividem. A cognição sumária poderá assim ser assim compreendida considerando a extensão do conhecimento ou considerando a profundidade deste. Igualmente a cognição plenária dividir-se-á em plenária quanto a extensão e quanto a profundidade. Cumpre, pois, agora, se esclareça cada qual delas.

A cognição será plenária quanto à extensão, quando não ocorre qualquer restrição temática e probatória à atividade jurisdicional, sendo, portanto, exauriente sua atuação em torno do objeto litigioso, ou seja, o debate judicial não sofre restrições de qualquer natureza. São exemplos as ações do Processo de Conhecimento que seguem o rito ordinário.

Já a cognição será sumária quanto à extensão quando sofre restrições temáticas. Vale dizer, o debate é limitado a certas circunstâncias, sendo, pois, impertinente alargar a área de conhecimento. São exemplos clássicos, além daquele já destacado, as ações possessórias, onde a discussão resta limitada à posse turbada ou esbulhada. Não há espaço, por exemplo, para debate em torno da propriedade.

A cognição será plenária quanto a profundidade, quando não sofrer restrições probatórias, quer isto dizer que a investigação desenvolver-se-á de modo a esgotar as possibilidades de esclarecimento da causa, permitindo que a demanda seja contemplada com uma ampla produção de provas, pois exige-se que o juízo decida com base na certeza. Daí ser necessário permitir a este a dilação probatória necessária para formar seu pleno convencimento, já que oferecerá decisão definitiva à causa. São exemplos as demandas do Processo de Conhecimento, processadas pelo rito ordinário, de conteúdo condenatório, tais quais as ações de indenização em geral.

---

[242] Sobre o tema consultar o excelente estudo de WATANABE, Kazuo. *Da Cognição no Processo Civil*. São Paulo: Revista dos Tribunais, 1987.

E, finalmente, a cognição será sumária quanto à profundidade, quando não se apresenta como necessária à formação definitiva do convencimento do juízo para que este decida, na medida em que emite uma decisão provisória que pode ter por suporte a verossimilhança e não a certeza. É o caso típico das demandas cautelares, onde, como se registrou, o juízo emite decisão com base apenas na evidência, e não na certeza.

17.2. A técnica de sumarização da cognição

A partir da constatação da existência de demandas plenárias e sumárias, passou a se desenvolver verdadeira técnica de sumarização, e esta não se confunde com a sumarização propriamente dita, na medida em que esta resta configurada em hipóteses tais como as antes expostas e aquela no modo como isso ocorre.

Assim, se pode afirmar que são conhecidas em doutrina as hipóteses de sumarização através dos cortes que podem ser impostos às ações no que tange ao conhecimento. Nessa linha, como visto, pode a demanda ser tida por sumária em razão da limitação que sofre a matéria que é objeto de debate, ou é possível ainda, também que seja sumária em razão da superficialidade imposta à cognição.

Será a demanda sumária em razão da matéria quando sofrer um corte na extensão do objeto do debate, como, por exemplo, nas ações possessórias, nas quais, como já dito, apenas é permitido que a discussão gire em torno da posse, afastando-se, por decorrência, desde antes, toda e qualquer outra questão do litígio. Nessa hipótese, a técnica de sumarização ocorre através de um corte vertical,[243] pois limitada sua extensão, sendo, por isso, também denominada de cognição parcial, haja vista que certas questões ficam reservadas para outras demandas.

Será, outrossim, a demanda igualmente sumária quando for vedado o aprofundamento da matéria em debate, limitando-se o conhecimento do juízo à superficialidade, haja vista que não se trata de cognição exauriente. Neste caso, a técnica de sumarização empregada se concretiza através de um corte horizontal no conhecimento, como ocorre, por exemplo, nas ações cautelares, quando se afirma apenas o provável, forte na verossimilhança.

---

[243] Nota-se que se está a falar do corte e não da cognição propriamente dita.

A propósito do tema, ensina José Guilherme Marinoni[244] que: "A técnica da cognição permite a construção de procedimentos ajustados às reais necessidades de tutela. A cognição pode ser analisada em duas direções: no sentido horizontal, quando a cognição pode ser plena ou parcial; e no sentido vertical, em que a cognição pode ser exauriente, sumária e superficial".[245]

Elucidativa, por igual, a lição de Ovídio Araújo Baptista da Silva[246] ao aduzir que: "A técnica de sumarização de uma demanda qualquer pode utilizar-se de um dos seguintes expedientes; a) permite-se que o juiz decida com base em cognição apenas superficial sobre todas as questões da lide, como acontece com as decisões (sentenças) liminares; b) permite-se que o juiz decida com base em cognição exauriente das questões próprias daquela lide, mas veda-se que ele investigue e decida fundado em determinadas questões controvertidas, previamente excluídas da área litigiosa a ela pertencente. É isto que ocorre com as ações cambiárias e possessórias, para mencionar apenas os exemplos mais notórios; c) sumariza-se, também, impedindo que o juiz se valha de certa espécie de prova, como acontece nos chamados processos documentais, de que, aliás, o cambiário foi o exemplo mais eminente, mas que encontram na ação de mandado de segurança uma espécie típica do direito moderno; finalmente d) pode dar-se sumarização, ao estilo dos antigos processos sumários, com verdadeira 'reserva de exceções', por exemplo, em certas ações de despejo (*convalida di sfratto*) do direito italiano e nos processos *d'ingiunzione* também existentes no direito peninsular, nos quais a sentença liminar torna-se desde logo executiva se o demandado não oferecer prova escrita contrária, reservando-se para uma fase subsequente da própria ação o exame das questões que exijam prova demorada e complexa".

Por igual, profícua, a exposição de Kazuo Watanabe em torno da matéria: "Numa sistematização mais ampla, a cognição pode ser vista em dois planos distintos: horizontal (extensão, amplitude) e vertical (profundidade)".[247]

Tudo, passa, pois, pelos princípios da extensão e profundidade da cognição. No plano horizontal, a cognição pode ser plena ou limitada (parcial), segundo a extensão permitida. No plano vertical, de sua

---

[244] In: *Efetividade do processo e tutela de urgência* ..., p. 15.

[245] Note-se que, nesta passagem, o autor fala no sentido da cognição e não no sentido dos cortes a serem aplicados como técnica de sumarização. Oportuna a observação, haja vista que os cortes se operam em sentido exatamente inverso.

[246] In: *Procedimentos especiais* (Exegese)..., p. 46/7.

[247] In: *A cognição no processo civil*..., p. 83.

parte, a cognição poderá ser exauriente (completa) ou sumária (incompleta).

Não se deve, entretanto, máxima vênia das lições antes transcritas, confundir a extensão e a profundidade da cognição com a técnica dos cortes para sumarização. Com efeito, enquanto – de um lado – em nível de cognição, a extensão diz respeito ao plano horizontal e a profundidade ao plano vertical; de outro, em nível de cortes (ou seja, a limitação a ser concretamente imposta), operam-se exatamente em sentido inverso, pois, para que haja limitação na extensão, é necessário que se opere um corte vertical no conhecimento, e para que haja limitação na profundidade impõe-se traçar um corte horizontal neste. A partir deste procedimento, pelo qual se separa a sumarização propriamente dita dos respectivos cortes para implementação desta, torna-se compreensível a proposta e sua técnica de aplicação.

Esclarecida à dicotomia existente entre a sumarização e sua implementação técnica, através da figura dos cortes, mais uma vez, merece destaque lição de Kazuo Watanabe:[248] "De sorte que, segundo a nossa visão, se a cognição se estabelece sobre todas as questões, ela é horizontalmente *ilimitada*, mas se a cognição dessas questões é superficial, ela é *sumária* quanto à profundidade. Seria, então, cognição *ampla* em extensão, mas *sumária* em profundidade. Porém, se a cognição é eliminada 'de uma área toda de questões' seria *limitada* quanto à extensão, mas se quanto ao objeto cognoscível a perquirição do juiz não sofre limitação, ela é exauriente quanto à profundidade. Ter-se-ia, na hipótese, cognição *limitada* em extensão e *exauriente* em profundidade".

Assim, como se vê, podemos nos deparar com demandas de cognição plenária com relação a extensão, demandas de cognição plenária quanto a profundidade, demandas sumárias quanto a extensão e, finalmente, sumárias quanto a profundidade.

---

[248] Ob. cit., p. 84.

18. Temas contemporâneos do Direito Processual

18.1. A superação da ideia de teoria-geral no processo judicial

É de amplo conhecimento e domínio a ideia da existência de uma teoria geral única para o processo judicial. Entendida esta, como regra, pela existência de princípios fundamentais inerentes ao processo como ciência. Assim, tenha a atuação da jurisdição a natureza que tiver, seja criminal, civil, constitucional ou outra qualquer, estaria sempre presidida, em termos processuais, por ideias fundamentais idênticas e, portanto, dominada por balizas comuns.

Nessa linha, deve ser destacado que, efetivamente, não apenas categorias nitidamente processuais identificam-se nos mais diversos ramos do processo judicial, mas também em todos os ramos processuais incidem garantias de natureza constitucional-processual, a partir da inserção da ideia de cidadania processual na ordem jurídica, onde são assegurados direitos a quem litiga.

Contudo, nem sempre em todos os ramos do processo as garantias constitucional-processuais se apresentam com a mesma intensidade. Realmente, o observador atento poderá identificar, por vezes, maior prestígio de uma garantia em determinado setor processual. É caso típico a confirmar esta afirmação a garantia da ampla defesa que goza de um fenomenal prestígio na seara criminal, vez que nesta o mais singelo arranhão à defesa do réu induzirá à invalidade do processado, não sendo – contudo – tão intensa sua posição no processo civil, ainda que também presente.

Todavia, não é na intensidade da incidência desta ou daquela garantia que se identifica a ausência de sintonia fina entre o processo civil e o processo penal, mas sim em posturas fundamentais, daí a razão pela qual é possível afirmar que inexiste, sob o ponto de vista da concepção ideológica, uma única fonte infraconstitucional capaz de atender o primado de ambos a um só tempo, muito embora existam fins assemelhados, tais os propósitos teleológicos de tornar certo o direito (processo de conhecimento), de realizar o direito (processo de execução) ou de assegurar o direito (processo cautelar).

A título de exemplo, pode ser destacada a hipótese dos deveres das partes para com o juízo, vez que no processo penal é direito do réu omitir a verdade através do silêncio, ao passo que no processo civil as partes têm o dever de veracidade para com o juízo, configurando um verdadeiro dever de colaboração inexistente na seara criminal. Há, como se vê, diferença essencial entre o primado ideológico dos dois ramos do processo, em face da natureza do direito posto em causa. No processo penal os cuidados são superlativos para com o réu, ainda que o custo desta posição ideológica seja uma decisão injusta, pois "mais vale milhares de réus culpados soltos do que um inocente condenado", segundo clássica hermenêutica do processo penal assentada na máxima do *in dubio pro reo*. Já no processo civil os cuidados não são tão acentuados no que diz respeito ao tratamento dispensado ao demandado e está o processo preferencialmente voltado para a ideia da justa composição da lide, impondo as partes tratamento paritário quanto aos encargos processuais. Isto se justifica, em face da natureza do objeto litigioso em um e outro, pois pode se afirmar que no processo penal por primado ideológico os ônus probatórios do autor são bem mais intensos do que no processo civil.

Igualmente na seara constitucional aparece diferença marcante entre o processo civil e o processo constitucional. Note-se que no processo civil Chiovenda[249] consagrou a ideia de que a jurisdição é uma atividade substitutiva. Vale dizer, o Estado, no momento em que vedou a autotutela tornou-se devedor da solução dos conflitos e a forma de fazê-lo é pela via do exercício da jurisdição. Nesta linha não compete ao particular satisfazer sua pretensão material,[250] mas sim, ao Estado pela via da jurisdição substituir-se a este e satisfazer a pretensão deduzida, desde que fundada.

Diante desse quadro, a pergunta que surge é a seguinte: há atividade substitutiva no julgamento de Ação Declaratória de Inconstitucionalidade ou de Ação Declaratória de Constitucionalidade, portanto na jurisdição de índole constitucional? A resposta é única: não! Não há

---

[249] Sobre o caráter substitutivo da jurisdição, v., por todos, CHIOVENDA, Giuseppe. *Principios de Derecho Procesal Civil*. Tradução Espanhola de Jose Casais y Santaló, com notas de Alfredo Salvador. Madri: Reus, 1977.

[250] Salvo algumas exceções expressamente autorizadas por lei, tais como a defesa imediata da posse. Ar. 1.210, § 1º, Código Civil.

atividade substitutiva na jurisdição constitucional, vez que o Estado-juiz não se substitui a nenhum particular, haja vista se tratar daquilo que a doutrina chama de processo objetivo.[251] Ora, se há atividade substitutiva na seara do processo civil e não há no plano constitucional-processual, a toda evidência existem diversidades fundamentais, em face da natureza do direito posto em causa.

Na mesma linha, cumpre registrar que inúmeros institutos próprios do processo civil tradicional (aquele que disciplina a jurisdição na tutela de direitos individuais), não se amoldam ao mesmo processo (civil?) que tem por escopo a tutela dos direitos metaindividuais, sejam estes coletivos em sentido estrito ou difusos. Realmente, um sem-número de institutos está a reclamar adequação e temas relevantes em um não se apresentam em outro ou se porventura se apresentam, merecem tratamento diverso, e isto decorre exatamente face à diversidade da natureza do direito material controvertido. Tanto procede esta afirmativa que na tentativa de colmatar a lacuna da ordem jurídica nacional existe (ou existiu?) movimento social que busca instituir legislação que contemple a disciplina de um verdadeiro Código dos Processos Coletivos,[252] o que, se em algum dia lograr sucesso, vencendo as mazelas dos interesses contrariados, introduzirá formal e legislativamente no sistema processual novos primados exclusivos da tutela coletiva, tais como a já sustentada em doutrina Teoria dos Processos Coletivos.[253]

Frente a esse quadro, quiçá, o mais adequado, na presente quadra da história, seja admitir a existência de fundamentos teóricos exclusivos do processo civil, do processo penal, do processo constitucional, do processo coletivo e assim sucessivamente, face às peculiaridades de cada qual, vez que se constituem em microssistemas processuais com utilidade e desiderato próprio.

---

[251] V., p. ex., ASSUMPÇÃO NEVES, Daniel Amorim. *Ações Constitucionais*. Rio de Janeiro: Forense; São Paulo: Método, 2011.

[252] Uma série de anteprojetos de um Código de Processo Coletivo foi elaborada pelas mais diversas vozes da doutrina, dentre eles o Código de Processo Coletivo Modelo para Países de Direito Escrito, elaborado por Antônio Gidi, o Anteprojeto de Código Modelo de Processos Coletivos para a Ibero-América, elaborado pelo Instituto Ibero-Americano de Direito Processual, o Anteprojeto do Instituto Brasileiro de Direito Processual, elaborado com coordenação de Ada Pellegrini Grinover; e o Anteprojeto de Código Brasileiro de Processos Coletivos, elaborado sob a coordenação de Aluísio Gonçalves de Castro Mendes, chamado de Código UERJ/UNESA. No âmbito legislativo, um projeto de Lei que visava reformar a disciplina da Ação Civil Pública, encampando muitas das sugestões dos anteprojetos, esteve em tramitação no Congresso (Projeto de Lei nº 5.139/2009), mas hoje está arquivado.

[253] V., p. ex., ZAVASCKI, Teori Albino. *Processo Coletivo*: Tutela de direitos coletivos e tutela coletiva de direitos. 5ª ed. São Paulo: RT, 2011 e MANDELLI, Alexandre Grandi. *Processo Civil coletivo*: em busca de uma Teoria Geral. Porto Alegre: HS Editora, 2013.

Cumpre, porém, observar que efetivamente há liames entre o exercício dos mais diversos segmentos do direito judiciário, porém tudo leva a crer que a ideia de uma teoria única capaz de satisfazer integralmente as necessidades reclamadas por todos os desdobramentos possíveis – hoje, diversamente do passado – seja inadequada, diante das intensas especializações cada vez mais presentes no dia a dia do operador.[254]

Em realidade, para busca da reclamada efetividade, deve existir uma adequação do processo e, inclusive, do procedimento à natureza do direito material posto em causa. Nesta medida, pois, é preciso saber identificar as semelhanças das dessemelhanças e as dessemelhanças das semelhanças, aos efeitos de precisar quais e de que maneira este ou aquele instituto aplica-se neste ou naquele segmento do direito.

Assim, é momento de adequar o estudo do processo a esta realidade, inclusive naquilo que diz respeito ao conteúdo programático das escolas jurídicas, onde, não raro, encontra-se a cadeira de *Teoria-Geral do Processo*, passando, ao menos avisado, a impressão de que há e que ainda possa haver uma única base científica para o processo, independentemente da área de incidência deste, o que, como apontado, representa ideia vencida pela realidade operacional, face à multiplicidade de microssistemas[255] existentes, os quais, a evidência, não possuem princípios fundamentais totalmente identificados. Existem hoje variações de fenômenos fáticos e científicos que reclamam atenção.

Exemplos eloquentes desta afirmação são o do alcance da coisa julgada na demanda individual, frente à demanda coletiva ou o da eficácia da decisão da jurisdição constitucional[256] que, em certas hipóteses, exige modulação em concreto, diversamente da demanda individual na seara do direito privado.

Desse modo, identificado que a ideia de uma teoria unitária, mais contribui para gerar adequações impróprias do que permitir a exata compreensão de institutos processuais peculiares, pode-se afirmar

---

[254] Nesse sentido já havíamos nos pronunciado In: *Coisa Julgada Civil*. 4ª ed. São Paulo: Revista dos Tribunais, 2011, p. 18 e ss.

[255] Reconhecendo a existência de um microssistema próprio do processo coletivo, p. ex., encontramos, dentre outros, DIDIER JR., Fredie, ZANETI JR., Hermes. *Curso de Direito Processual Civil*. v. 4. 5ª ed. Salvador: JusPodivm, 2010, p. 45.

[256] Aliás, merece reflexão a ideia da existência ou não de coisa julgada nos processos objetivos na sua concepção clássica, na medida em que o instituto tal como concebido a partir das ideias da *trea eadem*, originada em PESCATORE, Matteo. *Sposizione Compendosa della Procedura Civile e Criminale nelle some sue ragione e nel suo ordine naturale com appendici di complemento sui teme principali di tutto il diritto giudiziario*. Turim: UTE, teve por escopo somente estabilizar relações jurídicas individuais. Sobre o tema v., com proveito, MONIZ DE ARAGÃO, Egas Dirceu. Conexão e tríplice identidade. In: *Revista da AJURIS* 28/72.

que amoldando o conteúdo do processo e, especialmente, dos procedimentos à natureza do direito material afirmado se estará dando passo significativo na direção da tão reclamada efetividade da prestação jurisdicional, sem, inclusive, arranhar a autonomia da ciência processual, mas antes pelo contrário, estar-se-á – como é necessário – a harmonizá-la com o direito material estabelecendo a necessária sinergia operacional.[257]

Adequado, ainda, reafirmar que não há uma teoria-geral do processo nos moldes clássicos. Existem apenas algumas ideias fundamentais (não todas, portanto!) com identidade e aptas a incidir nos diversos microssistemas existentes, tal como a de que o processo é instrumento. Esta situação, entretanto, não é capaz de outorgar a condição de teoria-geral ao conjunto de fundamentos assemelhados.

Há, contudo, no processo judicial, independente da natureza do segmento, um processo de matriz constitucional a reger todos os microssistemas,[258] o qual igualmente não deve ser confundido com a ideia da existência de uma teoria-geral. Esta por representar um conjunto único de ideias aplicáveis a todos os ramos; aquele por constituir-se num conjunto de direitos formativos de ordem constitucional que devem ser assegurados a todo e qualquer litigante no Estado democrático de direito.

Assim, a base e liame do direito processual não se encontra na tese da existência de uma eventual teoria-geral única para o processo, mas no plano constitucional, na medida em que este é indiscutivelmente fonte originária para a construção da ciência do processo na pós-modernidade.

18.2. Teoria e conteúdo do Devido Processo Constitucional

Hoje, mais do que nunca, se tem por afirmada a ideia de que há um devido processo, chamado pela Constituição Federal de Devido Processo Legal. Existem debates significativos sob sua real compreensão no plano processual, vez que parcela qualificada da doutrina refere à existência de um devido processo legal substancial, simultaneamente

---

[257] Sobre o tema v. Sinergia Jurídica: processo e realização do direito. *In: RePro* 215/43. São Paulo: RT, 2013.

[258] V., p. ex., PORTO, Sérgio Gilberto. A regência Constitucional do Processo Civil brasileiro e a posição de um novo Código de Processo Civil. *In: Revista Síntese de Direito Civil e Processual Civil*, n. 72/64, 2011.

a existência de um devido processo legal formal.[259] Enfim, há uma variação de ideias em torno da real compreensão da proposta do devido processo.

Aqui, optamos, longe de menoscabar as demais ideias em torno do tema, pela compreensão da proposta da existência de um Devido Processo Constitucional, como sendo este um ramo do direito processual proposto pela Constituição Federal.

Esse, a nosso ver, desfruta de duplicidade de conteúdo e propósito.[260] Um de natureza nitidamente instrumental, e um de natureza principiológica, como se verá. Aquele dedicado aos instrumentos e técnicas processuais e este dedicado a asseguração do exercício da plenitude do Estado democrático de direito no processo judicial, o qual sinaliza, modo definitivo, no seio do debate judicial, o exercício de cidadania processual, vez que qualquer que seja a parte esta não vai a juízo desamparada, mas a ela são deferidas uma série de garantias que se desrespeitadas ensejarão a invalidade dos atos, vez que, em *ultima ratio*, violado o Devido Processo Constitucional, garantia mor do Estado democrático de direito, vez que verdadeiro processo fundamental.

Assim, a partir daqui passaremos, pois, à análise deste fenômeno próprio do processo contemporâneo.

18.2.1. O conteúdo processual da Constituição Federal[261]

A Constituição Federal representa o conjunto mais expressivo de direitos constituídos pela sociedade. Direitos esses, como se percebe de um simples exame objetivo, de diversas naturezas. Dentre essas variações, emergem também direitos de índole nitidamente processual, circunstância que, por decorrência, naturalmente empresta conteúdo processual à Constituição Federal e faz nascer um verdadeiro *Direito Processual Fundamental*.[262]

---

[259] Nessa linha ver proveitosa exposição de NERY JUNIOR, Nelson. *Princípios do Processo na Constituição Federal*. São Paulo: RT, 2009, itens 6, 7 e 8, especialmente.

[260] Na linha de exposição de duplicidade de conteúdo processual na Constituição Federal, p. ex. SARLET, Ingo Wolfang, MARINONI, Luiz Guilherme; MITIDIERO, Daniel. *Curso de Direito Constitucional*. São Paulo: RT, 2012.

[261] Tema anteriormente já exposto, com variações, por PORTO, Sérgio Gilberto; USTÁRROZ, Daniel. *Lições de Direitos Fundamentais no Processo Civil*: o conteúdo processual da Constituição Federal. Porto Alegre: Livraria do Advogado, 2009.

[262] Neste sentido, CAMBI, Eduardo. Neoconstitucionalismo e Neoprocessualismo. *In: Processo e Constituição. Estudos em Homenagem ao Professor José Carlos Barbosa Moreira*. (Coord.). FUX, Luiz; NERY JUNIOR, Nelson; WAMBIER, Teresa Arruda Alvim. São Paulo: Revista dos Tribunais, 2006.

A Constituição Federal sabe-se é o ponto de partida para a interpretação do direito e argumentação jurídica, pois, hoje, mais do que uma simples Carta Política, face sua reconhecida força normativa,[263] permeia toda ordem jurídica.

Com efeito, a Constituição Federal, nesta linha, além de seu papel organizacional assegura direitos, dentre os quais os de natureza processual. Contempla, por igual, instrumentos e disciplina temas vinculados ao exercício da jurisdição.

São instrumentos oferecidos pela Constituição Federal, por exemplo: o *Habeas Corpus*, o *Habeas Data*, o Mandado de Segurança, o Mandado de Segurança Coletivo, o Mandado de Injunção, a Ação Popular, a Ação Civil Pública.

Já na jurisdição constitucional existem os mecanismos instrumentais de controle de constitucionalidade representados pela Ação Declaratória de Inconstitucionalidade, pela Ação Declaratória de Constitucionalidade, pela Arguição de Descumprimento de Preceito Fundamental e pelo Incidente de Constitucionalidade.

No que toca à sede recursal, estão instituídos os recursos de natureza extraordinária, representados pelo Recurso Especial, dirigido ao STJ e o Recurso Extraordinário, dirigido ao STF. Há também, no sistema recursal constitucional, o Recurso Ordinário.

Afora isto, a Constituição Federal também rege matéria referente à competência do STF (art. 102, CF) e do STJ (art. 105, CF), dos Tribunais Regionais Federais (art. 108, CF), dos Juízes Federais (art. 109, CF), e da Justiça do Trabalho (art. 114, CF).

Disciplina a legitimidade para propositura de ADI e ADC (art. 103, CF), bem assim rege a atuação judicial do Ministério Público (art. 129, CF) e da Defensoria Pública (art. 134, CF).

Consagra, ainda, direitos de aplicação genérica, ao contemplar garantias de natureza constitucional-processual. Estas, de sua parte, formam um verdadeiro direito processual fundamental e principiológico, na macrocompreensão do sistema, vez que representam primados constitucionais incidentes em todos os ramos processuais especializados (civil, penal, consumeirista, tributário etc.). Ou seja: são parâmetros constitucionais ditados preferencialmente para o processo judicial, independentemente de sua natureza ou microssistema.

Não se trata neste último aspecto, pois, de segmento do direito processual de regras, mas do direito processual de princípios, daí a

---

[263] Consultar, sobre o tema, com largo proveito estudo de HESSE, Konrad. *A Força Normativa da Constituição*. Trad. Gilmar Ferreira Mendes. Porto Alegre: Sergio Antonio Fabris Editor, 1991.

razão pela qual também ser encontrado em doutrina a designação de princípios consitucional-processuais.[264]

O conteúdo processual da Constituição Federal vem, portanto, expressado por um conjunto de direitos oferecidos ao cidadão. Estes, ora são configurados como o direito propriamente dito – por constituírem o direito em si, configuram o direito-fim –, ora são formatados como instrumentos, caracterizando o direito-meio – por definirem a forma como se exerce judicialmente determinado direito, ora, ainda, se apresentam como disciplina de distribuição de funções ou atribuições.

A diversidade de conteúdos importa, assim, na diferença de propósitos e, por decorrência, passível de designações diversas também. Deste modo, pode ser afirmado que o conteúdo processual da Constituição Federal encontra-se dividido (a) no Processo Constitucional (*strito sensu*), representado pelo conjunto de instrumentos e técnicas disponibilizadas como direito – meio e (b) pelo conjunto de garantias oferecidas ao cidadão em razão do debate judicial, identificado por nós como o Devido Processo Constitucional (direito-fim) e mal denominado pela Constituição Federal como Devido Processo Legal.

18.2.2. As garantias constitucional-processuais como direito-fim

18.2.2.1. As garantias constitucional-processuais e sua posição na ordem jurídica

Inicialmente deve ser observado que no Brasil aquele que vai a juízo não comparece desamparado, haja vista que o ordenamento constitucional lhe outorga certas garantias jungidas à jurisdição, mais conhecidas como garantias constitucional-processuais, ou seja, garantias oferecidas pela Carta Constitucional ao cidadão para serem exercidas no curso ou em razão de processo judicial.

Efetivamente, bem examinada a Constituição Federal, fonte originária de direito no sistema brasileiro, verificar-se-á que toda e qualquer demanda deve a essa estar adequada, pena de, se assim não for, ser produzido algo inconstitucional, vício superlativo do ordenamento. A Constituição Federal, como sabido, dada sua hierarquia, tem a virtude de permear todo o ordenamento jurídico, a ponto de, na medida em que encontre regras que tolham sua aplicação, poder derrogá-las, sob o

---

[264] Nesta linha, dentre outros, p. ex., NERY JÚNIOR, Nelson. *Princípios do Processo Civil na Constituição Federal*. São Paulo: Revista dos Tribunais, 1992.

princípio da não recepção frente à ordem fundamental. Tal circunstância está hoje, mais do que ontem, representada pelo fenômeno da constitucionalização do direito e é debatida na doutrina contemporânea da maioria dos ordenamentos democráticos modernos.[265]

A existência de diversos comandos jurídicos, representados por regras e princípios, não pode comprometer a unidade do sistema. Para tanto, sabe-se, buscamos, através da criação de uma ordem jurídica hierarquizada, bem determinar qual comando deva prevalecer na hipótese de conflito. Vale dizer, "há normas superiores e normas inferiores. As inferiores dependem das superiores. Subindo das normas inferiores àquelas que se encontram mais acima, chega-se a uma norma suprema, que não depende de nenhuma outra norma superior, e sobre a qual repousa a unidade do ordenamento. Essa norma suprema é a norma fundamental. Cada ordenamento tem uma norma fundamental. É essa norma fundamental que dá unidade a todas as outras normas, isto é, faz das normas espalhadas e de várias proveniências um conjunto unitário que pode ser chamado 'ordenamento'. A norma fundamental é o termo unificador das normas que compõem um ordenamento jurídico. Sem uma norma fundamental, as normas de que falamos até agora constituiriam um amontoado, não um ordenamento".[266]

Nessa medida, a Constituição da República que é, no Brasil, a base fundamental unificadora da ordem jurídica nacional, assegurou às partes determinados direitos a serem exercidos no curso do processo judicial, ou seja, intraprocessualmente, tais como: a publicidade dos atos processuais (art. 5º, LIII e 93, IX), a isonomia no trato das partes (art. 5º, *caput*), o devido processo legal (art. 5º, LIV), a motivação das decisões judiciais (art. 93, IX), o contraditório judicial (art. 5º, LV e LIV), a inafastabilidade de lesão ou ameaça de direito da apreciação do Poder Judiciário (art. 5º, XXXV), o acesso, que à todos deve ser assegurado, à Justiça (art. 5º, XXXV), proibição da obtenção de prova por meio ilícito (art. 5º, LVI), a segurança decorrente da coisa julgada (art. 5º, XXXVI), a atuação do juiz e do promotor natural (art. 5º, LIII) e a duração do processo por tempo razoável (art. 5º, LXXVIII).

Representam comandos inerentes ao processo contemporâneo, que são observados, em maior ou menor escala, em vários ordenamentos das civilizações democráticas.[267] A obediência a tais comandos, em

---

[265] Como exemplo da afirmação ver, dentre vários, CANARIS, Claus-Wilhelm. A influência dos direitos fundamentais sobre o direito privado na Alemanha. In: *Revista Jurídica* 312/7-22, 2003, Porto Alegre.

[266] BOBBBIO, Norberto. *Teoria do Ordenamento Jurídico*. 6ª ed. Brasília: Ed. UnB, 1995, p. 49.

[267] Nesse sentido, consultar, com proveito, CAPPELLETTI, Mauro; TALLON, Denis. *Fundamental Guarantees of the Parties in Civil Litigation*. Milanno: Giuffrè, 1973.

última análise, visa precipuamente a garantir um processo democrático, livre do arbítrio e capaz de alcançar os fins colimados pelo Estado de direito e pela sociedade, via jurisdição.

Portanto, na medida em que se asseguram às partes, no conflito jurisdicional, um conjunto de garantias, vislumbra-se a ideia de que o conceito de cidadania plasmado na Constituição Federal estende-se, evidentemente, também para o momento do litígio, daí, pois, a compreensão da circunstância de o Estado assegurar direitos marcadamente constitucionais para exercício em razão do processo judicial enseja a ideia – como já destacado – de *cidadania processual*, ou seja, assegura-se ao cidadão o exercício de direitos de índole fundamental imaginados para o processo judicial e efetivados durante o processo judicial. Endoprocessuais, portanto! Vale dizer: o Brasil, embora socialmente injusto, é um país que possui uma ordem jurídica absolutamente civilizada e compatível com seu tempo, pois garante ao cidadão o exercício de direitos constitucional-processuais que são da essência do Estado democrático de direito.

Assim, oportuno se elucide *o que* objetivamente representa cada qual das garantias oferecidas, pois, somente com a consciência do que cada qual destas representa será possível equilibrar a equação garantia/instrumentalidade.

18.2.2.2. Exegese das garantias constitucional-processuais

18.2.2.2.1. Publicidade dos atos processuais (arts. 5°, LX, e 93, IX, CF)

Estabelece a Carta Magna, em seu art. 93, IX, que todos os julgamentos dos órgãos do Poder Judiciário serão públicos. Quer isto dizer que a publicidade do julgamento é uma garantia oferecida às partes, vez que integrante da essência do Estado democrático de direito, haja vista que a publicidade assegura a todo cidadão que seu julgamento não poderá ser feito e conduzido de forma reservada ou livre do controle social estabelecido pela publicidade. Há, pois, potencialmente, um verdadeiro controle da cidadania sobre o comportamento do Poder Judiciário na condução dos julgamentos, prestigiando-se, por completo, a ideia do dever de transparência das instituições públicas.

A publicidade, entretanto, não se limita ao ato de julgar, vez que também alcança aos atos processuais em geral, segundo se vê do artigo 5°, inciso LX, da Constituição Federal.

A publicidade do julgamento e dos atos, contudo, poderá ceder frente ao interesse público ou outras garantias constitucionais, tais como o direito à privacidade (art. 5º, X). Nesta linha, a lei, em homenagem a outro princípio constitucional, de igual envergadura, poderá excepcionar a publicidade, com o fito de garantir a privacidade do cidadão, exatamente como o faz, *verbi gratia*, o art. 155 do CPC, que estabelece que correm em segredo de justiça os processos que digam respeito a casamento, filiação, separação, divórcio, alimentos e guarda de menores. Todavia, não estando em jogo a intimidade de nenhuma das partes e inexistindo interesse público a proteger, impõe-se a publicidade dos atos processuais (art. 5º, LX, da CF), como expressão maiúscula da democracia brasileira.

A publicidade é, pois, a regra. A restrição à publicidade na prática dos atos a exceção. Exceção essa inscrita no mesmo dispositivo constitucional que institui a regra e, portanto, tornando possível que a lei estabeleça limitações de publicidade, desde que presente bem jurídico protegido pela própria disciplina constitucional, ou seja, a intimidade e o interesse social.

Entretanto, sobre a publicidade plena dos julgamentos, quando não configurada qualquer das hipóteses que autoriza ser o ato praticado com reserva, cumpre um registro.

Esta saudável disciplina da ordem constitucional-processual, por vezes, depara-se com situações ainda não bem esclarecidas quer pela doutrina, quer pela jurisprudência. Efetivamente, observe-se que muito embora o preceito constitucional diga que todos os julgamentos dos órgãos do Poder Judiciário (e ao dizer órgãos do Poder Judiciário a Constituição Federal não estabelece qualquer tipos de restrição, portanto o comando absorve todos!) serão públicos, sob pena de nulidade, é certo, entretanto, que um sem número de julgamentos dos juízos monocráticos ordinariamente não se dão em audiência.

Com efeito, o juízo ao determinar que o processo siga concluso para sentença, recolhe-se ao recesso de seu gabinete e sem a participação e acompanhamento democrático das partes profere decisão. Se, de um lado, com este proceder, melhor pode meditar sobre o tema posto à análise, de outro, induvidosamente, suprime das partes a possibilidade de oferecer durante o julgamento esclarecimentos que poderiam, ao menos em tese, contribuir para uma solução, quiçá, mais adequada à causa e, por decorrência, resta objetivamente descumprida a proposta constitucional de acompanhamento social dos julgamentos dos órgãos dos Poder Judiciário e, como decorrência, comprometida a garantia de higidez da prestação jurisdicional, vez que violada a democracia processual imposta pela garantia da publicidade.

Assim, parece adequado para o julgamento monocrático ou se estabelecer restrição constitucional – tal qual aquela insculpida para o Tribunal do Júri, com a admissão expressa do sigilo das votações do Conselho de Sentença – ou se debater o assunto com mais atenção, aos efeitos de melhor ensejar a compreensão do sistema de publicidade de julgamentos, onde este ocorre publicamente em certas hipóteses e em outras não, embora inexista restrição de publicidade expressa, face à natureza do direito posto em causa.

A verdade é que, como vem sendo tratado o tema, parece configurar arbítrio do juízo (embora compreensíveis às causas de seu agir!) suprimir da sociedade o direito de acompanhar o julgamento monocrático, mitigando, assim, sem razão aparente que não seja o conforto da solidão, a garantia constitucional-processual da publicidade.

18.2.2.2.2. Isonomia processual (art. 5º, caput, CF)

Fixa o *caput* do artigo 5º da Constituição Federal que todos são iguais perante a lei, sem distinção de qualquer natureza. Ao assim proceder a Constituição Federal configurou na ordem jurídica a garantia da isonomia. Projetando-se esta garantia para o plano do direito processual civil, isto passa a significar que aos litigantes deve ser assegurado tratamento paritário no processo, vale dizer: a situação assegurada a uma parte deve, necessariamente, ser estendida à outra.

Esta posição vem claramente ratificada pelo ordenamento processual na sessão referente aos poderes, deveres e responsabilidades do juiz, quando o art. 125, I, aduz que "o juiz dirigirá o processo conforme as disposições deste código, competindo-lhe assegurar às partes igualdade de tratamento".

A matéria tem provocado, é verdade, polêmica, haja vista que, em nível doutrinário, encontram-se posições divergentes em torno da real compreensão do tratamento processual paritário assegurado às partes pela Constituição, frente a certos privilégios oferecidos a determinados litigantes.

Efetivamente, para Nelson Nery Júnior,[268] a igualdade de que fala o texto constitucional é substancial, devendo, pois, o juiz tratar igualmente os iguais e desigualmente os desiguais. Circunstância esta que

---

[268] NERY JÚNIOR, Nelson. *Princípios do Processo Civil na Constituição Federal*. São Paulo: Revista dos Tribunais, 1992, p. 40 e ss.

justificaria a edição de normas, tal qual a do art. 188, CPC, que estabelece prazos beneficiados para o Ministério Público, União, Estados, Distritos Federais e Municípios, bem como suas autarquias e fundações.

Esta posição encontra resistência de, por exemplo, Paulo Henrique dos Santos Lucon,[269] que não reconhece legitimidade à legislação para outorgar tais privilégios frente ao disposto pela norma constitucional, na medida em que estes benefícios remontam à época de um modelo estatal superado e que, hoje, não tem razão de sobreviver.

A nosso sentir, naquilo que diz respeito à constitucionalidade das normas que estabelecem distinções processuais entre as partes, vênia deferida de entendimento diverso, cremos que, efetivamente, é hora de dedicar maior atenção à proposta constitucional da isonomia. A garantia constitucional-processual do tratamento paritário às partes, não acreditamos possa – hoje – contar com as exceções consagradas pelo ordenamento processual, mormente em mitigação dirigida como a que se encontra no Código de Processo Civil.

Com efeito, não nos parece, pois, fundamento suficiente para justificar, por exemplo, prazos diferenciados, a circunstância do acúmulo extraordinário de serviço por parte dos entes públicos, somado a ausência de estrutura adequada, haja vista que se esta era uma realidade de ontem, hoje com as facilidades da informatização, não mais parece tal circunstância colocar em risco eventuais interesses públicos.

No plano processual, máxima vênia, não é possível falar em desigualdade. Há, isto sim, desigualdade no plano material. Em sendo assim, cremos injustificados os benefícios processuais estabelecidos e, por decorrência, padecendo as disposições de prestigiamento da desigualdade de tratamento processual de vício de inconstitucionalidade, muito embora se tenha ciência, desde antes, que esta posição não se coaduna com a orientação – hoje – majoritariamente sufragada.

Sobre o tema, embora sua objetividade, deve ainda ser feito um registro que, talvez, ajude a perceber como, hoje, num Estado democrático de direito, é inaceitável disciplina processual privilegiadora. Efetivamente, nesta linha, cumpre ressaltar que o Código de Processo Civil data de período onde ainda vivíamos sob os reflexos de uma "revolução" que virou as costas para a democracia e, por decorrência, fazia valer os interesses do Estado de então sobre qualquer outro. Havia a mais valia do governo sobre o cidadão. Justificava-se, assim, a linha ideológica de privilegiamento do Estado frente ao particular, adotada,

---

[269] LUCON, Paulo Henrique dos Santos. Garantia do Tratamento Paritário das Partes. In: *Garantias Constitucionais do Processo Civil*. CRUZ E TUCCI, José Rogério. (Coord.). São Paulo: Revista dos Tribunais, 1999, p. 119 e ss.

então pelo Código de Processo Civil, ainda que sob rótulo diverso. Cenário diferente esta presente desde a edição da Constituição de 1988, onde foi adotada, exatamente, a ideia de prestigiar a sociedade, e não apenas o Estado. Assim, identificamos nos dispositivos que consagram tratamento processual diferenciado às partes resquícios de um Estado arbitrário, face à natureza do governo de então, circunstância incompatível com a conjuntura hodierna, onde responde presente o Estado democrático de direito consagrado pela Constituição Federal, em seu artigo primeiro.

A verdade é que a ideia de isonomia remete à concepção de equilíbrio. Assim, sempre que o equilíbrio processual restar atingido, igualmente restará comprometida a garantia constitucional-processual da isonomia, daí a comprometedora posição de privilégio processual do Estado.

18.2.2.2.3. Motivação das decisões judiciais (art. 93, IX, CF).

O art. 93, IX, da Constituição Federal consagra o princípio da publicidade e também contempla a exigência de que todas as decisões emanadas do Poder Judiciário sejam necessariamente fundamentadas, sob pena de nulidade. Esta circunstância, em face do disposto do inciso X, do mesmo dispositivo, estende-se, ainda, às decisões de cunho administrativo.

Tal exigência, de ordem constitucional, também vem placitada na legislação infraconstitucional em sede processual, quando, por exemplo, o art. 131, CPC, exige que o juiz indique na sentença os motivos que lhe formaram o convencimento. Igualmente, o art. 458, da ordem processual, aponta como requisito essencial da sentença a fundamentação.

Como se vê, não há espaço para discutir a necessidade ou não de fundamentação nas decisões jurisdicionais, na medida em que todas deverão explicitar as razões que amparam a conclusão. Isso representa que sejam as decisões de mérito, ou não, vale dizer, quer a decisão seja terminativa ou definitiva, final ou incidental, monocrática ou colegiada, total ou parcial, necessariamente deve ser fundamentada, sob pena de nulidade,[270] vez que estamos diante de uma norma constitucional de

---

[270] Nessa linha, "Motivação inexistente. *Due process of law*. Art. 458, do CPC. Precedentes. Embargos de declaração. Não enfrentamento de questão posta. Violação da lei federal configurada. Recurso provido. I – A motivação das decisões judiciais reclama do órgão julgador, pena de nulidade, explicitação fundamentada quanto aos temas suscitados, mesmo que o seja em embargos declaratórios. II – Elevada a cânone constitucional, a fundamentação apresenta-se como uma das

eficácia plena, pois seu enunciado é completo e não há necessidade de intermediação infraconstitucional para concreção.

Este mandamento deriva, sem sombra de qualquer dúvida, da circunstância de que a decisão do juízo não decorre de arbítrio, mas de critério de análise do caso ou da dúvida que lhe é submetida à apreciação, haja vista que o arbítrio não convive com o Estado de direito. Tal posição que reflete diretamente na disciplina processual já foi exposta – dentre tantos – por Liebman[271] quando aduziu: "tem-se como exigência fundamental que os casos submetidos a juízo sejam julgados com base em fatos provados e com aplicação imparcial do direito vigente; e, para que se possa controlar se as coisas caminharam efetivamente dessa forma, é necessário que o juiz exponha qual o caminho lógico que percorreu para chegar à decisão a que chegou. Só assim a motivação poderá ser uma garantia contra o arbítrio (*omissis*). Para o direito é irrelevante conhecer dos mecanismos psicológicos que, às vezes, permitem ao juiz chegar às decisões. O que importa, somente, é saber se a parte dispositiva da sentença e a motivação estão, do ponto de vista jurídico, lógicos e coerentes, de forma a constituírem elementos inseparáveis de um ato unitário, que se interpretam e se iluminam reciprocamente".

Aliás, sobre o tema, igualmente advertia Giuseppe Chiovenda: característica formal da sentença é a exposição precisa do estado da questão resolvida e do trabalho mental realizado pelo juiz; por isso a sentença deve encerrar, ademais do dispositivo, sob a pena de nulidade: a) o teor dos pedidos das partes, excluídos o fato e os motivos; b) os motivos de decidir, de fato e de direito, sem que lhe seja lícito referir-se simplesmente aos motivos de outra sentença.[272]

Nessa linha, em atenção a tal exigência constitucional, é que o ordenamento processual brasileiro adotou como forma de interpretação da prova, o sistema da persuasão racional. Este exige que o juízo racionalmente – portanto de forma inteligente e fundamentada – aponte as razões que justificam suas decisões nesse ou naquele sentido, sob pena de, se assim não proceder, configurar sua decisão ato de arbítrio e, por

---

características incisivas do processo contemporâneo, calcado no *due process of law*, representando uma "garantia inerente ao Estado de direito". (REsp 154.438. RS. 4ª T. Rel. Min. Sálvio de Figueiredo Teixeira. DJU 28.06.1999, p. 117). No mesmo sentido, RESP 244.393- RJ. 1ª T. Rel. Min. José Delgado. DJU 02.05.2000, p. 119; STJ. REsp 190488. RS. 1ª T. Rel. Min. Garcia Vieira. DJU 22.03.1999 – p. 93 e REsp 94.933 – BA – 4ª T. – Rel. Min. Ruy Rosado de Aguiar – DJU 13.10.1998, p. 111.

[271] LIEBMAN, Enrico Tullio. Do Arbítrio à Razão. Reflexões sobre a motivação das sentenças. *In: Revista de Processo*, 29/79. Esta passagem também foi referida pelo Athos Gusmão Carneiro, em precioso ensaio sobre o tema (Sentença mal Fundamentada e Sentença não Fundamentada – Conceitos – Nulidades).

[272] CHIOVENDA, Giuseppe. *Instituições de Direito Processual Civil*. v. 3. Campinas: Bookseller, 1998, p. 40.

decorrência, convalescer do vício de nulidade, eis que repelida pela ordem constitucional.

Vale, por derradeiro, registrar que não há que se confundir sentença malfundamentada ou com fundamentação concisa com ausência de fundamentação. A decisão com fundamentação sumária é plenamente admitida pelo nosso ordenamento, nos termos expostos, por exemplo, no art. 459 do CPC. A sentença malfundamentada, de sua parte, ensejará, se for o caso, reforma, ao passo que a sentença destituída de fundamentação é nula de pleno direito, pois ato de verdadeiro arbítrio.

De outro lado, oportuno que se apresente uma inquietação sobre a real compreensão do dever constitucional de fundamentar a decisão jurisdicional. Com efeito, como visto fixa a Constituição da República que todas as decisões do Poder Judiciário serão fundamentadas. No que diz respeito à sentença – que é espécie do gênero decisão jurisdicional –, estabelece o artigo 458, do Código de Processo Civil que são requisitos essenciais dessa o relatório, os fundamentos e o dispositivo.

Nessa senda, cumpre estabelecer uma linha de reflexão, ou seja: o que é fundamentar, sob o ponto de vista das exigências constitucionais e infraconstitucionais?

Antes de responder o que é fundamentar, deve ser respondido o que é o direito? Este, segundo prestigiada linha de pensamento, é fato, valor e norma.[273] A sentença é o direito em concreto, portanto ela deve conter fato, valor e norma. O art. 458, do CPC estabelece que são requisitos essenciais (sem os quais não existe o ato, portanto!) o relatório (= fatos), a fundamentação (= valor) e o dispositivo (= norma). Nesta linha, fundamentar é, pois, valorar os argumentos fáticos e jurídicos da demanda.

18.2.2.2.4. Contraditório (art. 5º, LV, CF)

Às partes é assegurada a garantia do contraditório, insculpida no art. 5º, LV, da Constituição Federal.

Prefacialmente, cumpre identificar a extensão e o alcance do que representa a garantia do contraditório no processo, haja vista pairar, especialmente em nível de doutrina, alguma dissonância em torno da questão. Ovídio Baptista da Silva define o contraditório como a opor-

---

[273] Sobre o tema v., por todos, REALE, Miguel. *Filosofia do Direito*. São Paulo, Saraiva, 1975, p. 437 e ss.

tunidade de fazer-se ouvir, denominando-o no plano exclusivamente processual como o princípio da bilateralidade da audiência.[274]

Efetivamente, o contraditório representa a oportunidade estabelecida previamente pelo ordenamento processual-constitucional de ambas as partes manifestarem-se em momento adequado, apresentando suas razões fáticas e jurídicas, com o fito de auxiliar a cognição do juízo.

Neste sentido, sobre o escopo do princípio, Luís Guilherme Marinoni e Sérgio Cruz Arenhart, tiveram a oportunidade de aduzir que "como adverte Trocker, o objetivo central da garantia do contraditório não é a defesa entendida em sentido negativo, isto é, como oposição ou resistência ao agir alheio, mas sim a 'influência' entendida como *Mitwirkungbefugnis* (Zeuner) ou *Einwirkungsmöglichkeit* (Baur), ou seja, como direito ou possibilidade de influir ativamente sobre o desenvolvimento e o resultado da demanda".[275]

Resulta, pois, claro que deve ser deferido às partes o direito de serem ouvidas e – através de argumentos – contribuir na formação da decisão jurisdicional.

Contudo, a garantia do contraditório, como a quase totalidade das garantias constitucionais sofre aqui ou acolá atenuações, haja vista que tem sua aplicação relativizada ou maximizada em função do caso concreto posto à análise.

Nessa linha, cumpre aduzir que, por vezes, a lei ordinária difere o contraditório no tempo. E o faz, exatamente, nos casos das decisões *inaudita altera pars*.

Naquilo que interessa aos propósitos do presente estudo, cumpre esclarecer que quando se permite o deferimento, p.ex., de liminar de alimentos não se está suprimindo o contraditório, senão postecipando-o dada a urgência e particularidade da situação e isto somente é possível se realizado juízo de ponderação de valores entre a garantia do contraditório e o direito postulado.

Adverte a doutrina que a obediência cega ao comando pode levar ao comprometimento da efetividade do processo, quando não da própria atividade jurisdicional, haja vista que, é verdade, dentre a reclamação de prestação jurisdicional e a efetivação da garantia, decorre, naturalmente, lapso considerável de tempo. Neste sentido, quando,

---

[274] BAPTISTA DA SILVA, Ovídio Araújo. *Curso de Processo Civil*. v. 1. 5ª ed. São Paulo: Revista dos Tribunais, p. 70.

[275] MARINONI, Luiz Guilherme; ARENHART, Sérgio Cruz. *Comentários ao CPC*. v. 5, tomo I. São Paulo: Revista dos Tribunais, 2000, p. 172.

para salvaguardar direitos outros de igual envergadura, solução outra não exista, que não sufocar momentaneamente o contraditório, evidentemente tal medida estará autorizada.

Neste particular, em proveitoso ensaio, Carlos Alberto Alvaro de Oliveira teve a oportunidade de se manifestar, sugerindo a fórmula pela qual deve o magistrado se guiar: "nessa matéria, ainda mais ressalta o princípio geral da adaptação, de tal modo que só se poderá adiar o contraditório para um momento posterior na justa medida em que o provimento judicial, emitido inaudita altera pars, seja idôneo para atingir a finalidade a que se propõe a lei e em consonância com os pressupostos nela estabelecidos. Essa idoneidade decorre principalmente da proporcionalidade entre o prejuízo processual causado pela inobservância do princípio e o provável prejuízo que a outra parte poderá sofrer sem o deferimento da cautela ou da tutela cuja antecipação se pretende, condicionada ainda à provável existência do direito afirmado".[276]

Desta forma, como se vê, embora esteja a viger com toda sua plenitude e força a garantia do contraditório, há hipóteses em que, levando em conta, o conflito de prejuízos, poder-se-á mitigá-lo para diferi-lo no tempo, e isso ocorre exatamente nas hipóteses em que há urgência no deferimento de medidas acauteladoras ou de cunho antecipatório, face o risco posto a exame.

18.2.2.2.5. Inafastabilidade da apreciação do Poder Judiciário de lesão ou ameaça de direito (art. 5º, XXXV, CF)

Prevê a Constituição Federal, em seu art. 5º, inciso XXXV, garantia da inafastabilidade do controle jurisdicional, definido por alguns como o princípio do direito de ação ou princípio da inarredabilidade da prestação jurisdicional.

Estabelece a dicção constitucional que "a lei não excluirá da apreciação do Poder Judiciário lesão ou ameaça de direito". Este comando constitucional representa a inviabilidade de serem criados obstáculos ao cidadão de buscar seu direito junto ao Poder Judiciário.

Posta a questão nestes termos, emerge, com clareza invulgar, que a Constituição franqueou, sem restrições, o direito de ação, sempre que houver lesão ou ameaça a direito, pois é exatamente através do direito

---

[276] OLIVEIRA, Carlos Alberto Alvaro de. A Garantia do Contraditório. In: *Garantias Constitucionais do Processo Civil.* José Rogério Cruz e Tucci (Coord.). São Paulo: Revista dos Tribunais, 1999, p. 146.

de ação que o cidadão exige do Estado à prestação jurisdicional. Quer isto dizer que, para a satisfação de interesses individuais (também coletivos ou difusos!), está o Poder Judiciário franqueado ao exame das mais diversas questões.

Isto, contudo, não quer dizer que o Estado possa e deva interferir no domínio de todos e quaisquer fatos da vida social. Tal como observa, com propriedade, José Maria Rosa Tesheiner "em seus extremos limites, a omnicompetência do Poder Judiciário se torna, às vezes, deletéria; outras vezes, apenas ridícula".[277]

Nessa linha, há de se ter em mente, por exemplo, que a atuação do Poder Judiciário, na seara administrativa, deve dar-se tão somente em torno da legalidade dos atos praticados, não cabendo jamais revisá-los, sob o ponto de vista de sua oportunidade política ou conveniência. Tem-se, pois, como limitada a certo raio de atuação a inafastabilidade do controle judicial sobre determinados atos. No entanto, é certo que não pode a lei, desde antes, pretender afastar do controle do Poder Judiciário qualquer ameaça ou lesão a direito, daí a plenitude do direito de ação deferido pela Constituição Federal.

Como informação, cumpre registrar que há, em alguma medida, discussões sobre certos temas disciplinados por lei. Assim, p. ex., artigo 31 da Lei de Arbitragem, que aparentemente permite seja afastada do Poder Judiciário eventual discussão por vontade das partes. Igualmente sobre o artigo 28 do CPP, o qual permite, por decisão do chefe do Ministério Público, afastar do debate judicial eventual fato ao definir pelo arquivamento de inquérito, dentre outras situações existentes aqui ou ali.

Representam estes casos, dentre outros, uma realidade: a inexistência de garantia constitucional absoluta e a aceitação da possibilidade de serem relativizadas também pela ordem jurídica infraconstitucional.

18.2.2.2.6. Acesso à Justiça (art. 5º, XXXV, CF)

Talvez uma das mais graves preocupações do mundo ocidental naquilo que diz respeito à efetividade do processo está, exatamente, na asseguração do acesso à justiça, como proposta básica de uma sociedade democrática, pois, longe de dúvida, não se pode sequer imaginar a

---
[277] TESHEINER, José Maria Rosa. *Elementos para uma teoria geral do processo*. São Paulo: Saraiva, 1993, p. 34.

hipótese de distribuição de justiça apenas para determinados "segmentos sociais".

Efetivamente, é da essência da plenitude da cidadania a garantia de que a todos será assegurada a mais ampla possibilidade de submeter à apreciação do Poder Judiciário eventual lesão ou ameaça a direito.

Nesta medida, a Constituição Federal estabelece o princípio de que a todos será assegurado o exame de suas quizílias, em verdadeira asseguração à proteção jurisdicional.

Portanto, compete ao Estado, a partir deste primado, facilitar ao cidadão as formas de acesso à solução de seus conflitos. Com tal propósito, a Constituição Federal contém comandos aptos a reforçarem tal primado, tais como no inciso LXXIV do artigo 5º, o direito à assistência jurídica integral e gratuita e no inciso LXXVII do mesmo dispositivo, a gratuidade necessária do *Habeas corpus* e do *Habeas data*, bem como, de forma inominada, a gratuidade dos atos necessários ao exercício da cidadania.

Embora a clareza de propósitos da Constituição Federal a verdade é que esta fórmula ainda não se encontra plenamente aperfeiçoada, haja vista que o cidadão encontra limitações de acesso amplo à proteção judicial. Com efeito, basta – para que se chegue a tal conclusão – se proceda exame, p. ex., de leis que, aqui ou ali, embaçam o pleno exercício de tal garantia constitucional. Nessa orientação, enumeram-se, *v.g.*, a exigência de depósito prévio em ação rescisória, a permissão legal para a cobrança de custas judiciais (haja vista que a assistência judiciária é restrita a determinadas circunstâncias), o pressuposto de legitimação constante do artigo 6º, CPC, quando posto em causa, p. ex., *microdireitos*[278] individuais pelo Ministério Público, tais como a legalidade da cobrança de pequenas taxas para assegurar isto ou aquilo nos cartões de crédito, os débitos nas contas correntes bancárias e outros procedimentos assemelhados que, se examinados sob a óptica individual, são efetivamente de ínfima repercussão, contudo se somados atingem uma extraordinária e injustificada vantagem econômica a determinado *beneficiário*.[279]

---

[278] Usa-se a expressão microdireito exclusivamente sob o ponto de vista patrimonial, não merecendo, pois, qualquer outra projeção.

[279] Na hipótese dos microdireitos, induvidosamente as relações jurídicas de direito material se assentam em atos individuais, pois a adesão a cartões de crédito ou o contrato de conta corrente bancária tem suporte em contratos nitidamente individuais e podem ser individualmente discutidos sem provocar repercussão jurídica nas demais relações assemelhadas, por isto sugerem a presença de um direito nitidamente individual a regular as relações que, quiçá, não se enquadrem na categoria de direitos individuais homogêneos, vez que não tem origem comum, mas sim em diversos atos jurídicos idênticos ou assemelhados. Contudo, em face de sua ínfima repercussão individual, dificilmente ensejariam ações isoladas, resultando, pois, a população frente a um dile-

Assim, também aqui, encontramos a curiosa situação de que a partir da ideia de que as garantias constitucionais não são absolutas, passamos a admitir circunstâncias em que nitidamente a garantia é ameaçada – se não desconhecida – em favor de leis infraconstitucionais, mediante o argumento de se tratar de intervenção restritiva.

18.2.2.2.7. Proibição da obtenção de prova por meio ilícito (art. 5º, LVI, CF)

Questão ainda tormentosa, no âmbito do processo civil moderno, diz respeito à utilização de provas obtidas por meio ilícito.

Mauro Cappelletti, responsável por parte das reformas processuais de ordenamentos europeus, em prestigiado ensaio,[280] aponta uma duplicidade de aspectos às provas inadmissíveis em juízo: (a) as provas que *prima facie* são ilícitas e (b) as provas que, embora lícitas, pelo meio com que são produzidas, contrariam o ordenamento, na medida em que violam garantias nele insculpidas.

Com razão, algumas provas como destaca o eminente jurista peninsular, seriam diretamente proibidas pelo ordenamento jurídico, de modo que sua utilização sempre estaria vedada. Seriam, pois, ilícitas *primu ictu ocoli*.

De outro lado, observou o ilustrado mestre, que outras provas, por si apenas, seriam legítimas, mas que, em razão dos meios com os quais foram obtidas – através de ato ilícito – tornam-se vedadas pelo ordenamento. Seriam as que o ordenamento da *commom law* denominou de *fruits of the poisonous tree* (frutos da árvore envenenada). Nesse caso, para ilustrar, situar-se-ia (a) o uso, em juízo, de documento furtado pela parte interessada; (b) a confissão obtida mediante tortura ou chantagem; (c) o testemunho prestado por profissional que viola o dever de sigilo que lhe incumbia, dentre tantas outras situações. É o caso, p. ex., no Brasil, das provas obtidas através de violação de domicílio ou de escuta telefônica sem a competente e prévia autorização judicial.

---

ma, haja vista que ir a juízo para impedir o abuso pode se tornar mais gravoso do que suportar o próprio abuso, daí parecer razoável que o Estado reconheça legitimidade a uma de suas instituições para, em nome da sociedade, enfrentar as referidas violações e/ou ameaças a direitos que, embora de diminuta repercussão individual, se somados, são de enorme repercussão coletiva. Assim, no momento em que se deixa de reconhecer legitimidade a uma das instituições permanentes do Estado para o patrocínio de tais direitos em juízo, não se estará violando a garantia do acesso à justiça que o próprio Estado assegura à sociedade?

[280] CAPPELLETTI, Mauro. Eficacia de pruebas ilegitimamente admitidas y comportamiento de la parte. In. *La Oralidad y las Pruebas en el Processo Civil*. Buenos Aires: EJEA, 1972, p. 138.

Nesse panorama, algumas indagações devem ser respondidas pelo operador: até que ponto a origem ilícita de uma prova poderia contaminá-la, quando, em realidade, para usar expressão redundante consagrada por Carnelutti, representam a "verdade verdadeira"? Até que medida poderíamos relativizar ou mitigar o propósito exposto na Constituição Federal, a fim de que os litigantes alcançassem comprovar suas alegações? Em quais circunstâncias poderíamos permitir que meios ilícitos sejam utilizados pelas partes?

Evidentemente, a resposta não é unívoca, seja na doutrina, seja na jurisprudência.

Com efeito, a doutrina tedesca, como sabido, buscou guarida no já consagrado princípio da proporcionalidade (*Verhaeltnismaessigkeitprinzip*), segundo o qual, somente através de uma ponderação dos interesses envolvidos no litígio, conseguiríamos alcançar a solução do impasse.[281] Vale dizer, entendendo os princípios de direito como verdadeiros mandados de otimização, que podem ser aplicados em maior ou menor escala, o magistrado germânico tem a oportunidade de, valorando cada caso concreto, fazer sua opção por aquilo que – no Estado de direito – merece maior valoração, explicitando – evidentemente – as razões de seu convencimento.

Como assevera o Professor da Universidade Munique, Heinrich Scholler, a sede material do princípio da proporcionalidade encontra-se no princípio do Estado de direito, o qual – na condição de princípio constitucional fundamental – vincula o legislador, na medida em que serve de fundamento para o princípio da reserva de lei proporcional.[282]

Essa lição encontra, em nosso país, inúmeros seguidores,[283] os quais admitem, em hipóteses específicas, a utilização de provas obtidas por meio ilícito, com o fito de prestigiar outros valores também protegidos pelo ordenamento.

Tal posição, todavia, não é imune à crítica. Com efeito, não duvidamos que, em número expressivo de casos, a utilização das provas obtidas por meios ilícitos até serviriam para aclarar a *verdade real* das alegações das partes, contribuindo, com isso, para o alcance de uma

---

[281] Sobre o tema, oportuno o ensaio de BERGMANN, Erico. Prova Ilícita – A Constituição de 1988 e o Princípio da Proporcionalidade. In: *Estudos do MP-5*, Porto Alegre, 1992.

[282] SCHOLLER, Heinrich. O Princípio da Proporcionalidade no Direito Constitucional e Administrativo da Alemanha, In: *Revista Interesse Público*, 2/97.

[283] Dentre tantos, ver MARINONI, Luís Guilherme. ARENHART, Sérgio Cruz. *Comentários ao CPC*. v. 5, tomo I. São Paulo: Revista dos Tribunais, 2000.

decisão mais justa no caso concreto, na medida em que mais próxima da "verdade verdadeira".

Todavia, não podemos olvidar que, na medida em que se facultam às partes expedientes menos nobres para a busca da verdade material, como a invasão da privacidade alheia ou mesmo uma comezinha agressão à integridade corporal de alguém, o ordenamento jurídico também resulta agredido.

Assim procedendo, estar-se-á, pois, sem dúvida, estimulando a torpeza processual, haja vista que se passa a admitir a busca da prova a qualquer custo, o que, sob todas as formas não se deseja.

No Brasil, frente a tal realidade – admissão ou não do uso de provas obtidas por meio ilícito – de muito está a viger o chamado princípio da liberdade na apresentação das provas e esse vem consubstanciado no art. 332, do CPC, quando afirma que "todos os meios legais, bem como os moralmente legítimos, ainda que não especificados neste Código, são hábeis para provar a verdade dos fatos, em que se funda a ação ou a defesa".[284]

Este dispositivo consagra, como se vê, o sistema da *prova livre*. Assim, respeitados os parâmetros da legalidade e da moralidade, tudo que possa ratificar as alegações deduzidas pelas partes, tudo que possa contribuir para o encaminhamento da *verdade real*, e não só processual, é tido como meio hábil a provar a procedência dos fatos em que se funda a ação ou a defesa.

Acaso, entretanto, for constatada a prática de meio ilícito para obtenção da prova, cumpre ponderar entre os prejuízos potenciais presentes e optar, levando em conta as ideias da proporcionalidade, pela menor ofensa à ordem jurídica no caso concreto.

Caberia, antes de arrematar a questão do eventual aproveitamento de prova obtida por meio ilícito, ainda determinada indagação.

O que vem a ser meio de prova moralmente legítimo?

Alcides de Mendonça Lima,[285] sobre o tema, já advertira que se trata de: "... expressão equívoca, de difícil conceituação exata. O sentimento muda conforme a época e, até, a mentalidade, a formação e os princípios de cada juiz. Não há garantia prévia de determinado meio ser, ou não, aceito como prova. Com ou sem dispositivo, o problema poderia ser suscitado ao deferir ou indeferir uma prova por não ser

---

[284] Já na Inglaterra, não há norma vedando provas obtidas ilegalmente (*there is no rule excluding evidence which has been illegally obtained*). Passim Fundamental Guarantees in Civil Litigation: England. J. A. Jolowicz.

[285] LIMA, Alcides de Mendonça. A nova terminologia do código de processo civil. In: Revista da AJURIS, nº 1, p. 112.

moral, a cujos postulados o processo está sujeito, em seu todo, ainda que sem norma expressa".

A ideia do professor gaúcho, ao que parece, é pertinente à sociedade em que vivemos, pois são notórias as evoluções no campo da moralidade social, as quais, por consequência óbvia, se incorporam ao direito, já que esse regulamenta o convívio em sociedade.

Assim, o que hoje pode ser tido como imoral e não admitido como prova, amanhã poderá ser tido como ato plenamente moral e admitido, por consequência, como prova. Todavia, nesta posição – que transfere aos tempos o conceito de moralidade – temos que jamais poderá se permitir o estelionato processual, devendo, portanto – mesmo vigorando o princípio da liberdade probatória – as provas receberem as restrições morais que a época impõe sem violação do chamado *princípio da imaculação da prova*, ou seja a prova deve vir para juízo livre de máculas, não pode, pois, estar tisnada em sua higidez ética.

Nessa linha, deve-se ter por assente que a liberdade probatória, que visa a propiciar a chegada da verdade real aos processos, não chega a permitir que a ilicitude (uso de meios moralmente ilegítimos) contribua para o êxito da prestação jurisdicional do Estado.[286]

Entendimento diverso, adotando como regra a permissividade da aceitação da prova obtida por meio ilícito, seria a chancela da torpeza, da deslealdade, verdadeiros prêmios à astúcia e incentivo à imoralidade; situações incompatíveis com a saúde da justiça. Tanto assim é que a Constituição de 1988, recepcionando exatamente tal orientação elevou à condição de garantia constitucional-processual, a proibição do uso de prova obtida por meio ilícito.

Contudo, vale ponderar que tal garantia constitucional, como outras tantas, deve ser recebida como a regra que preside a licitude na arrecadação da prova. Isso, no entanto, não quer dizer que por exceção – e apenas por exceção – se em causa valor ético superior àquele que o comando constitucional protege não possa esse vir a sofrer relativização e, por decorrência, vir a ser admitida em determinado processo prova que, em face do meio usado para sua obtenção, em tese, deveria ser considerada ilícita. Tal conduta se justifica, exatamente, em face da

---

[286] A propósito do tema, oportuna a lição de Mauro Cappelletti e Vicenzo Vigoriti, segunda o qual mesmo uma moderna visão da prova reconhece que, embora em princípio todas as provas relevantes devam ser submetidas à apreciação do juiz, esse princípo deve, sob certas circunstâncias, dar lugar a outros valores, especialmente se eles são constitucionalmente garantidos. (no original: even a modern view of evidence recognizes that, although in principle all relevant proof should be submitted to the critical evaluation of the judge, this principle must, in certain circumstances, give way to other values, especially if they are constitutionally guaranteed. (*In: Fundamental Guarantess of the Parties in Civil Litigation*, p. 555)

incidência também no direito brasileiro do oportuno princípio da proporcionalidade antes referido, o qual, em síntese, propõe balanceamento de valores.

A aplicação de tal princípio, com o consequente aproveitamento de prova que em princípio seria ilícita à luz da Constituição, somente se justifica se o direito posto em causa e que está com possibilidade de ser violado é de hierarquia superior para o caso concreto à garantia constitucional de que não se admite a prova obtida por meio ilícito. Assim, por regra, não se justificaria, p. ex., a admissão de prova ilícita para a satisfação de direito patrimonial, como a extorsão de confissão de dívida, embora esta seja verdadeira, pois a garantia constitucional é notoriamente superior ao direito pretendido. No entanto, justificar-se-ia a superação da garantia e o consequente aproveitamento de prova obtida por meio ilícito se em risco, p. ex., a vida, como nos casos de pena de morte em tempo de guerra (art. 5º, XLVII, CF). Cumpre, por derradeiro, esclarecer que o balanceamento entre o valor da garantia e do direito que se pretende assegurar somente é possível fazer – como já afirmado – em concreto.

18.2.2.2.8. Coisa julgada (art. 5º, XXXVI, CF)

A definição de coisa julgada, como visto em capítulo próprio, é tema tormentoso. Entendemos que o instituto da coisa julgada representa a imutabilidade da nova situação jurídica criada pela sentença.

Posta a definição do instituto nestes termos objetivos, onde aparece pelo prisma da estabilidade da nova situação jurídica decorrente da sentença, após as preclusões pertinentes, cumpre registrar que a Constituição Federal assegura a eficácia da coisa julgada (art. 5º, XXXVI) como garantia inerente ao Estado de direito.

Desta forma, considerando os propósitos do presente estudo, oportuno destacar o alcance da coisa julgada como garantia oferecida ao cidadão.

Com efeito, a Constituição Federal diz apenas e literalmente que "a lei não prejudicará (...) a coisa julgada". Diante da literalidade da Carta Magna emerge indagação: a eficácia do comando constitucional se estende para além da imunização de que apenas nova lei não pode ofender a situação jurídica decorrente de decisão jurisdicional ou isso também se projeta contra novas decisões jurisdicionais?

É evidente que o instituto da coisa julgada blinda a decisão contra nova lei e contra nova decisão também, entretanto a linha investigativa aqui desenvolvida é a de identificar se estamos sempre frente a um debate com sede constitucional ou não. Nessa linha, parece adequado afirmar que se lei ofende a coisa julgada o debate é induvidosamente constitucional e, portanto, resta violada a garantia constitucional aqui destacada. Contudo, se nova decisão viola a coisa julgada parece ter o debate sede meramente infraconstitucional, vez que a Carta limita a proteção constitucional apenas contra nova lei e não contra todas as circunstâncias aptas a ofender a coisa julgada. Efetivamente, a proteção que a coisa julgada oferece contra nova decisão jurisdicional é matéria exclusivamente infraconstitucional, e, por decorrência, não encontra assento na Constituição Federal, nem mesmo implicitamente, na medida em que essa expressamente definiu os limites de proteção.

Assim, a conclusão é que se a lei viola a garantia o debate tem assento na Constituição. Se, entretanto, nova decisão ofende a coisa julgada, essa situação tem suporte meramente infraconstitucional. A primeira hipótese defere acesso ao STF, e a segunda, somente ao STJ.

18.2.2.2.9. Juiz e promotor natural (art. 5º, LIII, CF)

Estabeleceu a Carta Constitucional como garantia oferecida aos cidadãos que "ninguém será processado nem sentenciado senão por autoridade competente". Com isso, fixou o princípio do juiz e do promotor natural, cujo principal objetivo é de assegurar, desde antes, que ninguém será beneficiado ou prejudicado com a instauração de um verdadeiro juízo de exceção, ou seja, um juízo extraordinário *ex post facto.*

Nessa linha, cumpre registrar que o princípio do juiz e do promotor natural é tido como uma regra universal do Estado de direito. Neste passo, por evidente, não se encontra exclusivamente na ordem jurídica nacional. Por exemplo, o art. 101 da Constituição tedesca veda a criação de tribunais de exceção. Outra não é a orientação da Constituição italiana, quando afirma, em seu art. 25, § 1º, que "a ninguém será negado o direito de ser julgado por seu juiz natural previamente designado pela lei".

Em verdade, o princípio do juiz natural ganhou força a partir da revolução francesa, que o chancelou como um direito fundamental de todos os cidadãos.

Tal garantia é de conteúdo duplo: (a) um de ordem positiva, que confere a todos, em caso de litígio, um julgamento imparcial por órgão criado previamente, a partir de normas gerais e (b) outro de ordem negativa, vedando que a Administração exerça influência sobre a composição do Tribunal em determinado caso concreto. Idem para o Ministério Público.

No exemplo nacional, a matéria não difere. Com razão, são vários os dispositivos infraconstitucionais (além do comando constitucional) que consagram a ideia que também possui trânsito fácil em doutrina, haja vista que, com a consolidação do Estado de direito no Brasil, tal orientação recebeu densa adesão por parte dos juristas.[287] Estes, de sua parte, modernamente, estendem a garantia do órgão judicante natural, também ao órgão processante, daí nascer a figura do promotor natural. Todavia, não apenas e enquanto órgão processante.[288]

Com efeito, de nada adiantaria assegurar ao cidadão o direito de ser julgado por órgão previamente constituído, se, de outra parte, pudesse ser processado por órgão de exceção. Tanto é assim que a jurisprudência da Suprema Corte e do Superior Tribunal de Justiça vem paulatinamente aceitando o princípio do juiz, bem assim do promotor natural.[289]

---

[287] Atente-se, por exemplo, para prestigiado aresto de lavra do Min. Celso de Mello, cuja ementa reza "(...) A consagração constitucional do princípio do juiz natural (CF, art. 5º, LIII) tem o condão de reafirmar o compromisso do Estado Brasileiro com a construção das bases jurídicas necessárias à formulação do processo penal democrático. O princípio da naturalidade do juízo representa uma das matrizes político-ideológicas que conformam a própria atividade legislativa do Estado, condicionando, ainda, o desempenho, em juízo, das funções estatais de caráter penal-persecutório. A lei não pode frustrar a garantia derivada do postulado do juiz natural. Assiste, a qualquer pessoa, quando eventualmente submetida a juízo penal, o direito de ser processada perante magistrado imparcial e independente, cuja competência é predeterminada, em abstrato, pelo próprio ordenamento constitucional". (STF – HC 73.801 – MG – 1ª T. – Rel. Min. Celso de Mello – DJU 27.06.1997)

[288] Também incide tal garantia no que diz respeito a atuação do Promotor natural, como e enquanto *custos legis*.

[289] Nessa linha, os seguintes arestos: "*Habeas corpus*. Ministério Público. Sua destinação constitucional. Princípios institucionais. A questão do promotor natural em face da constituição de 1988. Alegado excesso no exercício do poder de denunciar. Inocorrência. Constrangimento injusto não caracterizado. O postulado do Promotor Natural, que se revela imanente ao sistema constitucional brasileiro, repele, a partir da vedação de designações casuísticas efetuadas pela Chefia da Instituição, a figura do acusador de exceção. Esse princípio consagra uma garantia de ordem jurídica, destinada tanto a proteger o membro do Ministério Público, na medida em que lhe assegura o exercício pleno e independente do seu ofício, quanto a tutelar a própria coletividade, a quem se reconhece o direito de ver atuando, em quaisquer causas, apenas o Promotor cuja intervenção se justifique a partir de critérios abstratos e pré-determinados, estabelecidos em lei. A matriz constitucional desse princípio assenta-se nas cláusulas da independência funcional e da inamovibilidade dos membros da Instituição. O postulado do Promotor Natural limita, por isso mesmo, o poder do Procurador-Geral que, embora expressão visível da unidade institucional, não deve exercer a Chefia do Ministério Público de modo hegemônico e incontrastável. Posição dos Ministros Celso de Mello (Relator), Sepulveda Pertence, Marco Aurélio e Carlos Velloso. Divergência, apenas, quanto a aplicabilidade imediata do princípio do Promotor Natural: necessidade da *interpositio legislatoris* para efeito de atuação do princípio (Ministro Celso de Mello); incidência do postulado, independentemente de intermediação legislativa (Ministros Sepulveda Pertence, Marco Aurélio e Carlos Velloso). Reconhecimento da possibilidade de instituição do princípio do Promotor Natural mediante lei (Ministro Sydney Sanches). Posição de expressa rejeição a existência desse princípio consignada nos votos dos Ministros PAULO BROSSARD,

Contudo, necessário o registro de que se historicamente a ideia do princípio constitucional do promotor natural teve inspiração na defesa da instituição do Ministério Público contra designações casuísticas procedidas pelo Procurador-Geral – Chefe da Instituição – aos efeitos de beneficiar ou prejudicar esta ou aquela situação, hoje, mais do que garantia da instituição – portanto de seus membros – contra o arbítrio, é uma verdadeira garantia da cidadania, vez que, graças ao amadurecimento da sociedade, já vão longe os tempos de designações especiais e avocações episódicas. Hoje a independência funcional, as garantias constitucionais da inamovibilidade, irredutibilidade e vitaliciedade, somadas ao presente princípio asseguram ao cidadão a mais absoluta imparcialidade ideológica no trato do processado, vez que não se admite designação pós-fato de promotor/procurador para enfrentamento desta ou daquela situação.

Assim, pois, pode se afirmar, longe de discussões, que a Constituição Federal consagra a garantia constitucional-processual do juiz e do promotor natural, representada pela impossibilidade de escolha pós-fato do órgão judicante e/ou do órgão processante, garantia que não apenas limita sua incidência aos processos jurisdicionais (criminais, cíveis, enfim de toda a natureza), mas também abrange aos procedimentos administrativos.

18.2.2.2.10. *Duração razoável do Processo (art. 5º, LXXVIII, CF)*

Muito se tem debatido no mundo ocidental, em especial no Brasil, as chagas processuais da falta de efetividade e da morosidade da prestação jurisdicional. Atenta, também, a esta realidade a Emenda Constitucional nº 45 elevou *expressamente* à sede constitucional a questão do tempo razoável de duração do processo.

Cumpre, pois, lembrar, que antes mesmo da Emenda 45 inserir expressamente a garantia de duração razoável do processo, a Constituição Federal já recepcionara tal proposta, forte no § 2º do art. 5º, eis que

---

OCTAVIO GALLOTTI, NERI DA SILVEIRA E MOREIRA ALVES. (STF – HC 67.759 – RJ – TP – Rel. Min. CELSO DE MELLO – DJU 01.07.1993) e " RHC. Constitucional. Processual penal. Ministério Público. Promotor natural. O promotor ou o procurador não pode ser designado sem obediência ao critério legal, a fim de garantir julgamento imparcial, isento. Veda-se, assim, designação de promotor ou procurador ad hoc no sentido de fixar prévia orientação, como seria odioso indicação singular de magistrado para processar e julgar alguém. Importante, fundamental é prefixar o critério de designação. O réu tem direito público, subjetivo de conhecer o órgão do ministério público, como ocorre com o juízo natural." (STJ – RO-HC 8513 – BA – 6ª T. – Rel. Min. LUIZ VICENTE CERNICCHIARO – DJU 28.06.1999 – p. 154). Admitindo, no entanto, apontando a ausência de fundamento expresso na Constituição (HC 68.966, Rel. Min. FRANCISCO REZEK, STF , DJU 07.05.1993, p.8.328).

a regra contida no art. 8º, 1, da Convenção Americana sobre Direitos Humanos, da qual o Brasil é signatário, contempla o direito ao desenvolvimento do processo dentro de um prazo razoável.

Assim, para bem compreender o comando constitucional, agora, expressamente insculpido como garantia fundamental, é preciso, *maxima venia*, somá-lo a ideia de jurisdição útil, ou seja, quando se está a sustentar a existência de um direito constitucional de duração razoável do processo, se está, a um só tempo, sustentando que o processo deverá ter uma duração compatível com o direito posto em causa e com fatores pertinentes ao titular do mesmo, ou, dito de outro modo, o cidadão tem direito a uma tutela jurisdicional tempestiva, em face das particularidades da causa.

Efetivamente, deverá o processo ter duração que não importe no fenecimento do direito posto em causa, vale dizer: a jurisdição deverá agir e concretizar o direito controvertido dentro de um tempo apto ao gozo desse próprio direito. O juízo deve, pois, pena de violação de garantia constitucional, assegurar que o titular do direito possa desfrutar do próprio direito reclamado e não apenas que lhe seja assegurado direito derivado, tal como perdas e danos. Há, assim, nos termos da proposta constitucional, preferência pela outorga do próprio direito fustigado. Para tanto deverá o juízo, com o fito de assegurar o atendimento da garantia antes aludida, atentar tanto para as particularidades do direito posto em causa, quanto para as condições das partes.

Assim, ao idoso – por razões óbvias – se assegura prioridade, não apenas sob fundamento legal, mas, hoje, mais do que ontem, sob fundamento constitucional, pois se encontra, justamente, ao abrigo da garantia aqui debatida. Ao debate em torno de bem perecível se assegura absoluta prioridade de processamento e julgamento, pena de violação da garantia constitucional da tempestividade da prestação jurisdicional, em face do *periculum* de fenecimento do bem objeto do litígio.

É evidente, de outro lado, que a todos deve ser assegurada uma duração razoável do processo e, por decorrência, uma jurisdição útil, ou seja, que a decisão possa efetivamente *dizer o direito* em tempo deste ser realmente exercido. Contudo, existem pessoas e direitos, em face de particularidades, que podem se sujeitar a uma certa espera e outras não. Desta forma, sopesando as particularidades do caso concreto, em verdadeira ponderação de valores, deverá o juízo promover um joeiramento e assegurar o real cumprimento da Constituição, atento a efetividade da jurisdição, frente o balizamento dos primados da qualidade da parte e da natureza da lide, deferindo, pois, isonomia, na medida das desigualdades em concreto identificadas.

Afora os balizadores da qualidade da parte e da natureza do direito posto em causa, cumpre destacar que também se identifica em relação a todas as demandas um *direito a um processo sem dilações indevidas*, consoante adverte, com propriedade, José Rogério Cruz e Tucci,[290] ou seja, um processo no qual deverão as partes, o juiz e todos aqueles que vierem a intervir na demanda, respeitar os prazos legais, sob pena de violação da garantia aqui debatida. Entenda-se, assim, o tempo legal, como o tempo constitucional ou o tempo procedimental de duração do processo.

A garantia, por evidente, despertou na doutrina brasileira grande interesse, tanto que vários ensaios e monografias estão chegando a conhecimento dos operadores. Muitos, mostrando-se céticos quanto à possibilidade de que o propósito constitucional venha a atingir o fim colimado, apresentando desconfiança quanto a efetividade desse direito.[291] Outros tantos apontando a responsabilidade do Estado pela prestação jurisdicional intempestiva.[292] Tudo, porém, por certo, após a superação das primeiras impressões, e considerações das doutas opiniões constantes da doutrina, tendente a deferir à jurisprudência na construção concreta do direito os parâmetros adequados de compreensão do conceito de *prazo razoável* no Brasil contemporâneo, já que se trata de conceito indeterminado.

18.2.2.2.11. Devido processo constitucional (art. 5º, LIV, CF)

Como destacado com clareza pela doutrina,[293] a ideia brasileira de devido processo legal decorre da cláusula do *due process of law*, que – acalentada pelo direito norte-americano e existente como derivação da expressão *law of the land* desde a Idade Média, pela via da Carta Magna, conquista dos Barões Feudais saxônicos, junto ao Rei JOÃO "SEM TERRA", no Século XII –, se caracterizou como garantia maiúscula das liberdades fundamentais do indivíduo.

A importação, embora saudável em seu conteúdo material, incide em equívoco de denominação, em face da tradução adotada pelo

---

[290] TUCCI, José Rogério Cruz e. *Tempo e Processo*. São Paulo: Revista dos Tribunais, 1997, p. 63 e ss.

[291] P. ex., TAVARES, André Ramos. *A reforma do judiciário no Brasil pós-88*. São Paulo: Saraiva, 2005.

[292] Nesta linha v. Ensaios que integram a coletânea intitulada *A reforma do Judiciário. Primeiras Reflexões sobre a Emenda Constitucional n. 45/2004*. (Coords.) Teresa Arruda Alvim Wambier, Luiz Rodrigues Wambier, Luiz Manoel Gomes Jr., Octavio Campos Fischer e William Santos Ferreira. São Paulo: Revista dos Tribunais, 2005. Igualmente JOBIM, Marcos Felix. *O direito a duração razoável do processo*. 2ª ed. Porto Alegre: Livraria do Advogado, 2012.

[293] Veja-se, por exemplo, o proveitoso estudo de SIQUEIRA CASTRO, Carlos Roberto de. *O devido processo legal e a razoabilidade das leis na nova Constituição do Brasil*. Rio de Janeiro: Forense, 1989.

legislador constituinte brasileiro e, nessa medida, tem gerado alguma perplexidade à comunidade jurídica.

Efetivamente, não se deve perder de vista que a importação tem origem no direito anglo-saxão e, por decorrência, instituto originalmente integrante da família jurídica do *common law*, onde a principal fonte do direito é o *stare decisis* (precedente judicial) e não a lei. Assim, no momento em que é importado uma ideia e usada tradução restrita na sua designação esta circunstância gera deformação, haja vista que o sentido da expressão *law* constante da designação *due process of law* existente na *common law*, a evidência, não se identifica com o sentido do conceito da expressão legal da *civil law*, haja vista que lá significa mais do que lei ou seja o direito propriamente dito e aqui somente lei.

Desta forma, a boa compreensão reclama adequação da importação, aos efeitos de que esta seja efetivamente compreendida não como o devido processo apenas disciplinado pela lei, mas, mais do que isso, represente o devido processo disposto pela ordem jurídica.

Como a ordem jurídica nacional, embora o sistema seja positivado, é reconhecidamente constituída por outras fontes além da lei, vez que também a jurisprudência, o costume, e outras referências compõem a ordem jurídica, não há como emprestar interpretação restritiva à expressão legal constante da cláusula do devido processo.

Assim, considerando que nossa ordem jurídica é constituída por uma série de fontes, presentes com maior ou menor intensidade no sistema, embora a lei seja a fonte preferencial, a realidade é que nossa ordem jurídica é de formatação complexa. E por assim ser, no contexto desta identificam-se regras e princípios. Sendo aquelas expressas e estes expressos e implícitos. O devido processo brasileiro, portanto, é representado pelo conjunto da ordem jurídica, esteja esta disposta expressamente ou esteja esta representada por primados implícitos.[294]

A Constituição Federal, como sabido, é de textura aberta. E, por assim ser é que exatamente contempla princípios implícitos tais quais os expressos, e o conjunto compõe o devido processo assegurado ao cidadão.

Dessa forma, a ideia de devido processo no Brasil vai para muito além da compreensão estrita de devido processo como aquele que se encontra expressamente disciplinado na lei. O devido processo brasileiro, tal qual seu antecedente inspirador, consagra a ideia do respeito

---

[294] Humberto Àvila sustenta ainda a existência de postulados normativos. Sobre o tema, v., com proveito, *Teoria dos Princípios*: da definição à aplicação dos princípios. 2ª ed. São Paulo: Malheiros, 2003.

aos direitos assegurados pela Carta Federal, daí, a nosso ver, ser adequado designá-lo de devido processo constitucional (art. 5º, LIV, CF).

Nessa medida, não é difícil apontar para a existência de um direito constitucional-processual fundamental ou como preferem Marinoni e Mitidiero, *Direitos Fundamentai Processuais*,[295] de onde partem as luzes necessárias para interpretar as regras dos sistemas processuais especializados, bem como os princípios infraconstitucionais próprios dos microssistemas processuais.

Exemplo eloquente do direito processual fundamental encontra-se, justamente, na cláusula do *devido processo legal* que, em realidade, contém o conjunto de garantias oferecidas pela Constituição Federal.[296] É, pois, garantia constitucional e dela todas as demais são derivadas. Há, até mesmo, qualificada manifestação doutrinária aduzindo que a Constituição Federal sequer necessitaria ter explicitado outras garantias ao expressá-la.[297] Com efeito, a garantia do devido processo legal desfruta de um largo alcance e sua compreensão vai para muito além do que possa parecer sua designação constitucional.

Na realidade a garantia do devido processo legal deve ser lida como garantia do cumprimento da ordem jurídica inerente ao Estado democrático de direito. Tem, como sabido, origem conhecida e, no direito brasileiro, no plano processual, representa a asseguração do exercício judicial de todas as garantias constitucional-processuais reconhecidas pela ordem jurídica. Neste contexto, ao litigante se assegura o respeito às cláusulas constitucionais expressas ou implícitas e diretas ou indiretas. Para bem compreender a ideia nominada pela Constituição Federal como devido processo legal, devemos, antes de tudo, proceder à leitura desta como a garantia onde estão assegurados previamente direitos inerentes ao processo judicial do Estado democrático de direito.

O devido processo de direito, no Brasil, *maxima venia*, tem conteúdo constitucional e, apenas por decorrência, legal. Constitucional quando se refere ao conteúdo processual formativo da Constituição da República, ou seja, ao indispensável respeito às garantias constitucional-processuais no processo judicial; legal quando a lei processual assegura o cumprimento das garantais constitucionais através de pro-

---

[295] SARLET, Ingo Wolfang; MARINONI, Luiz Guilherme; MITIDIERO, Daniel. *Curso de Direito Constitucional*. São Paulo: RT, 2012.

[296] Em linha similar, ÁVILA, Humberto. O que é "Devido Processo Legal"? In: *Revista de Processo*. São Paulo: Revista dos Tribunais, 2008, v. 163 p. 50/59, itens 2.2.3 e 2.2.4.

[297] NERY JUNIOR, Nelson. *Princípios do Processo Civil na Constituição Federal*. São Paulo: Revista dos Tribunais, 1992, p. 37.

cedimentos judiciais previamente regulados por leis infraconstitucionais.[298] O desrespeito a um ou outro importa, só por si, em violação de garantia que pode ser nominada como a garantia ao devido processo da ordem jurídica inerente ao Estado democrático de direito. Apenas com a distinção de que quando é violada a garantia há desrespeito direto à Constituição e quando é violado o procedimento onde se deve fazer valer a garantia há desrespeito indireto a esta, quer por violação ao princípio da legalidade, quer por violação a outra garantia além desta ou ainda a mais de uma garantia. Assim, p.ex., ao se negar a citação do réu (cláusula legal), em verdade se está negando o contraditório e a ampla defesa (cláusulas constitucionais expressas), vez que aquela está, ainda que por via derivada, contida nestas.

É, portanto, o devido processo judicial da ordem jurídica instituída no Estado democrático de direito a verdadeira compreensão da cláusula do devido processo legal. Representa a asseguração do exercício de uma ampla gama de proteções oferecidas pelo Estado quando se vai ou se está em juízo, com o fito de fazer valer uma defesa efetiva ou a satisfação de direitos ameaçados ou violados.

18.3. Identificação de algumas garantias constitucional--processuais implícitas

Ao lado das garantais expressas na Carta, existem outras que, embora não arroladas literalmente, decorrem da ordem jurídica vista sob o ângulo sistêmico.[299]

Nesta condição, podem ser identificadas, p.ex., (a) o duplo grau de jurisdição;[300] (b) a proporcionalidade;[301] (c) a imparcialidade;[302] (d) o *ne bis in idem*;[303] (e) processo judicial[304] e (f) prova judicial.[305]

---

[298] Chamado por alguns, como destaca Humberto Ávila, de devido processo legal procedimental. O que é "Devido Processo Legal"? In: *Revista de Processo*. São Paulo: Revista dos Tribunais, 2008, v. 163, p. 50/59.

[299] A ordem jurídica, à evidência, deve ser vista como um todo ou, na feliz expressão de Juarez Freiras: "interpretar o Direito é, invariavelmente, realizar uma sistematização daquilo que aparece como fragmentário e isolado". FREITAS, Juarez. *A interpretação sistemática do Direito*. São Paulo: Malheiros, 1995, p. 15.

[300] Decorre da organização judiciária constitucional.

[301] Embora a teoria da proporcionalidade (ou ponderação de valores) seja reconhecida e aplicada como existente e essencial ao Estado democrático de direito por escorreita doutrina e também jurisprudência do STF, ainda não se encontra apresentada como garantia constitucional-processual ou direito fundamental processual pela doutrina, vez que mais comumente vem definida como técnica ou como postulado. Embora essas orientações entendemos nós que se encontra implícita

Objetivamente, o duplo grau configura o direito a revisão de decisão desfavorável por juízo hierarquicamente superior; a proporcionalidade impõe ao juízo, frente a eventual antinomia, o balanceamento de valores constitucionais ao fundamentar a decisão, rejeitando a demasia e a insuficiência na busca do fim; a imparcialidade, mais do que isonomia, representa o equilíbrio no tratamento processual: o *ne bis in idem* configura a garantia de que ninguém pode ser processado mais de uma vez sobre o mesmo fato, ou seja, ainda que certa demanda seja incapaz de atingir o estado de coisa julgada material, mesmo assim, não pode ser repetida, pois já julgada,[306] portanto cumprido o dever estatal de resolver o conflito de interesses e o processo judicial, com todas suas formas e desdobramentos, representa o modo civilizado de solver os litígios e a prova judicial é o direito que as partes têm de demonstrar suas alegações.

Dentre essas a garantia do duplo grau de jurisdição talvez seja uma das mais destacadas, no dia a dia forense, pelos operadores do di-

---

no dever constitucional de fundamentar as decisões jurisdicionais, sempre que o juízo se deparar com a tensão de valores constitucionais.

[302] Decorre na natureza da atividade jurisdicional insculpida na Constituição. Mauro Cappelletti inclui expressamente a imparcialidade como garantia constitucional do processo em seu consagrado ensaio intitulado "Problemas de reforma do Processo Civil nas sociedades contemporâneas". In: *O Processo Civil Contemporâneo*. MARINONI, Luiz Guilherme (Org.). Curitiba: Juruá, 1994, p. 13. Muito embora, no mesmo ensaio aponte a circunstância de que o processo é movido por fatores de ordem ideológica e que são falsas as premissas que atribuem ao juiz neutralidade ou passividade (p. 27).

[303] Decorre da proposta de estabilidade das relações jurídicas normadas por decisão jurisdicional, ou seja, é cláusula implícita ao princípio da segurança jurídica consagrado pela Carta Magna.

[304] Decorre de outras garantias constitucionais expressas, tais como acesso à justiça e a própria garantia do devido processo legal, pois a forma legítima de resolução dos conflitos no Estado democrático de direito é exatamente o processo judicial, eis que vedada a autotutela, salvo exceções, na sociedade politicamente organizada.

[305] Quando a Constituição Federal aponta que no processo não serão admitidas as provas obtidas por meio ilícito, por via indireta está a afirmar que as provas obtidas por meio lícito serão admissíveis.

[306] A garantia do *ne bis in idem* não se confunde e não deve ser confundida com a ideia de coisa julgada, pois existem demandas que, embora julgadas modo definitivo, não atingem o estado de coisa julgada material. São exemplos dessas àquelas de cognição sumária quanto à profundidade, tais como as demandas cautelares que, embora julgadas definitivamente, não são aptas a gerar uma situação jurídica nova às partes, mas apenas oferecer segurança. Por igual, em sede coletiva, a Ação Popular ou a Ação Civil Pública, julgadas improcedentes por falta de provas. É propósito da ordem jurídica evitar a repetição de demandas, portanto o sistema não admite a simples reapreciação de demanda já julgada, haja vista que o Estado já cumpriu seu dever frente aquela situação de forma definitiva, ainda que a decisão, por outras circunstâncias, não atinja o estado de coisa julgada material. Vista sobre outro enfoque, a garantia assegura ao cidadão o direito de não ver repetida demanda contra si, haja vista que ninguém pode ser processado duas vezes sobre o mesmo fato. Cumpre, pois, ao Estado oferecer paz social e segurança jurídica. (No direito alemão há cláusula expressa sobre o tema em sede criminal. Art. 103, III, GG – Lei Fundamental – Constituição da República da Alemanha).

reito. Todavia, bem examinada, verificar-se-á que essa, embora muito invocada, efetivamente não se encontra de forma expressa contemplada na Constituição Federal. Por tal razão, surge à diversidade de opiniões, a ponto de eminentes juristas, até mesmo, negarem a existência da garantia como integrante do sistema normativo nacional.

Com efeito, pode ser afirmado que grassa verdadeira polêmica em torno da existência ou não da garantia do duplo grau de jurisdição,[307] haja vista que essa, contrariamente a outras, como já dito, não se encontra expressamente contemplada em qualquer dos dispositivos da Carta Federal. Todavia, cumpre novamente advertir que o sistema normativo nacional é composto tanto por regras como princípios, os quais, escritos ou não, exigem obediência na maior escala possível diante das circunstâncias fáticas do caso em concreto.

Dessa forma, ainda que a Constituição Federal tenha se proposto a apontar princípios de direito em seu seio, tem-se que essa enumeração seja materialmente aberta,[308] nada impedindo a existência de outros não expressados, mas identificados no espírito do sistema normativo. Portanto, a não positivação de determinado princípio pela Constituição não tem o condão de anular a existência e eficácia daqueles que fazem parte da proposta do sistema.

Com efeito, os comandos positivados de determinada cultura jurídica jamais poderão ser integralmente vertidos para palavras, razão pela qual não será porque há, ou não, previsão expressa que uma norma deixará ou passará a integrar o sistema normativo.

Os princípios traçam as ordens do sistema, isto é: alcançar a justiça, respeitar a dignidade da pessoa humana, salvaguardar a boa-fé, vedar o enriquecimento indevido etc. Assim, devem ser respeitados na maior escala possível, dentro das contingências verificadas no caso em concreto.

Assim, vênia deferida de entendimento diverso, não impressiona a ausência de preceito expresso contemplando como e enquanto garantia o primado do duplo grau de jurisdição, pois esse, em verdade, se constitui em princípio integrante não apenas de nossa cultura jurídica, mas, mais do que isso, de nosso ordenamento por via reflexa, já que decorre da estruturação do sistema da organização judiciária na-

---

[307] Vide MARINONI, Luiz Guilherme. *Tutela Antecipatória, Julgamento Antecipado e Execução Imediata da Sentença...* e LASPRO, Oreste Nestor de Souza. Duplo Grau de Jurisdição no Direito Processual Civil. Garantia do Tratamento Paritário das Partes. In: *Garantias Constitucionais do Processo Civil*. (Coord.). José Rogério Cruz e Tucci. São Paulo: Revista dos Tribunais, 1999.

[308] Sobre a abertura material do catálogo, consultar com largo proveito: SARLET, Ingo Wolfgang. *A Eficácia dos Direitos Fundamentais*. Porto Alegre: Livraria do Advogado, 1998, p. 81 e ss.

cional posta na Constituição Federal, a qual prevê juízos ordinários e extraordinários. Os ordinários formados pelos juízos de primeiro grau e tribunais regionais e estaduais e os extraordinários pelos tribunais superiores. Aos primeiros não se impõe qualquer condição de acesso, haja vista que se atendida a voluntariedade e os pressupostos de admissibilidade, ter-se-ão as decisões de primeiro grau revistas por outro juízo hierarquicamente superior; aos segundos, de sua parte, há óbices de acesso, exatamente por não ser assegurado, desde antes, às partes, o acesso ao juízo extraordinário, senão mediante a superação de determinados obstáculos, sendo o primeiro e mais significativo àquele que exige se demonstre o interesse público em ver a questão apreciada pelos tribunais superiores, daí, pois, a criação do filtro do juízo de admissibilidade, hoje, inclusive, plasmado junto ao Supremo Tribunal Federal sob a designação de repercussão geral.

Não deve impressionar, por igual, a circunstâncias que determinadas decisões não ensejam revisão por juízo hierarquicamente superior, tal qual a decisão que nega liminar em agravo de instrumento. Como regra, não há recurso contra tal decisão do relator do recurso. Poder-se-á argumentar que aí e em outras hipóteses encontradas aqui ou ali reside à prova da inexistência do princípio ou da garantia do duplo grau de jurisdição. Contudo, *maxima venia*, não é assim que o tema deva ser compreendido. Efetivamente, essas hipóteses apenas servem para demonstrar a ideia de que as garantias não são absolutas e que, vez por outra, em circunstâncias especiais, comportam flexibilização ou mitigação, mas jamais concluir que por tais particularidades não seja assegurado ao cidadão à possibilidade de que as decisões jurisdicionais sejam submetidas a reexame.

Nessa medida, adequado observar que leis e decisões jurisdicionais que limitam acesso ao duplo grau de jurisdição, em princípio, apontam à existência de vício de constitucionalidade e que – até mesmo – a violação de tal garantia é capaz de desafiar tanto Recurso Extraordinário (art. 102, III, "a", CF)[309] quanto à arguição de descumprimento de preceito fundamental (art. 102, § 1º, CF), entendido o preceito fundamental como princípio constitucional.[310]

---

[309] Muito embora o artigo 102, inciso III, da Carta Federal, em suas alíneas faça expressa referência às hipóteses de cabimento do apelo extremo, não nos parece desarrazoado encontrar na alínea "a" fundamento à pretensão recursal extraordinária, pois contrariar princípio inerente à Constituição representa muito mais que contrariar um simples dispositivo desta. Assim, se o menos enseja recurso, por evidente que o mais também deverá ensejá-lo.

[310] BASTOS, Celso Ribeiro; MARTINS, Ives Gandra. *Comentários à Constituição do Brasil*. v. IV, t. III. São Paulo: Saraiva, 1997, p. 237. Sendo o duplo grau princípio constitucional-processual, razoável suscitar a possibilidade de que seu desrespeito é capaz, também, de ensejar arguição de descumprimento de preceito fundamental.

No que diz respeito às garantias da proporcionalidade, imparcialidade, *ne bis in idem*, o processo e prova judicial, embora não gerem tantos debates em torno da existência pelos operadores quanto à garantia do duplo grau de jurisdição, tudo que foi dito a respeito da inexistência de comando expresso em torno desta é aquelas aplicável, vez que, como registrado e numa única frase se pode resumir, a ausência de norma expressa não deve impressionar o melhor intérprete, mormente em sistema cuja à Carta Magna é de textura reconhecidamente aberta como a nossa. Ou será que poderia se dispensar o juízo de estabelecer balanceamento de valores, no momento em que se depara com antinomias; será, igualmente, que se poderia aceitar um juiz parcial; será que é possível repetir demandas, ainda que não atinjam o estado de coisa julgada material, indefinidamente, frente aos propósitos constitucionais do devido processo da ordem jurídica, chamado pela Constituição de devido processo legal e, finalmente, será, possível na sociedade politicamente organizada do Estado democrático de direito, a resolução de conflitos via autotutela,[311] ou seja, sem a intervenção do Estado e, portanto, independentemente de processo judicial?

Evidentemente que é dever implícito do juízo fazer balanceamento de valores para superar qualquer garantia constitucional-processual, bem assim é ônus assegurar a imparcialidade, evitar a repetição de demandas idênticas, independentemente da existência ou não de coisa julgada material, bem como a forma civilizada de solver conflitos é o processo judicial, daí, pois, a proporcionalidade, a imparcialidade, o *ne bis in idem* e a existência de processo judicial como subprincípios da cláusula geral do devido processo da ordem jurídica do Estado democrático de direito, são garantias constitucional-processuais e sua violação configura inconstitucionalidade flagrante, muito embora cláusulas não expressas.

18.4. A relativização de garantias constitucional-processuais

Notório que os atos jurídicos em geral são protegidos pelo primado constitucional da segurança jurídica. A teoria da segurança jurídica encontra-se, preferencialmente, plasmada no princípio da confiança do cidadão no Estado.[312] Como derivação desse propósito foram inscul-

---

[311] Ressalvem-se aqui, à evidência, as hipóteses excepcionalmente autorizadas por lei, tais quais, p. ex., a defesa da posse e a legítima defesa da vida.

[312] Nesse sentido, é a lição de J. J. GOMES CANOTILHO: "A segurança e a proteção da confiança exigem, no fundo: (1) fiabilidade, clareza, racionalidade e transparência dos actos do poder; (2) de

pidos na Constituição Federal os subprincípios de proteção ao direito adquirido, ao ato jurídico perfeito e a coisa julgada (art. 5º, XXXVI, CF), ou seja, tais garantias foram contempladas pela Constituição para que uma vez configurados gerem blindagem em desfavor de iniciativas contrarias aquilo que já se consumou. São, portanto, cláusulas imunizantes, essenciais ao Estado democrático de direito, vez que não há democracia, nem direito, onde não há segurança jurídica ou confiança do cidadão no Estado.

Contudo, como sabido, há – hoje – movimento reconhecendo a possibilidade jurídica de mitigação de garantias constitucionais, a partir da convicção de que não existe garantia constitucional absoluta. Afirma-se, nessa linha, que nem mesmo a vida é garantia absoluta, pois em determinadas hipóteses essa poderá ser suprimida, desde que presentes circunstâncias que tornem lícita a conduta supressiva da vida de outrem, tais como a legítima defesa.

Essa compreensão tem origem, até onde nos foi possível examinar, na constatação da efetiva existência de antinomias na ordem jurídica constitucional, vez que, realmente, em concreto, se identificam hipóteses de tensão entre primados constitucionais.

A possibilidade real de conflito entre propostas constitucionais, quiçá, já no distante 20 de julho de 1951, tenha inspirado o Professor da Universidade de Tübingen, Otto Bachof, em Heidelberg, RFA, a desenvolver sua instigante tese de que é possível existir normas constitucionais inconstitucionais (inválidas),[313] vez que, na palavra do mestre, *a*

---

forma que em relação a eles o cidadão veja garantida a segurança nas suas disposições pessoais e nos efeitos jurídicos dos seus próprio actos. Deduz-se já que os postulados da segurança jurídica e da protecção da confiança são exigíveis perante *qualquer acto de qualquer poder* – legislativo, executivo ou judicial. O princípio geral da segurança jurídica em sentido amplo (abrangendo, pois, a ideia de protecção da confiança) pode formular-se do seguinte modo: o indivíduo têm do direito poder confiar em que aos seus actos ou às decisões públicas incidentes sobre os seus direitos, posições ou relações jurídicas alicerçados em normas jurídicas vigentes e válidas por esses actos jurídicos deixado pelas autoridades com base nessas normas se ligam os efeitos jurídicos previstos e prescritos no ordenamento jurídico. As refrações mais importantes do princípio da segurança jurídica são as seguintes: (1) relativamente a *actos normativos* – proibição de normas retroactivas restritivas de direitos ou interesses juridicamente protegidos; (2) reltativamente a *actos jurisdicionais* – inalterabilidade do caso julgado; (3) em relação a *actos da administração* – tendencial estabilidade dos casos decididos através da actos administrativos constitutivos de direitos". GOMES CANOTILHO, José Joaquim. *Direito Constitucional e Teoria da Constituição*. 4ª ed. Coimbra: Almedina, 1998, p. 256.

[313] BACHOF, Otto. *Normas constitucionais inconstitucionais?* Trad. José Manoel Carsoso da Costa. Coimbra: Almedina, 1994. Sobre a possibilidade jurídica aventada pelo ilustrado professor vale referir, ainda que diga respeito a inconstitucionalidade formal de norma com *status* constitucional decisão do Pretório Excelso assim ementada "INCONSTITUCIONALIDADE FORMAL. Julgado o mérito da ação direta ajuizada pelo Partido dos Trabalhadores – PT contra a Emenda Constitucional 21/99, que acrescentou o art. 75 do ADCT da CF/88, autorizando a prorrogação da contribuição provisória sobre movimentação ou transmissão de valores e créditos e de direitos de natureza financeira – CPMF. O Tribunal, por maioria, confirmando os fundamentos expendidos

onipotência do Estado tem limites. Em abono de sua posição, apresenta no Capítulo IV de sua obra as diferentes possibilidades de normas constitucionais inconstitucionais (inválidas), tais como inconstitucionalidade de leis de alteração da Constituição, inconstitucionalidade de normas constitucionais em virtude de contradição com normas constitucionais de grau superior, inconstitucionalidade por infração dos princípios constitutivos não escritos do sentido da Constituição, inconstituciona-

---

quando do julgamento da medida liminar, julgou procedente em parte o pedido formulado para declara a inconstitucionalidade do § 3º, do art. 75, do ADCT, na redação dada pela EC 21/99 (§ 3º: 'É a União autorizada a emitir títulos da dívida pública interna, cujos recursos serão destinados ao custeio da saúde e da previdência social, em montante equivalente ao produto da arrecadação da contribuição, prevista e não realizada em 1999.'). Entendeu-se caracterizada a inconstitucionalidade formal sustentada pelo autor da ação, uma vez que houve supressão de parte do referido parágrafo durante a apreciação da proposta da emenda constitucional pela Câmara dos Deputados sem que, após, o dispositivo tenha sido novamente apreciado pelo Senado Federal, ofendendo o art. 60, § 2º, da CF ('A proposta será discutida e votada em cada Casa do Congresso Nacional, em dois turnos, considerando-se aprovada se obtiver, em ambos, três quintos dos votos dos respectivos membros.'). Quanto aos demais dispositivos da EC 21/99, o Tribunal, por maioria, julgou improcedente o pedido pela ausência de inconstitucionalidade material sustentada pelo autor da ação – com fundamento nos artigos 5º, 7º, VI, 150, I e IV, e 154, I, todos da CF. Vencido em parte o Min. Ilmar Galvão que, ressaltando a existência de intervalo entre a Lei 9.311/96 (de vigência temporária e prazo já exaurido) e a mencionada Emenda, entendia não incidir a EC 21/99 enquanto durasse a anterioridade nonagesimal, salientando, ainda, que a simples movimentação de conta bancária pelo seu titular não configuraria fato econômico suscetível de tributação". (STF, ADI 2.031/DF, Pleno, Rel. Min. Ellen Gracie, j. 3.10.2002). Nesta, todavia, se identifica a inconstitucionalidade material de texto constitucional alterado pela Emenda Constitucional nº 3 de 1993: "Direito Constitucional e Tributário. Ação Direta de Inconstitucionalidade de Emenda Constitucional e de Lei Complementar. I.P.M.F. Imposto Provisório sobre a Movimentação ou a Transmissão de Valores e de Créditos e Direitos de Natureza Financeira – I.P.M.F. Artigos 5º, § 2º, 60, § 4º, incisos I e IV, 150, incisos III, 'b', e VI, 'a', 'b', 'c' e 'd', da Constituição Federal. 1. Uma Emenda Constitucional, emanada, portanto, de Constituinte derivada, incidindo em violação à Constituição originária, pode ser declarada inconstitucional, pelo Supremo Tribunal Federal, cuja função precípua é de guarda da Constituição (art. 102, I, 'a', da CF). 2. A Emenda Constitucional n. 3, de 17.03.1993, que, no art. 2º, autorizou a União a instituir o I.P.M.F., incidiu em vício de inconstitucionalidade, ao dispor, no parágrafo 2. desse dispositivo, que, quanto a tal tributo, não se aplica 'o art. 150, III, b, e VI, da Constituição, porque, desse modo, violou os seguintes princípios e normas imutáveis (somente eles, não outros): 1 – o princípio da anterioridade, que e garantia individual do contribuinte (art. 5º, § 2º, art. 60, § 4º, inciso IV e art. 150, III, 'b' da CF); 2 – o princípio da imunidade tributaria recíproca (que veda a União, aos Estados, ao Distrito Federal e aos Municípios a instituição de impostos sobre o patrimônio, rendas ou serviços uns dos outros) e que e garantia da Federação (art. 60, § 4º, inciso I, e art. 150, VI, 'a', da CF); 3 – a norma que, estabelecendo outras imunidades impede a criação de impostos (art. 150, III) sobre: 'b': templos de qualquer culto; 'c': patrimônio, renda ou serviços dos partidos políticos, inclusive suas fundações, das entidades sindicais dos trabalhadores, das instituições de educação e de assistência social, sem fins lucrativos, atendidos os requisitos da lei; e 'd': livros, jornais, periódicos e o papel destinado a sua impressão; 3. Em conseqüência, é inconstitucional, também, a Lei Complementar nº 77, de 13.07.1993, sem redução de textos, nos pontos em que determinou a incidência do tributo no mesmo ano (art. 28) e deixou de reconhecer as imunidades previstas no art. 150, VI, 'a', 'b', 'c' e 'd' da CF (arts. 3º, 4º e 8º do mesmo diploma, L.C. nº 77/93). 4. Ação Direta de Inconstitucionalidade julgada procedente, em parte, para tais fins, por maioria, nos termos do voto do Relator, mantida, com relação a todos os contribuintes, em caráter definitivo, a medida cautelar, que suspendera a cobrança do tributo no ano de 1993". (ADI 939/DF – Rel. Min. SYDNEY SANCHES. Julgamento: 15/12/1993 Órgão Julgador: TRIBUNAL PLENO. Publicação: DJ 18-03-1994, p. 5165. EMENT. Vol. 1737-02, p. 160 RTJ, Vol. 151-03, p. 755).

lidade por infração a direito constitucional consuetudinário, dentre outros.

Afastando o relevante debate destacado por Otto Bachof, na medida em que a antinomia em concreto não importa em qualquer inconstitucionalidade (invalidade da norma), mas apenas e tão somente tensão de valores, a tendência doutrinária que tem por suporte a ideia de que inexiste garantia constitucional absoluta, frente a eventual conflito que poderá existir entre uma garantia e outra, fez nascer em berço tedesco, a concepção de proporcionalidade, como forma de superar eventual confronto constitucional, em face do conflito entre garantias ou princípios, já que a lógica do "tudo ou nada" (*all-or-nothing*), consagrada por Ronald Dworkin,[314] nesta sede, não se revelou oportuna, muito embora possa ser razoável para o conflito de regras.

Realmente, nas tensões entre garantias ou princípios, mais se apresenta adequada à ponderação de valores no "custo/ benefício" em concreto.

Nesta medida, o princípio da proporcionalidade[315] (*verhältnismässigkeitsprinzip*),[316] tem por escopo – como sua designação deixa antever – a vontade de evitar resultados desproporcionais e injustos, baseado em valores fundamentais conflitantes, ou seja, o reconhecimento e aplicação do princípio permite vislumbrar a circunstância de que o propósito constitucional de proteger determinados valores fundamentais deve ceder quando a observância intransigente de tal orientação importar na violação de outro direito fundamental ainda mais valorado no caso posto a exame. Na palavra de Canotilho, o princípio da proporcionalidade encerra a ideia da proibição de excesso, vez que o cidadão tem direito a menor desvantagem possível, ou seja, "meios e fins são colocados em equação mediante um juízo de ponderação, a fim de se avaliar se o meio utilizado é ou não desproporcionado em relação ao fim".[317]

---

[314] DWORKIN, Ronald. *Levando os direitos a sério*. São Paulo: Martins Fontes, 2002, p. 39.

[315] Sobre o tema, elucidativa a lição de Juarez Freitas, ao afirmar que: "O princípio da proporcionalidade quer significar que o Estado não deve agir com demasia, tampouco de modo insuficiente na consecução dos seus objetivos". FREITAS, Juarez. *O controle dos atos administrativos e os princípios fundamentais*. 2ª ed. São Paulo: Malheiros, 1999, p. 56.

[316] Segundo observa Gilmar Ferreira Mendes, com socorro em lição do Ministro Moreira Alves, o princípio da proporcionalidade tem assento constitucional na cláusula do devido processo legal. MENDES, Gilmar Ferreira. *Jurisdição Constitucional*. 2ª ed. São Paulo: Saraiva, 1998, p. 177 e ADIn 958, DJ, 16 de maio de 1994, p. 11675.

[317] CANOTILHO, J. J. Gomes. *Direito Constitucional e teoria da Constituição*. Coimbra: Almedina, 1998, p. 382/3.

Cumpre, também, registrar a existência de corrente de pensamento que engloba na compreensão do princípio da proporcionalidade, ao lado da proibição de excesso, a chamada proibição de insuficiência, a qual representaria, grosso modo, um controle material das omissões legislativas, sejam parciais ou totais.

Na linha da compreensão do tema, elucidativos, para a perfeita avaliação da ideia da proporcionalidade em sentido estrito, os exemplos trazidos por Heinrich Scholler: "Na prática jurisprudencial, inclusive no âmbito do Tribunal Federal Constitucional, tem sido considerada mais como sendo uma técnica de controle. No que diz com este aspecto, cumpre lembrar outro exemplo extraído da jurisprudência constitucional. No caso concreto, cuidava-se de alguém processado criminalmente por delito de menor potencial ofensivo (crime de bagatela). A prova deveria ter sido obtida mediante a extração de líquido da coluna do acusado. Contra esta determinação, foi impetrada uma reclamação constitucional (*Verfassungsbeschwerde*), alegando ofensa ao direito à integridade física e corporal (art. 2º, inc. II, da Lei Fundamental). O Tribunal Federal Constitucional, ao apreciar o caso, considerou que a medida restritiva (invasiva de integridade física e corporal) não se afigurava como proporcional, relativa à gravidade da infração penal atribuída ao particular, o que parece uma conclusão ligada à proporcionalidade em sentido estrito. Com efeito, seria manifestamente desarrazoado alcançar a condenação de alguém por um delito de insignificante ofensividade, expondo-o a um risco tão expressivo para sua saúde de integridade física. Convém frisar, ainda neste contexto, que se poderá chegar ao mesmo resultado a partir do critério necessidade. O próprio Tribunal Federal Constitucional, na decisão ora tomada como exemplo, entendeu que as sequelas decorrentes da investigação e determinação da autoria e responsabilidade pelo delito não poderão atingir o autor de forma mais gravosa do que a sanção penal ser aplicada no caso (BverfGE 16, 194/202). (...) Na aferição da constitucionalidade de restrições aos direitos fundamentais, o Tribunal Federal Constitucional acabou por desenvolver, como método auxiliar, a 'teoria dos degraus' (*Stufentheorie*) e assim denominada 'teoria das esferas' (*Sphärentheorie*). De acordo com a primeira concepção, as restrições a direitos fundamentais devem ser efetuadas em diversos degraus. Assim, por exemplo, já se poderá admitir uma restrição na liberdade de exercício profissional (art. 12 da Lei Fundamental) por qualquer motivo objetivamente relevante (*aus jedem sachlichen Grund*), ao passo que no degrau ou esfera mais profunda, o da liberdade de escolha da profissão, tida como sendo em princípio irrestringível, uma medida restritiva apenas encontrará justificativa para salvaguardar bens e/ou valores comunitários de expressiva relevância de ameaças concretas, devidamente comprovadas, ou pelo menos altamente prováveis".[318]

Essa ideia básica, pode-se dizer, encerra a *primeira onda* de relativização das garantias fundamentais, ou, dito de outro modo, a relativização de primeiro grau de garantais fundamentais. Nesse cenário, tudo se opera no plano constitucional, vez que se admite a mitigação de certo direito constitucional frente a outro também de índole constitucional que se revela mais relevante em determinado caso concreto, mas sem invalidar aquele superado, vez que apenas submetido esse a mandamento de ponderação, aos efeitos de afastar um resultado desproporcional, haja vista que, se assim não fosse, estar-se-ia prestigiando um direito de menor hierarquia para a hipótese.

A ideia da possibilidade jurídica de relativização de garantias constitucional-processuais ou de que inexistem garantias constitucionais absolutas e que, portanto, todas são mitigáveis, no Brasil, goza de largo prestígio e obtém trânsito fácil, inclusive ensejando – consciente ou inconscientemente – a possibilidade de que leis infraconstitucionais "arranhem", sem pejo, as garantias de assento constitucional, fazendo nascer uma verdadeira relativização de segundo grau.

São vários os exemplos dessa hipótese: a) as liminares *inaudita altera pars*, em face da garantia do contraditório, onde este, se diz, é postecipado; b) os prazos processuais beneficiados da Fazenda Pública e do Ministério Público, frente a garantia da isonomia; c) a decisão arbitral impeditiva de reexame pelo Judiciário e o arquivamento de inquérito policial por insistência do Ministério Público, frente a garantia da inafastabilidade do controle jurisdicional sobre as violações e ameaças de direito; d) o depósito prévio da rescisória, as custas judiciais e o preparo recursal, frente a garantia do acesso à justiça; e) julgamento imediato, nas causas exclusivamente de direito, pelo Tribunal (art. 515, § 3º, CPC), frente a garantia do duplo grau de jurisdição e muitas outras hipóteses que podem ser identificadas na ordem jurídica nacional.[319]

Assim, parece, do que se pode observar do comportamento do Poder Legislativo e do Poder Judiciário, que vivemos também uma *segunda onda* de relativização, ou seja, a atenuação de garantias fundamentais em segundo grau, onde se identifica como possível, em determinadas hipóteses, relativizar garantia constitucional por lei infraconstitucio-

---

[318] SCHOLLER, Heinrich. O princípio da proporcionalidade no Direito Constitucional e administrativo da Alemanha. Trad. E adaptação de Ingo Wolfgang Sarlet. *In: Interesse Público* n. 2/93

[319] Em alguns casos, é verdade, se bem investigada a hipótese encontrar-se-á suporte constitucional para a iniciativa legislativa, pois essa busca, exatamente, a proteção de um valor constitucional. Entrtanto vale lembrar que a lei é norma em tese e que a ponderação de valores é teoria de aplicação em concreto.

nal. Primeiro, porque o Legislativo edita leis de tal índole e, segundo, porque o Judiciário dá guarida a tais leis, frente a casos concretos que lhe são submetidos. Essa técnica que, aparentemente, contempla a superação da chamada *hierarquia de normas*, em verdade, consagra a ideia de *intervenção restritiva*[320] do legislador ordinário sobre direitos fundamentais e, por decorrência, como destacado, enseja uma segunda possibilidade de relativização de garantias.

Em suma: (i) a primeira hipótese de relativização de garantias decorre da ponderação de valores constitucionais em concreto, onde uma cede frente à outra, mediante mandamento de ponderação e (ii) a segunda configura-se através das chamadas intervenções restritivas do legislador ordinário. Eis, pois, a primeira e segunda onda de relativização, ou, dito de outro modo, a relativização de garantias fundamentais de primeiro e segundo grau!

Entretanto o tema relativização de garantias constitucionais não se esgota somente no movimento de relativização de garantia constitucional-processual por lei ou decisão jurisdicional originária com ponderação de valores, mas por decisão jurisdicional substitutiva, configurando, pois, uma verdadeira *terceira onda*[321] de relativização de garantias constitucionais ou uma relativização de terceiro grau.

Efetivamente, identifica-se com facilidade em doutrina a tese da possibilidade jurídica de que decisão jurisdicional supere a existência de coisa julgada,[322] uma vez presentes certas circunstâncias.

A compreensão básica consiste na hipótese de o juízo se deparar com uma situação de extrema injustiça, configurada por decisão passa-

---

[320] Neste sentido, v., p. ex., CANOTILHO, José Joaquim Gomes. Dogmática de direitos fundamentais e direito privado. *In: Constituição, Direitos Fundamentais e Direito Privado.* (Org.). Ingo Wolfgang Sarlet. Porto Alegre: Livraria do Advogado, 2003, p. 339 e ss.

[321] Ideia que leva por base expressão retórica apresentada na literatura por TOFFLER, Alvin. *A terceira Onda.* Trad. João Távara. 2ª ed. Rio de Janeiro, Record, 1980. Título original: *The Third Wave* e no plano jurídico consagrada por Mauro Cappelletti e Bryant Garth. *Acesso à Justiça.* Trad. Ellen Gracie Northfleet. Porto Alegre: SAFE, 1988.

[322] Ver, p. ex., DINAMARCO, Cândido Rangel. Relativizar a Coisa Julgada Material. *In: Ajuris* n. 83/33. THEODORO JÚNIOR, Humberto e DE FARIA, Juliana Cordeiro. A coisa julgada inconstitucional e os instrumentos processuais para seu controle. *In: Revista do Ministério Público* n. 47, p. 115-147. DELGADO, José Augusto. Pontos Polêmicos das Ações de Indenização de Áreas Naturais Protegidas. *In: RePro* 103/9; TEIXEIRA, Sálvio Figueiredo. *In:* REsp n° 226436/PR, j. 28.06.2001. DANTAS, Ivo. Da coisa julgada inconstitucional. Novas e Breves notas. *In: Interesse Público* n. 27, 2004, p. 60-71. THEODORO JÚNIOR, Humberto. A reforma do Processo de Execução e o Problema da coisa julgada inconstitucional. (CPC, art. 741, parágrafo único). *In: Revista Síntese de Direito Civil e Direito Processual Civil* n. 29, mai/jun 2004, p. 5-27. WAMBIER, Teresa Arruda Alvim e MEDINA, José Miguel Garcia. *O Dogma da Coisa Julgada. Hipóteses de Relativização.* São Paulo: Revista dos Tribunais, 2003, dentre outros e ZAMPROGNO, Alexandre. Meios processuais para desconstituir a coisa julgada inconstitucional. *In: Interesse Público* n. 95-100.

da em julgado, e frente a este quadro restar autorizado a (re)julgar causa já apreciada frente a nova situação probatória que lhe é apresentada e não frente a nova ação.

É exemplo clássico a circunstância de que certa sentença passada em julgado entendeu improcedente demanda investigatória de paternidade. Entretanto, configurada a coisa julgada, sobrevém exame de DNA a atestar a certeza da paternidade negada pela sentença.

Diante do quadro de flagrante injustiça, estaria o juízo autorizado a (re)julgar a causa, pois a decisão anterior seria inconstitucional, vez que estaria a violar o dever constitucional de distribuição da correta justiça.

Estaria a ocorrer um conflito de valores. De um lado, a segurança jurídica representada pela coisa julgada e, de outro, em verdadeira tensão *in concreto*, a decisão justa prometida pela Constituição Federal. Na hipótese, para aqueles que entendem possível a relativização da coisa julgada deveria esta ser superada e (re)julgada a causa com a prolação de nova decisão, em face da contundência da nova prova oferecida e a flagrante injustiça da decisão anterior.

Aqui, note-se, estar-se-ia a relativizar a garantia constitucional (processual) da coisa julgada, não pela tensão de valores na formação da decisão originária e nem em razão de lei mitigadora de garantia como nas hipóteses anteriores, mas por decisão jurisdicional substitutiva da originária. Daí a razão pela qual, a hipótese configura situação diversa daquelas antes expostas e caracteriza uma verdadeira *terceira onda* de relativização de garantia constitucional (processual).

É sabido, outrossim, que a hipótese é controvertida, vez que parcela significativa da doutrina resiste a possibilidade de relativizar ou desconsiderar a coisa julgada.[323] Entretanto, embora a controvérsia, longe de dúvida, configura nova hipótese de mitigação de garantia constitucional (processual), daí ser pertinente seu registro no presente tópico.

---

[323] Neste sentido, v., com proveito, BARBOSA MOREIRA, José Carlos. Considerações sobre a chamada "relativização" da coisa julgada material. In: *Revista Síntese de Direito Civil e Direito Processual Civil*, n. 33, jan/fev 2005, p. 5-28. ASSIS, Araken de. Eficácia da Coisa julgada inconstitucional. In: *Revista Jurídica* n. 301, nov/2002, 7-29. TESHEINER, José Maria Rosa. Relativização da Coisa Julgada. In: *Revista do Ministério Público* n. 47, 2002, p. 104-114. PORTO, Sérgio Gilberto. Cidadania Processual e Relativização Coisa Julgada. In: *Revista Síntese de Direito Civil e Direito Processual Civil* n. 22, mar/abr 2003, p. 5-13. SILVA, Ovídio Baptista da. Coisa Julgada Relativa? In: *Revista Jurídica* n. 316, fevereiro 2004, p. 7-18. MARINONI, Luiz Guilherme. O princípo da segurança dos atos jurisdicionais (a questão da relativização da coisa julgada material). In: *Revista Jurídica* n. 317, mar/2004, p. 14-33.

18.5. Bosquejo sobre o processo constitucional como direito-meio

Como anteriormente registrado, não apenas as garantias de natureza constitucional-processual formativas de direito asseguram a Constituição (contraditório, ampla defesa, publicidade etc.); existem outras hipóteses, também de índole processual-constitucional, que não formam o direito como direito objetivo, mas sim, configuram instrumentos de realização de direitos assegurados pela Constituição Federal, chamadas de *direito-meio* e, mais modernamente, de *instrumentos de tutela jurisdicional de liberdades públicas*.

Embora instrumentos, desfrutam de sede constitucional exatamente por se constituírem em formas de realizar direitos tidos pelo legislador constituinte como essenciais ao Estado democrático de direito, pois visam, p.ex., a tutela de direito líquido e certo, garantir a liberdade, superar a inércia do Estado, assegurar a transparência dos governos, combater atos lesivos ao patrimônio público, ou seja, constituem um arsenal instrumental disponibilizado pela Carta com o fito de dar efetividade ao exercício pleno da cidadania, especialmente combatendo a tirania do Estado.

São os seguintes os instrumentos de exercício de cidadania: o *Habeas Corpus* (art. 5º, LXVIII, CF), o Mandado de Segurança (art. 5º, LXIX, CF), o Mandado de Segurança Coletivo (art. 5º LXX, CF), o Mandado de Injunção (art. 5º, LXXI, CF), o *Habeas data* (art. 5º, LXXII, CF) e a Ação Popular (art. 5º, LXXIII, CF).

O presente tópico tem por escopo buscar a compreensão constitucional-processual de tais instrumentos e não expor a visão procedimental destes, vez que esta é tema pertinente apenas ao plano infraconstitucional.

Assim, primeiramente deve ser repetido que os instrumentos constitucionais antes enumerados são, tais quais outros direitos de índole objetiva, verdadeiras garantias com sede constitucional. Apenas, entretanto, com a peculiaridade de que são formatados pelo prisma instrumental, cujo objetivo, porém, assim como outros, é assegurar a afirmação do Estado democrático de direito, anunciado no artigo 1º da Constituição Federal.

Antes da chancela do direito específico que, em tese, podem veicular (liberdade, gozo dos direitos indiscutíveis, combate a inércia do Estado etc.), devem ser compreendidos como formas constitucionais de exercício pleno de cidadania.

As garantias instrumentais, nessa linha, vistas como formas de realização dos propósitos constitucionais, devem ser entendidas como instrumentos alinhados aos escopos originários de cidadania já enunciados, ainda que rudimentarmente, na Magna Carta, de 1215, ou seja, configuram, desde então, meios de enfrentar o arbítrio do Estado, daí decorre a ideia de *direito-meio*.

Esses foram compreendidos pelo legislador constituinte como essenciais ao Estado democrático de direito, haja vista que configuram um verdadeiro arsenal disponibilizado pela Constituição Federal à sociedade com o fito de dar efetividade ao exercício pleno da cidadania.

18.6. Relações do macrossistema processual-constitucional com os microssistemas processuais

A tese matriz deste item consagra o propósito de demonstrar que a Constituição Federal, possui claro conteúdo processual e que – por óbvio – este permeia os sistemas vigentes e, como decorrência, estabelece a existência de um macrossistema processual a reger todos os segmentos do direito processual, ou seja, fixa a incidência de primados constitucionais em todas as disciplinas processuais especializadas. Além, à evidência, de contemplar instrumentos de sede constitucional e disciplinar matérias nitidamente de índole processual, tais quais sistema o recursal e instrumentos de atuação na jurisdição constitucional.

Assim, pode-se afirmar que o processo civil é composto de regras processuais próprias do microssistema que representa, tal qual o direito processual penal, o direito processual consumeirista, o direito processual do trabalho, ou o processo pertinente a disciplina dos instrumentos constitucionais de realização do direito, representados por leis especiais e pertinentes a cada qual dos institutos, onde se inclui a regência do Mandado de Segurança, da Ação Popular e outros que tais, bem como de primados (constitucionais) que são balizas maiores e que disciplinam a aplicação das regras.

Assim, pode-se afirmar que muito embora as particularidades de cada ramo do direito processual, existem além e antes destas peculiaridades princípios (ou garantias!) de ordem constitucional que iluminam a compreensão das regras processuais. Vale dizer: se irradiam sobre todos os ramos do direito processual.

Desta maneira, pouco importa em que área de incidência e qual a disciplina processual presente, aos demandantes deve ser assegurado o gozo de certos direitos inerentes ao devido processo da ordem jurídica do Estado democrático de direito, tais como a ampla defesa, o contraditório, o direito à produção de prova lícita, o exercício do duplo grau de jurisdição, dentre outros expressos e implícitos.

Esses, vez que contemplados pela Carta Magna, constituem um verdadeiro macrossistema processual que, como dito, regula todos os microssistemas processuais e, por decorrência, sobre estes incide e faz valer seus valores, ou seja, no processo civil, p. ex., de nada vale deferir 15 dias de prazo de resposta ao réu se a seguir lhe é negado direito a plenitude do contraditório, vez que o direito de resposta deve, acima de tudo, amoldar-se exatamente aos propósitos do contraditório, garantia constitucional-processual.

Dito de outro modo, o macrossistema processual que é representado pelo direito processual-fim da Constituição Federal entretém relações com os demais microssistemas processuais existentes, vez que estes devem se amoldar àquele, pena de – se assim não for – gerarem vícios de ordem constitucional-processual, e, por consequência, invalidades na forma de prestar a adequada jurisdição.

Assim, pode se inferir que existem relações estreitas e energizadas entre Constituição e Processo. Mais do que isto: existe subordinação da microdisciplina processual a macro disciplina constitucional-processual.

Há, portanto, um grande sistema de índole processual-constitucional voltado para o processo judicial e instituído obviamente pela Constituição Federal. Este rege todos os microssistemas processuais que devem a ele estar adequados, sob pena de violação da grande cláusula do devido processo judicial do Estado democrático de direito, chamado pela Constituição Federal inadvertidamente de devido processo legal, e que melhor seria tivesse sido denominado, como por nós já destacado, de devido processo constitucional.

Assim, pode se afirmar que não há processo judicial válido, independentemente da natureza do direito posto em causa (civil, criminal, trabalhista e outros que tais), sem que seja assegurado aos integrantes da relação jurídica processual o pleno gozo das garantias constitucional-processuais inerentes ao devido processo constitucional, marco eloquente do Estado democrático de direito.

Bibliografia

ALEXY, Robert. *Teoria de los Derechos Fundamentales*. Madrid Centro de Estudos Constitucionales, 1993.

AMARAL SANTOS, Moacyr. *Primeiras Linhas de Direito Processual*, 26ª ed., São Paulo: Saraiva, 2009.

AMENDOEIRA JR, Sidnei. *Manual de direito Processual Civil*. 2ª ed. São Paulo: Saraiva, 2012.

ARRUDA ALVIM. *Manual de Direito Processual Civil*, 15ª ed. São Paulo: RT, 2012.

ARRUDA ALVIM, Angélica. Princípios Constitucionais do Processo. *In: RePro* 74.

——. ASSIS, Araken de. ARRUDA ALVIM, Eduardo. *Comentários ao Código de Processo Civil*. 2ª ed. São Paulo: RT, 2012.

ASSIS, Araken de. *Manual da Execução*. São Paulo: RT, 2006.

——. A garantia do Acesso à Justiça. *In: Garantias Constitucionais do Processo Civil*. Coord. José Rogério Cruz e Tucci. São Paulo: RT, 1999.

——. Duração razoável do processo e reformas da lei processual civil. *In: Revista Jurídica* n. 372, outubro 2008, p. 11-27.

——. Eficácia da coisa julgada inconstitucional. *In: Revista Jurídica* n. 301, nov/2002, p. 7-29.

ÁVILA, Humberto Bergmann. *Teoria dos Princípios. Da definição à aplicação dos princípios*. 2ª ed. São Paulo: Malheiros, 2003.

——. A distinção entre princípios e regras e a redefinição do dever de proporcionalidade. *In: Revista Diálogo Jurídico*, Salvador, CAJ – Centro de Atualização Jurídica, v. I, n° 4, julho, 2001. Disponível em: http://www.direitopublico.com.br. Acessado em 20 de outubro de 2003.

——. O que é "devido processo legal"? *Revista de Processo*: RT, São Paulo, 2008, v. 33, p. 50-59

BACHOF, Otto. *Jueces y Constitución*. Madri: Civitas, 1987.

BAPTISTA, Carlos Alberto. A vedação constitucional da prova ilícita. *In: Revista Jurídica* n° 300, p. 78-91, out-2002.

BAPTISTA DA SILVA, Ovídio Araújo. *Curso de Processo Civil*. São Paulo: RT, 2000.

——. Coisa julgada Relativa? *In: Revista Jurídica* n. 316, p. 7-18.

——. *Jurisdição e Execução na Tradição Romano-Canônica*. Rio de Janeiro: Forense, 2007.

——. *Processo e Ideologia*. O paradigma Racionalista. Rio de Janeiro: Forense, 2004.

BARBI, Celso Agrícola. Garantias Constitucionais Processuais. *In: Revista dos Tribunais* 659/7.

BARCELLOS, Ana Paula de. *A eficácia jurídica dos Princípios constitucionais*. Rio de Janeiro: Renovar, 2002.

BARROS, Suzana Toledo. *O princípio da proporcionalidade e o controle de constitucionalidade das leis restritivas de direitos fundamentais*. Brasília: Brasília Jurídica, 1996.

BARROSO, Luis Roberto. Neoconstitucionalismo e constitucionalização do Direito (O triunfo tardio do Direito Constitucional no Brasil). In: *Interesse Público* n 33, set/out 2005, p. 13/54.

BEDAQUE, José Roberto dos Santos. Garantia da amplitude de produção probatória. In: *Garantias Constitucionais do Processo Civil*. Coord. José Rogério Cruz e Tucci. São Paulo: Revista dos Tribunais, 1999.

BINENBOJM, Gustavo. *A Nova Jurisdição Constitucional Brasileira*. Rio de Janeiro: Renovar, 2001.

BONUMÁ, João. *Direito Processual Civil*. São Paulo: Saraiva, 1946.

BÜLLOW, Oscar von. *La teoria de las excepciones procesales y los presupuestos procesales*. Buenos Aires: EJEA, 1964.
CALAMANDREI, Piero. *Instituciones de Derecho Procesal Civil*. Buenos Aires: EJEA, 1973.
CÂMARA, Alexandre Freitas. *Lições de Direito Processual Civil*. 23ª ed. São Paulo: Atlas, 2012.
CANARIS, Claus-Wilhelm. *Direitos Fundamentais e Direito Privado*. Coimbra: Almedina, 2003.
CANOTILHO, J.J. Gomes. *Direito Constitucional*. Coimbra: Almedina, 1993.
CAPONI, Remo. *L'Efficacia del Giudicato Civile nel tempo*. Milano: Giuffrè, 1991.
CAPPELLETTI, Mauro. O Processo Civil Contemporâneo. In: *Problemas de reforma do Processo Civil nas Sociedades Contemporâneas*. Curitiba: Juruá, 1994.
———; TALLON, Denis. *Fundamental guarantees of the parties in civil litigation*. Milano: Giuffrè, 1973.
———; GARTH, Brian. *Acesso à Justiça*. trad. Ellen Gracie Northfleet. Porto Alegre: Sergio Fabris, 1988.
———. Acesso à Justiça. In: *Revista do MP/RS*, nº 18.
CARNEIRO, Athos Gusmão. *Jurisdição e Competência*. São Paulo: Saraiva. 2010.
CARNELLUTTI, Francesco. *Sistema de Derecho Procesal Civil*. Buenos Aires: Uthea, 1944.
———. *Instituciones del Proceso Civil*. Buenos Aires: EJEA, 1956.
CARPI, Federico. *L'efficacia 'ultra partes' Della Sentenza Civile*. Milano: Giuffrè, 1974
CASTRO, Carlos Roberto Siqueira. *A Constituição Aberta e os Direitos Fundamentais*. Rio de Janeiro: Forense, 2003.
CHIARLONI, Sergio. *Formalismi e Garanzie – Studi Sul Processo Civile*. Torino: Giappichelli, 1995.
CHIOVENDA, Giuseppe. *Principios de Derecho Procesal Civil*. Madrid: REUS, 1977.
COUTURE, Eduardo J. *Fundamentos del Derecho Procesal Civil*. Buenos Aires: Depalma, 1977.
CRUZ E TUCCI, José Rogério. Garantia do processo sem dilações indevidas. In: *Garantias Constitucionais do Processo Civil*. Coord. José Rogério Cruz e Tucci. São Paulo: Revista dos Tribunais, 1999.
———. *Tempo e Processo*. São Paulo: RT, 1997.
DALL'AGNOL JÚNIOR, Antonio Janyr. *Comentários ao Código de Processo Civil*. v. 2. São Paulo: RT, 2007.
———. *Invalidades Processuais*. Porto Alegre: Ledur, 1989.
DALL'AGNOL, Jorge Luís. **Pressupostos Processuais. Porto Alegre: Lejur, 1988.**
DIDIER JR. Fredie. *Curso de Direito Processual Civil*. v. I. Salvador: JusPODIVM, 2010.
DINAMARCO, Cândido Rangel. *A Instrumentalidade do Processo*. São Paulo: RT. 1987.
———. *Instituições de Direito Processual Civil*. São Paulo: Malheiros, 2001.
———. Relativizar a coisa julgada material. In: *Revista da Ajuris* n. 83, p. 34-65.
———. *A Instrumentalidade do Processo*. São Paulo: RT, 1987.
DONIZETTI, Elpídio. *Curso didático de Direito Processual Civil*. 16ª ed. São Paulo: Atlas, 2012.
DWORKIN, Ronald. *Levando os direitos a sério*. São Paulo: Martins Fontes, 2002.
ESPÍNDOLA, Ruy Samuel. *Conceito de Princípios Constitucionais*. São Paulo: Revista dos Tribunais,1999.
FORNACIARI, Michele. In *Presupposti Processuali e Giudizio di Merito*. Torino: Giappichelli Editore, 1996.
FREER, Richard D. *Civil Procedure*. 2ª ed. New York: Aspen Publishers, 2009.
FUX, Luiz. *Curso de Direito Processual Civil*. Rio: Forense, 2001.
GERAIGE NETO, Zaiden. *O princípio da inafastabilidade do controle jurisdicional*. São Paulo: Revista dos Tribunais, 2003.
GIANNOZZI, Giancarlo. *La modificazione della domanda nel Processo Civille*. Milano: Giuffrè, 1958.
GONÇALVES, Marcus Vinicius Rios. *Novo curso de direito processual civil*. 8ª ed. São Paulo: Saraiva, 2011.
GRINOVER, Ada Pellegrini. O Princípio do Juiz Natural e sua dupla garantia. In: *RePro* 29.
GOLDSCHMIDT, James. *Derecho Procesal Civil*. Madrid: Labor, 1936.

GOMES, Fábio Luiz. *Comentários ao Código de Processo Civil*, v. 3. São Paulo: RT, 2000.

——; BAPTISTA DA SILVA, Ovídio A. *Teoria Geral do Processo Civil*. São Paulo: RT, 1997.

HECK, Luís Afonso. *O Tribunal Constitucional e o desenvolvimento dos princípios constitucionais*. Porto Alegre: Sergio Fabris, 1995.

HOYOS, Arturo. La Garantia Constitucional del Debido Proceso Legal. *In: RePro* 47.

JAURNICH, Othmar. *Direito Processual Civil*. Coimbra: Almedina, 2002.

JOBIM, Marco Félix. *Culutra, Escolas e Fases Metodológicas do Processo*. Porto Alegre. Livraria do Advogado. 2011

LACERDA, Galeno. *Despacho Saneador*. Porto Alegre. Sergio Fabris. 1985.

LASPRO, Oreste Nestor de Souza. *Garantia do Duplo grau de jurisdição*. In: Garantias Constitucionais do Processo Civil. Coord. José Rogério Cruz e Tucci. São Paulo: RT, 1999.

LEAL, Rosemiro Pereira. Isonomia Processual e Igualdade Fundamental a Propósito das retóricas Ações Afirmativas. *In: Revista Síntese de Direito Civil e Direito Processual* n. 30, p. 38-50.

LIEBMAN, Enrico Tullio. *Manual de Derecho Procesal Civil*. Buenos Aires: EJEA. 1980.

——. Do arbítrio à razão. Reflexões sobre a motivação da sentença. trad. Tereza Alvim. Repro 29/80.

——. *Efficacia ed Autorità della Sentenza*. Milano: Giuffre, 1962.

——. *Problemi del Processo Civile*. Napoli: Morano, 1962.

MACEDO, Elaine Harzheim. *Jurisdição e Processo*: crítica histórica e perspectivas para o terceiro milênio. Porto Alegre: Livraria do Advogado, 2005.

MACHADO, Agapito. Princípio da Isonomia e Privilégios Processuais. *In: Revista dos Tribunais* 693/7.

MANDELLI, Alexandre Grandi. *Processo Civil Coletivo*: em busca de uma teoria geral. Porto Alegre: HS Editora, 2013.

MARINONI, Luiz Guilherme. *Técnica Processual e Tutela dos Direitos*. São Paulo: RT, 2004.

——. Garantia da Tempestividade da tutela jurisdicional e duplo grau de jurisdição. *In: Garantias Constitucionais do Processo Civil*. Coord. José Rogério Cruz e Tucci. São Paulo: RT, 1999.

——. MITIDIERO, Daniel. *Código de Processo Civil Comentado*. São Paulo: RT, 2010.

——. O Princípio da Segurança dos atos jurisdicionais: a questão da relativização da coisa julgada material. *In: Revista Jurídica* n. 317, p. 14-33.

MARQUES, José Frederico. *Instituições de direito Processual Civil*. Campinas: Millenium, 2000.

MENDES, Gilmar Ferreira. *Jurisdição Constitucional*. São Paulo: Saraiva, 1998.

MITIDIERO, Daniel. *Colaboração no Processo Civil*, São Paulo: RT, 2009.

——. *Elementos para uma teoria contemporânea do processo civil brasileiro*. Porto Alegre: Livraria do Advogado, 2005.

——. *Processo civil e Estado constitucional*. Porto Alegre: Livraria do Advogado, 2007.

——. (Coord). *O processo civil no Estado constitucional*. Salvador: JusPodivm, 2012.

MONTENEGRO FILHO, Misael. *Curso de Direito Processual Civil*. 5ª ed. São Paulo: Atlas, 2009.

MOREIRA, José Carlos Barbosa. A garantia do Contraditório na atividade de instrução. *In: RePro* 35.

——. A motivação das decisões judiciais como garantia inerente ao Estado de Direito. *In: Temas de Direito Processual*. 2ª série. Rio de Janeiro: Saraiva, 1980.

——. La Igualdad de las partes en el Proceso Civil. *In: RePro* 44.

NERY JR., Nelson. *Princípios do Processo Civil na Constituição*. São Paulo: RT, 2000.

——. e NERY, Rosa Maria Andrade. *Código de Processo Civil Comentado*. São Paulo: RT.

OLIVEIRA, Carlos Alberto Alvaro de. *O Formalismo no Processo Civil*. Rio de Janeiro: Saraiva, 1997.

——. O processo civil na perspectiva dos direitos fundamentais. *In: Revista de Direito Processual Civil – Genesis*, n. 26, out./dez. 2002.

—— *Teoria e Prática da Tutela Jurisdicional*. Rio de Janeiro: Forense, 2008.

——. Garantia do contraditório. *In: Garantias Constitucionais do Processo Civil*. Coord. José Rogério Cruz e Tucci. São Paulo: RT, 1999.

——; MITIDIERO, Daniel. *Curso de Processo Civil*, v. 1. São Paulo: Atlas. 2010.

PICÓ JUNOY, Joan. *Las garantías constitucionales del proceso*. 2ª ed. Barcelona: Bosch, 2012.
PINHO, Norberto Dalla Bernardina de. *Direito Processual Civil contemporâneo. In: Teoria Geral do Processo*, 4º v. São Paulo: RT, 2012.
PONTES DE MIRANDA. *Tratado das Ações*. São Paulo. RT, 1970.
PORTANOVA, Rui. *Princípios do Processo Civil*. Porto Alegre: Livraria do Advogado, 1995.
PORTO, Sérgio Gilberto. *Ação Rescisória Atípica: instrumento de defesa da ordem jurídica*. São Paulo: RT, 2009.
——. *Coisa Julgada Civil*. 4ª ed. – São Paulo: RT, 2011.
——. *Comentários ao Código de Processo Civil*. v. 6. São Paulo: RT, 2000.
——. *Doutrina e Prática dos Alimentos*. 4ª ed. São Paulo: RT, 2011.
——. *Sobre o Ministério Público no processo não-criminal*. 2ª ed. Rio de Janeiro: Aide, 1999.
——. (Coord). *As garantias do Cidadão no Processo Civil*: Relações entre Constituição e Processo. Porto Alegre: Livraria do Advogado, 2002.
——. Cidadania Processual e Relativização da Coisa Julgada. *In: Revista Jurídica* nº 304, 2003.
——. A humanização do processo civil contemporâneo, em face da mais valia constitucional no projeto de um novo CPC. *In: Revista Jurídica*, nº 418, 2012.
——. *Prova: Teoria e aspectos gerais no Processo Civil*. Estudos Jurídicos/Unisinos, nº 39, p. 5-32. 1984
——; USTARROZ, Daniel. *Lições de Direitos Fundamentais no Processo Civil*: O conteúdo Processual da Constituição Federal. Porto Alegre: Livraria do Advogado, 2009.
REALE, Miguel. *Filosofia do Direito*. São Paulo: Saraiva, 1975.
RENAULT, Sergio Rabello Tamm; BOTTINI, Pierpaolo. *Reforma do Judiciário*. São Paulo: Saraiva, 2005.
RESENDE FILHO, Gabriel José Rodrigues. *Curso de Direito Processual Civil*. 3ª ed. São Paulo: Saraiva, 1952.
RODRIGUES, Horacio Wanderlei. *Acesso a justiça no direito processual brasileiro*. São Paulo: Acadêmica, 1994.
ROSAS, Roberto. *Direito Processual Constitucional*. São Paulo: RT, 1997.
ROSENBERG, Leo. *Tratado de Derecho Procesal Civil*. Buenos Aires, EJEA, 1955.
ROTHENBURG, Walter Claudius. *Princípios Constitucionais*. Porto Alegre: Sergio Antonio Fabris, 1999.
SANTOS, Gustavo Ferreira. *O Principio da proporcionalidade na jurisprudência do Supremo Tribunal Federal. Limites e possibilidades*. Rio de Janeiro: Lumen Juris, 2004.
SARLET, Ingo Wolfgang. *Eficácia dos Direitos Fundamentais*. Porto Alegre: Livraria do Advogado, 2009.
——; MARINONI, Luiz Guilherme; MITIDIERO, Daniel. *Curso de Direito Constitucional*. São Paulo: RT, 2012.
—— (Org.) *A Constituição Concretizada*: Construindo pontes com o público e o privado. Porto Alegre: Livraria do Advogado, 2000.
——. (Org.) *Constituição, Direitos Fundamentais e Direito Privado*. Porto Alegre: Livraria do Advogado, 2003.
SARMENTO, Daniel. *A Ponderação de Interesses na Constituição Federal*. Rio de Janeiro: Lumen Juris, 2000.
SCARPINELLA BUENO, Cassio. *Curso sistemazido de Direito Processual Civil*, v. I. São Paulo: Saraiva, 2008.
SCHOLLER, Heinrich. O Princípio da Proporcionalidade no Direito Constitucional e Administrativo da Alemanha. Trad. Ingo Wolfgang Sarlet. *In: Interesse Público* nº 2.
SCHÖNKE, Adolf. *Derecho Procesal Civil*. Barcelona: Bosch, 1950.
SCHWAB, Karl Heinz. *El objeto Litigioso en el Proceso Civil*. Buenos Aires: EJEA, 1968.
——. Divisão de Funções e Juiz Natural. *In: RePro* 48.
SILVA, João Carlos Pestana de Aguiar. *A Constituição Federal de 1988 e o Processo Civil*. Rio de Janeiro: Livro de Estudos Jurídicos, Instituto de Estudos Jurídicos, 1991.

SILVA PACHECO, José da. *Curso de Teoria Geral do Processo*. Rio de Janeiro: Forense, 1985.
TALAMINI, Eduardo. *Coisa julgada e sua Revisão*. Sao Paulo: RT, 2005.
TARUFFO, Michele. *La motivazione della sentenza civile*. Padova: CEDAM, 1975.
——. *Uma simples verdade*: o juiz e a construção dos fatos. São Paulo: Marcial Pons, 2012.
——; COMOGLIO, Luigi Paolo; FERRI, Corrado. *Lezioni sul processo civile*. Bologna: Mulino, 2011.
TARZIA, Giuseppe. *Lineamenti del Processo Civile di Cognizione*. Milano: Giuffrè.
——. O Contraditório no Processo Executivo. *In: RePro* 28.
TAVARES PEREIRA, Sebastião. *O devido Processo Substantivo*. Florianópolis: Conceito Editorial, 2008.
TEIXEIRA, Sálvio Figueiredo de. (Coord). *As Garantias do Cidadão na Justiça*. São Paulo: Saraiva.
TESHEINER, José Maria Rosa. *Elementos para uma Teoria Geral do Processo*. São Paulo: Saraiva, 1993.
——. *Pressupostos processuais e nulidades no processo civil*. São Paulo: Saraiva, 2000.
——. *Jurisdição voluntária*. Rio de Janeiro: Aide, 1992.
——. Relativização da coisa julgada. *In: Revista do Ministério Público* n. 47, Porto Alegre, 2002.
THEODORO JUNIOR, Humberto. *Curso de Direito Processual Civil*. 50ª ed. Rio de Janeiro: Forense, 2009.
——. Direito Processual Constitucional. *In: Revista IOB de Direito Civil e Processual Civil*, n° 55.
——; FARIA, Juliana Cordeiro de. A coisa julgada inconstitucional e os instrumentos processuais para seu controle. *In: Revista do Ministério Público/RS* n° 47.
——. A Reforma do Processo de Execução e o Problema da Coisa Julgada Inconstitucional. *In: Revista Síntese de Direito Civil e Processual Civil* n° 29.
TUCCI, Rogério Lauria. *Da Ação e do Processo Civil na Teoria e na Prática*. São Paulo: Saraiva, 1978.
——; CRUZ E TUCCI, José Rogério. *Constituição de 1988 e Processo*. São Paulo: Saraiva, 1989.
VELLANI, Mario. *Il pubblico ministero nel processo*. Bologna: Nicola Zanichelli Editore: 1965.
WAMBIER, Luiz Rodrigues. Anotações sobre do Devido Processo Legal. *In: RePro* 63.
WAMBIER, Tereza Arruda Alvim *et alli*. Org. Reforma do Judiciário. *Primeiras reflexões sobre a emenda constitucional n. 45/2004*. São Paulo: RT, 2005.
——. *Nulidades do Processo e da sentença*. São Paulo: RT, 1997.
WATANABE, Kazuo. *Da cognição no processo civil*. 4ª ed. São Paulo: RT, 2012.
WINDSCHEID, Bernard e MUTHER, Theodor. *Polemica sobre la "Actio"*. Buenos Aires: EJEA, 1974.
ZAMPROGNO, Alexandre. Meios processuais para desconstituir a coisa julgada inconstitucional. *In: Interesse Público* n. 22, p. 95-100.
ZANETI JÚNIOR, Hermes. *Processo Constitucional*: o modelo Constitucional do Processo Civil Brasileiro. Rio de Janeiro; Lumen Juris, 2007.

Impressão:
Evangraf
Rua Waldomiro Schapke, 77 - POA/RS
Fone: (51) 3336.2466 - (51) 3336.0422
E-mail: evangraf.adm@terra.com.br